Mme PAQUET-MILLE

NOUVEAU GUIDE PRATIQUE

DES

JEUNES FILLES

DANS LE CHOIX D'UNE PROFESSION

AVEC UNE PRÉFACE

DE M. JACQUES, DÉPUTÉ DE PARIS

« On s'engage dans une certaine
direction de la vie avant d'avoir pu
juger qu'elle est la meilleure. »
CICÉRON.

PARIS

LECÈNE, OUDIN ET Cie, ÉDITEURS

17, RUE BONAPARTE, 17

1891

Tous droits de reproduction et de traduction réservés

NOUVEAU GUIDE PRATIQUE

DES JEUNES FILLES

DANS LE CHOIX D'UNE PROFESSION

Mme PAQUET-MILLE

NOUVEAU GUIDE PRATIQUE

DES

JEUNES FILLES

DANS LE CHOIX D'UNE PROFESSION

AVEC UNE PRÉFACE

DE M. JACQUES, DÉPUTÉ DE PARIS

> « On s'engage dans une certaine direction de la vie avant d'avoir pu juger qu'elle est la meilleure. »
> CICÉRON.

PARIS

LECÈNE, OUDIN ET Cⁱᵉ, ÉDITEURS

17, RUE BONAPARTE, 17

—

1891

Tous droits de reproduction et de traduction réservés

A MONSIEUR ÉDOUARD JACQUES

DÉPUTÉ DE PARIS

HOMMAGE RECONNAISSANT

PAQUET-MILLE.

★★★

PRÉFACE

Présenter au public le Guide pratique des jeunes filles dans le choix d'une profession, *c'est pour moi plus qu'un plaisir, c'est un devoir : je sais que l'auteur, avant de prendre la plume, s'est imposé de difficiles recherches, a recueilli de nombreux documents, et je puis répondre qu'à l'élégance de la forme se joint ici la solidité de fond.*

La nécessité d'aider les familles dans le choix d'une profession à donner à leurs enfants, n'a pas besoin d'être démontrée ; qui de nous n'a été maintes fois témoin du cruel embarras d'une mère, d'une institutrice, d'une protectrice en présence d'une enfant sur le point de quitter l'école et de se préparer, suivant l'expression courante, à se mettre en état de gagner sa vie ! Presque toujours la détermination à prendre est abandonnée au hasard, et comme le dit l'épigraphe de ce livre, « on s'engage dans une certaine direction de la vie avant d'avoir pu juger quelle est la meilleure. »

Ce petit ouvrage, fruit d'une expérience consommée, sera pour tous un excellent vade-mecum *où l'on*

PRÉFACE.

pourra puiser tout ce qu'on ne trouverait qu'avec difficulté dans les recueils professionnels et dans les renseignements glanés soi-même après de nombreux tâtonnements (1). *Il contribuera certainement à assurer l'avenir de beaucoup de jeunes filles; il évitera du moins les amères déceptions, les pénibles désillusions réservées aux adultes qui entrent dans des carrières qui ne conviennent pas à leurs aptitudes, en un mot, il remplira admirablement le but de toute œuvre didactique : être utile.*

Ed. Jacques,

Député de Paris.

Octobre 1890.

---

(1) Les notions d'origine historique ou légendaire qui se trouvent au chapitre initial d'un grand nombre d'industries, sont aussi de nature à intéresser toutes les catégories de lecteurs.

AVANT-PROPOS

DIVISION DU LIVRE

Depuis que la société est entrée résolument dans la voie des réformes, on discute les moyens d'améliorer la condition morale et matérielle faite à la femme. On agite de tous côtés et à tous les points de vue la question de son indépendance ; la recherche de cette indépendance est incontestablement honorable, quand elle n'a pour but qu'une extension bien entendue de la sphère d'activité féminine.

La femme française, dont la raison et l'intelligence tempèrent l'enthousiasme, a compris que sa véritable liberté sociale ne lui viendrait que par la science et le travail. La souplesse de ses facultés, à la fois brillantes et solides, lui permet d'aborder toutes les carrières ouvertes par le progrès; elle sait qu'avec le temps ont augmenté les exigences de la vie, elle se prête avec ardeur au rôle actif qu'elle doit remplir.

L'élan donné à la mécanique et à l'électricité depuis un demi-siècle a, pour ainsi dire, subitement et démesurément agrandi le champ du travail et donné à la puissance productrice des résultats immenses. Il dérive de là que la femme, placée jadis en dehors de toutes les prévisions des lois industrielles qui n'attachaient de prix qu'à la force, peut aujourd'hui trouver, dans une grande variété de travaux, une occupation à laquelle sa faiblesse naturelle était naguère impropre.

Arts, sciences, travaux manuels, industrie, tout lui est accessible, et partout elle saura prendre rang honorable et garder sa dignité, pensant avec Fénelon « qu'il faut tenir pour le plus sot « des travers le dédain de ces femmes qui consi- « dèrent comme au-dessous d'elles tout ce qui se « rattache aux travaux dont dépendent l'aisance « et le bonheur de la famille. »

Toute existence régulière et bien remplie a son élévation morale, et le plus grand mérite pour une femme est d'être à la hauteur de sa tâche, quelle qu'elle soit.

Certes, il faut reconnaître que le meilleur plan

de la vie d'une femme est celui qui lui permet de développer ses facultés pour le seul bonheur de son entourage. (« Elle filait la laine et gardait la maison. ») (1) Mais combien peu sont ainsi privilégiées! Combien, au contraire, sont forcées par les circonstances à chercher dans un travail personnel des moyens d'existence!

Cette nécessité pour les femmes des classes laborieuses de trouver leurs ressources en elles-mêmes s'imposait d'ailleurs — en moindres proportions peut-être — à toutes les époques, et stimulait l'humanité des natures d'élite. Sait-on, par exemple, que la première école professionnelle pour les filles fut fondée par Madame de Maintenon en 1682 à Rueil, comme annexe à la maison où 60 jeunes personnes de petite noblesse et de bourgeoisie étaient élevées gratuitement et apprenaient surtout les ouvrages manuels? L'annexe était occupée par 50 petites sœurs choisies parmi les plus pauvres qu'on dressait à un métier. Elles exerçaient avec tant de succès que Rueil était pour sa fondatrice « *un lieu de délices dont elle revenait toujours plus assottée* » (2).

(1) Eloge d'une dame romaine.
(2) C'est cet établissement qui inspira à madame de Maintenon les projets pour Saint-Cyr, où l'enseignement pratique tenait tant de place qu'elle « aurait voulu qu'on « vit tout Saint-Cyr le balai à la main. »

Nous venons donc offrir ce livre aux familles en quête d'une carrière pour leurs enfants.

Notre cadre est vaste, car nous avons tenu à être aussi complet que possible; mais nous avons cherché à ne le remplir que de renseignements intéressant chaque profession, sans nous égarer dans les dissertations et appréciations personnelles, le choix devant être plus judicieusement fait par nos lectrices qui l'approprieront à leur genre de vie et à leurs aptitudes.

L'ouvrage comprend deux parties, *Paris et Province*; mais chacune des parties contient des détails qui peuvent être consultés avec profit par la généralité des intéressées.

Nous avons divisé ces parties en chapitres, composés de professions, emplois, métiers, de même nature, pour y faciliter les recherches, et nous avons adopté, pour établir ces chapitres, un plan méthodique qui donne, sur un coup d'œil, l'ensemble des indications : *Nature du travail, apprentissage, salaire, chômage.*

Cette petite encyclopédie, qui n'a d'autre mérite que celui de la vérité, pourra démontrer, par le nombre des carrières exercées par les femmes, que l'éducation virile de notre sexe n'est pas une utopie dangereuse, mais qu'elle peut, au contraire, en utilisant la variété des aptitudes féminines, concourir au progrès et à la prospérité du pays.

A. Paquet-Mille.

Octobre 1890.

P.-S. Nous devons, avant tout, rendre hommage à l'obligeance des personnes compétentes auxquelles nous nous sommes adressé pour les renseignements techniques ; nous les prions d'agréer, ici, l'expression de toute notre gratitude.

GUIDE PRATIQUE
DES JEUNES FILLES
DANS LE CHOIX D'UNE PROFESSION

PARIS
PROFESSIONS LIBÉRALES

ARTISTES

Nous ne parlons ici des « artistes » que d'une façon générale ; nous nous occupons surtout du professorat et des moyens d'y parvenir. « *Quand on excelle dans son art, et qu'on lui donne toute la perfection possible* — a dit La Bruyère — *on en sort en quelque manière.* » Nous dédions cette maxime encourageante aux jeunes filles qu'un entraînement naturel appelle aux longues études artistiques.

Diverses écoles ont été fondées pour former des « artistes » de toutes les catégories. La *peinture* (1) s'enseigne dans les écoles professionnelles de la ville de Paris — dans les ateliers spéciaux — dans les cours

---

(1) Voir autres détails à ECOLES PROFESSIONNELLES, *Céramique*, *Eventails*, etc.

privés ouverts par des professeurs de talent, et aussi dans des leçons particulières qui se paient habituellement très cher. Il n'y a pas de temps limité pour ces études ; on pourrait dire que la vie d'un artiste n'est qu'une longue étude.

Selon la capacité, et surtout selon la réputation acquise, les cours et leçons de peinture varient de 15 à 80 fr. par mois, ou de 2 fr. 50 à 20 fr. le cachet.

Des différents genres de peinture, la peinture à l'huile est la plus ingrate comme rémunération. A moins d'être « arrivé », il est bien difficile de placer ses œuvres à des prix satisfaisants.

L'*Association des « Femmes peintres et sculpteurs »*, fondée par Madame Bertaux et dont le succès s'accentue à chaque exposition, offre aux sociétaires le meilleur moyen de « percer » quand elles ont un véritable talent.

Conservatoire de musique et de déclamation

Pour les aspirantes en musique et en déclamation, le Conservatoire, 15, rue du Faubourg-Poissonnière, est la meilleure institution préparatoire.

On y enseigne :

1° Le solfège, l'harmonie orale, l'étude du clavier, l'étude des rôles constituant les études élémentaires.

2° Le chant.

3° La déclamation lyrique.

4° Le piano et la harpe.

5° Les instruments à archet.

6° Les instruments à vent.

7° L'harmonie (orgue et composition).

8° La déclamation dramatique.

L'enseignement y est entièrement gratuit. Pour être admis à concourir aux classes du Conservatoire, il faut être âgé de 9 ans au moins et de 22 ans au plus, se faire inscrire au secrétariat en y déposant son acte de naissance et son certificat de vaccine.

Il y avait anciennement 2 examens d'admission par an, même 3 pour les classes de chant. Aujourd'hui l'affluence des candidats est telle qu'un seul concours suffit, et encore n'a-t-il pas régulièrement lieu chaque année. En 1888, il y avait 125 candidats pour 8 places! Car le nombre de places est limité dans toutes les classes, excepté dans celle du solfège collectif.

Les classes et les élèves sont ainsi répartis :

12 classes de solfège individuel, maximum 12 élèves.
5 — de clavier (dont 3 p. femmes). 8 —
8 — de chant — 8 —
4 — de déclamation lyrique — 8 —
5 — de piano — 8 —

Les autres classes ont des places dans la même proportion.

La durée des études, quand on est préalablement d'une certaine force, est de 2 à 3 ans. Un encouragement annuel de 600 fr. peut être accordé au concours de fin d'année à un élève qui s'y est distingué, afin de l'aider à continuer ses études.

Les professeurs sont nommés par le ministre, les

répétiteurs ou « trices » par le directeur. Les professeurs de musique sont ordinairement recrutés dans les premiers prix de fugue. Pour les artistes qui désirent aborder la scène, le talent ne suffit pas, il faut qu'ils soient *doués de qualités physiques*, moins indispensables pourtant à l'homme qu'à la femme.

Il y a deux classes d'harmonie écrite pour les femmes, et une classe d'accompagnement au piano.

Il y a 8 classes de vocalisation et de chant et 3 classes de déclamation lyrique.

Il y a 3 classes de piano pour les femmes (on ne peut y être admise après 15 ans).

Et une classe de harpe.

Il y a 4 classes de violon, où on ne peut entrer après 16 ans.

Les classes de déclamation dramatique sont au nombre de quatre, et accompagnées obligatoirement d'une classe de maintien et d'une d'escrime.

Traitements des professeurs. — Les professeurs de composition ont un traitement fixe de 3,000 fr. Les professeurs titulaires et les professeurs agrégés sont divisés, dans leurs catégories respectives, en quatre classes dont les traitements sont fixés ainsi qu'il suit :

Titulaires		*Agrégés*	
1re classe	2,400.	1re classe	1,200.
2e —	2,100.	2e —	1,000.
3e —	1,800.	3e —	800.
4e —	1,500.	4e —	600.

Les accompagnateurs des classes de déclamation

lyrique jouissent d'un traitement annuel de 600 fr. au minimum et de 1,200 fr. au maximum.

Classes. — Les classes commencent le 1er lundi d'octobre et finissent après les concours publics.

Les mères des élèves-femmes sont admises à y assister.

Les élèves-auditeurs sont choisis parmi les aspirants qui montrent le plus de dispositions, et ne sont admis que pour la durée de l'année scolaire.

Pour le solfège, la limite d'âge d'entrée est 13 ans. Tout élève qui manque 2 fois dans un mois est rayé des contrôles.

Aucun élève ne peut, sans la permission du directeur, prendre un rôle dans une séance publique, sous peine de radiation.

Tout élève admis dans une classe de chant ou de déclamation s'oblige à ne s'engager dans aucun théâtre avant la fin de ses études et à donner son concours pendant 2 ans à un des théâtres subventionnés, s'il lui est réclamé.

Dix pensions de 600 fr. et douze de 1,200 fr. sont accordées par le ministre, d'après avis des comités d'examen, sur la proposition du directeur, aux élèves des classes de chant et de déclamation. Elles peuvent être retirées en totalité ou en partie par le directeur ou le comité d'examen.

L'élève qui a remporté le premier prix peut rester une année de plus dans sa classe. Les premiers et les seconds prix sont des médailles en argent.

Le titre de Lauréat du Conservatoire et le patronage d'amis influents sont de sûrs éléments de succès dans le professorat.

Les cours, dont les prix varient (de 10 à 30 fr. par mois) lorsqu'ils sont dirigés ou examinés par un professeur ou un lauréat du Conservatoire, sont ordinairement très suivis.

Les cours ont cet avantage sur les leçons particulières qu'ils apprennent aux élèves à surmonter la timidité si nuisible à l'exécution ; en outre, il leur donne de l'émulation, toujours si utile au progrès.

NOTA. — **Epreuves pour le concours d'admission aux classes de déclamation dramatique.**

Pour la tragédie ou la comédie, les épreuves sont au nombre de deux : 1re *épreuve*, une scène au choix de l'aspirant. — 2e *épreuve*, pour les admissibles seulement, une scène au choix du jury, sur une liste préparée par le candidat.

— Les admissibles non reçus sont stagiaires.
— Les admissibles reçus sont titulaires.

Les élèves stagiaires suivent une classe préparatoire et sont renvoyés à la fin de l'année, si le résultat de leur examen n'est pas satisfaisant.

DOCTORAT EN MÉDECINE

(CET ARTICLE EST DE MADEMOISELLE BLANCHE EDWARDS,
DOCTEUR EN MÉDECINE.)

La femme a été autorisée à faire ses études médicales en France en 1868. (Mlle le docteur Brès fit les démarches auprès de M. le professeur Wurtz et obtint ce droit pour les femmes.) Elles doivent présenter, pour s'inscrire à l'Ecole de médecine, les mêmes titres que les hommes, c'est-à-dire, pour les Françaises, les diplômes des deux baccalauréats ès lettres et ès sciences. On a admis pour les étrangères des équivalences de ces titres, au même titre que pour les candidats étrangers. Ces titres ne sont pas toujours examinés avec la rigueur nécessaire, et donnent lieu à l'admission de quelques étrangères qui laissent à désirer sous le rapport de l'éducation et de l'instruction. Ceci a jeté un certain discrédit dans le corps médical sur les étudiantes étrangères, discrédit injuste, et qui ne doit pas d'ailleurs retomber sur les étudiantes françaises égales aux hommes dans leurs titres préliminaires. Actuellement, depuis 1870, époque où fut soutenue la 1re thèse de doctorat en médecine (1), 45 femmes ont été reçues docteurs à la Faculté de Paris. Montpellier et Bordeaux ont aussi conféré quelques titres.

Une fois les portes de la Faculté ouvertes devant la

---

(1) Mlle Garett, 1870. — Mlle Putnom, 1871. — Mlle Brès, 1875.

candidate munie de ses deux baccalauréats, aucun obstacle ne s'oppose plus à ce que celle-ci ambitionne les places les plus avantageuses pour étudier à fond sa profession.

A l'Ecole de médecine, elle rencontre un excellent accueil du personnel enseignant, beaucoup de bienveillance dans les bureaux qui lui donnent tous les renseignements utiles, empressement des employés de l'Ecole, de la bibliothèque et des musées. — Tous les travaux pratiques et les laboratoires ont pour chefs et pour préparateurs des hommes distingués, qui ne demandent qu'à aider les élèves, quel que soit leur sexe. Parmi les collègues masculins nous pouvons dire, d'après notre expérience personnelle et celle de plusieurs de nos collègues, femmes du monde, que les femmes sont assurées de rencontrer le respect auquel elles ont droit, et beaucoup de bonne et franche camaraderie dans le bon sens du mot.

A l'hôpital, elles ont, dès le début, été accueillies comme stagiaires, mais l'accession aux concours ne leur a été accordée qu'après une longue et pénible campagne. En 1881, l'externat fut ouvert aux femmes (1), et en 1885 Mme Kumpke et nous, fûmes autorisées, non sans de longues luttes, à aborder le concours de l'internat. Le titre de chef de clinique des hôpitaux, celui de médecin, chirurgien ou accoucheur des hôpitaux, enfin celui de professeur agrégé font l'objet de

(1) Nous avons lutté pendant deux ans pour faire autoriser les femmes à concourir à l'externat, et quatre ans pour faire ouvrir les portes des concours pour l'internat.

concours extrêmement difficiles ; aucune femme n'a encore brigué l'honneur de l'admission à ces hauts grades ; nous prévoyons pour celles qui en feront la demande une lutte pénible, mais qui se terminera certainement par la victoire.

Dès que la femme a son titre de docteur obtenu après au moins 5 ans d'études difficiles mais des plus attachantes, dans quelle situation se trouve-t-elle vis-à-vis du monde, de la clientèle, des confrères, des places officielles ?

Le public en France accepte très volontiers la femme docteur, au moins dans les grandes villes, et il ne semble pas que la province aux environs de Paris soit imbue d'aucun préjugé hostile.

A l'hôpital, l'ouvrier et l'ouvrière parisiens sont déjà très habitués à la femme médecin. L'ouvrière, à la consultation, s'adresse de préférence à elle, dans beaucoup de cas, pour lui raconter ses maux et surtout ceux de son enfant. Jamais un homme malade n'a hésité, dans les services que nous avons suivis pendant 11 ans d'hôpital (1), à nous demander le soulagement de ses souffrances.

Dans la clientèle, toutes les collègues que nous avons interrogées et qui font de la clientèle générale ont apporté leur témoignage dans le même sens que nous-même. Nous sommes appelées dans les familles pour la femme ou pour l'enfant, et nous restons le médecin de la famille entière.

(1) Nous avons été chargées souvent à tour de rôle des salles d'hommes dans les hôpitaux, tant en médecine qu'en chirurgie.

1*

Quelques-unes se sont adonnées spécialement aux soins des femmes et des enfants. Deux d'entre nous avons pu nous occuper de chirurgie gynécologique : ce qui, dans quelques années, sera une spécialisation de grand avenir pour une femme. Plusieurs ont suivi les services de maladies nerveuses, et l'une d'entre nous est même directrice d'une maison d'aliénées.

En somme, actuellement, le nombre restreint des femmes docteurs dans les grandes villes (1) fait que cette profession, dont les débuts sont si longs et si pénibles pour les hommes, est, au contraire, assez facile et rémunératrice pour la femme qui peut faire les frais d'une installation suffisante. A mesure que le nombre des docteurs femmes croîtra, il y aurait peut-être un peu plus de difficultés, mais le préjugé qui existe encore contre les femmes médecins dans quelques classes (et j'ai honte de dire surtout parmi les femmes des classes dites intellectuelles) est appelé à disparaître et à augmenter la clientèle des femmes docteurs.

Parmi les confrères du sexe masculin, il se forme deux groupes : les hostiles, comprenant le plus grand nombre des médecins de quartier, un peu âgés, et même pas mal de jeunes ; les favorables, au nombre desquels nous avons l'honneur de compter bon nombre de professeurs à l'Ecole de médecine, de médecins et de chirurgiens des hôpitaux les plus connus, et surtout presque tous ceux qui ont eu des femmes étudiantes dans leurs services ; un certain nombre de jeunes docteurs, des col-

---

(1) 15 à Paris, 1 à Bordeaux, 1 à Montpellier, 1 à Alger.

lègues, camarades d'études des femmes. — Enfin, les indifférents, c'est le grand nombre, qui prennent parti, suivant que les circonstances les ont mis en rapport avec des docteurs femmes qui font honneur ou non à leur cause.

Pour les places officielles, nous voyons le jour assez rapproché où elles nous seront toutes accessibles aux mêmes titres qu'aux hommes.

Le concours de médecine de la prison de Saint-Lazare nous a été ouvert sans aucune difficulté. — Les écoles sont appelées à avoir des médecins-hommes pour les écoles de garçons et des médecins-femmes pour les écoles de filles, écoles maternelles ou crèches (1). Les médecins des bureaux de bienfaisance sont nommés à la suite d'un concours que M. le Dr Marie Pierre vient de faire ouvrir. L'Administration des Postes et Télégraphes a pris une femme comme médecin de ses employées femmes (Mme le docteur Gacher-Parroute). Deux femmes sont médecins de théâtre, au Châtelet et à l'Opéra.

Les sociétés philanthropiques ont accepté le concours de femmes, ainsi que les sociétés de secours-mutuels, et quelques assurances.

On voit les obstacles tomber peu à peu, et bientôt les femmes pourront se présenter partout au même titre que les hommes dans cette carrière longue, difficile, ardue, fatigante, de la médecine, mais en même temps qui peut

---

(1) Nous sommes nommée médecin de la crèche du 1er arrondissement. M. Donnat a proposé la création de 4 places de médecins inspecteurs du personnel des écoles : 2 docteurs hommes pour les instituteurs, 2 docteurs femmes pour les institutrices. — Ce projet sera prochainement mis aux voix.

être pour la femme un sacerdoce où elle est appelée à utiliser, en même temps que ses qualités intellectuelles les plus élevées, toutes les ressources de son cœur et de sa charité.

Terminons en disant que la profession de femme médecin est si loin d'être incompatible avec le mariage, ainsi qu'on l'a dit plusieurs fois, que la plupart des femmes docteurs en France et à l'étranger se marient surtout avec des médecins et continuent leur profession, malgré leurs nouvelles fonctions d'épouse et de mère de famille.

Dr BLANCHE EDWARDS.

Officiers de Santé.

Ce titre secondaire qui permet l'exercice de la médecine dans le département où le titre a été conféré, est accessible aux femmes munies, comme les hommes, de l'examen de grammaire (classe de 4ᵉ des lycées). Il a été recherché par un petit nombre de sages-femmes intelligentes qui n'avaient ni les moyens pécuniaires, ni le temps de préparer les deux baccalauréats. Nous n'insistons pas sur ce titre qui, d'après les derniers projets de législation de la médecine, semble appelé à disparaître dans un bref délai. Il y a environ 6 femmes officiers de santé à Paris, et l'une d'elles, qui exerce dans un faubourg de Paris, a même une bonne clientèle déjà ancienne.

Pharmaciens.

Voici une profession qui nous semble remplie d'avenir pour une femme. Le pharmacien a une profession sédentaire qui exige des connaissances spéciales et demande de la responsabilité ; mais il semble que, de tout temps, les femmes ont montré une aptitude singulière pour la chimie et la pharmacie. Combien de femmes font, en toute ignorance de cause, de la pharmacie ! Même jusqu'à ces dernières années, dans les hôpitaux, dans les arrondissements, et en province, combien de femmes droguent à tort et à travers leur entourage et leurs voisins ! A ces pharmaciennes ignorantes et dangereuses, il faut substituer des pharmaciennes ayant appris leur métier. Nous sommes étonnées de voir si peu de femmes se livrer à cette profession honorable, lucrative et sédentaire.

Pour s'inscrire à l'Ecole de pharmacie pour l'obtention du titre de pharmacien de 1re classe, il faut l'un des deux baccalauréats, ou le diplôme d'enseignement spécial.

Les études durent 6 ans, dont 3 de stage dans une pharmacie et 3 d'études scolaires. Peu de femmes se sont fait inscrire jusqu'à présent à Paris. Dans le Midi, à Toulouse, une pharmacienne diplômée a été nommée aux fonctions de *pharmacienne du lycée*.

Le titre de pharmacienne de 2e classe, qui n'est valable que dans le département pour lequel il est accordé, s'obtient aussi après 6 ans d'études ; mais on n'exige du candidat qu'un examen de grammaire pour s'inscrire comme élève en pharmacie.

Dentistes.

Beaucoup de femmes exercent la profession de dentiste. Celle-ci pendant longtemps a été une profession libre, n'exigeant pas de diplôme. Elle l'est encore actuellement ; mais le Parlement est saisi d'une proposition de M. le Dr David, député, président fondateur de l'Ecole d'Odontologie de Paris, à l'effet de réglementer cette profession.

L'École d'Odontologie fut créée en 1884 et reçut des élèves des deux sexes auxquels, après deux ans d'études pratiques et théoriques, elle confie le diplôme de dentiste de l'Ecole de Paris.

Admises sur un pied d'égalité dès le début avec leurs collègues masculins, plusieurs femmes sont diplômées actuellement et exercent avec des succès variés. C'est encore là une profession sédentaire qui demande de l'intelligence, de l'instruction, et une dextérité manuelle qui supplée avantageusement à la force physique qui n'est plus guère à la mode dans l'avenir du dentiste.

ASSISTANCE PUBLIQUE

(EMPLOIS RESSORTISSANT A L').

Sages-femmes.

La profession de sage-femme, vers laquelle un grand nombre de jeunes filles se portent chaque année, n'est pas exempte de déceptions pour celle qui l'embrasse. D'abord, elle exige un excellent tempérament, inaccessible à la fatigue des veilles, des émotions et des allées et venues de tous les instants ; ensuite, le rapport annuel est très aléatoire pour celles qui ne sont pas attachées aux hôpitaux, dont ci-dessous énumération. Il faut, en effet, qu'elles se fassent une clientèle. Or, de l'aveu des personnes les plus expérimentées, il faut compter 10 ans avant d'être assez connue pour passer d'une situation précaire à une position rémunératrice proportionnée aux peines et aux fatigues qu'elle nécessite. Tout dépend du quartier où on s'installe et du genre de clientèle qu'on s'attache.

« — Combien de sages-femmes », nous disait l'obligeante Directrice (1) qui nous donnait ces détails, — « combien de sages-femmes qui, par leurs agissements « inavouables, ont vu leur carrière brisée, seraient restées

---

(1) Mme Vincent, sage-femme en chef de la clinique d'accouchement de la rue d'Assas.

« dans la voie droite des opérations légales, si la né-
« cessité ne les avait poussées à accepter, en dépit de
« leur conscience, une besogne louche, mais lucra-
« tive ! »

Conditions à remplir.

Pour s'intituler sage-femme, il faut être munie du diplôme de 1re ou 2e classe.

A la clinique d'accouchement, située rue d'Assas, n° 89, les femmes de 18 à 40 ans peuvent, une fois par semaine, suivre les cours pratiques qui s'y font. Il suffit de se faire inscrire après avoir subi un examen répondant au certificat d'études, pour celles qui n'ont pas de brevet. Au bout de 10 mois, en prenant, dans l'intervalle de ces cours gratuits, quelques leçons et conseils de sages-femmes autorisées, elles sont aptes à subir l'examen du diplôme de 2e classe et l'obtiennent assez souvent.

Il y a, chaque année, à la Clinique, 140 à 150 élèves de 10 mois d'études.

. . . .

Les sages-femmes qui sortent de la Maternité ont généralement le diplôme de 1re classe. Pour entrer comme élève-interne à la Maternité, il faut subir un examen plus difficile que pour l'admission au cours de clinique. L'internat n'est pas gratuit, il est de 1,500 fr. pour le stage qui est d'une année complète. Les départements qui se chargent des frais d'études des élèves sages-femmes qu'ils envoient à Paris, leur donnent presque toujours 2 années d'internat à la Maternité.

C'est parmi les lauréates de la Maternité, et surtout parmi celles dont le stage a été de 2 ans, qu'on choisit les sages-femmes internes des hôpitaux de Paris, savoir : 1° la Clinique d'accouchement, 2° la Pitié, 3° la Charité, 4° Beaujon, 5° Lariboisière, 6° Tenon, 7° Saint-Louis. Dans chacun de ces hôpitaux, y compris celui de la Maternité, il y a, comme auxiliaires des médecins accoucheurs : une interne, 2 externes et 2 sages-femmes adjointes, excepté à Lariboisière où le service en nécessite 4.

Ces *sages-femmes* sont nommées par le directeur de l'administration, et reçoivent un traitement variant suivant leur ancienneté.

Ainsi :

800 fr. la 1re année ;
1,000 fr. la seconde ;
1,200 fr. la troisième.

Elles jouissent en outre du logement, de la nourriture et des autres prestations allouées par le règlement aux surveillantes.

Les sages-femmes internes, placées sous les ordres de l'accoucheur, sont chargées d'examiner les femmes qui se présentent à l'hôpital pour accoucher. Elles sont de garde chacune à tour de rôle pendant vingt-quatre heures ; le règlement leur interdit d'avoir une clientèle personnelle.

SAGES-FEMMES AGRÉÉES.

Il y a à Paris 96 sages-femmes agréées. Ce sont des sages-femmes de la ville accréditées auprès des 8 hôpitaux énumérés. Leur nombre varie selon les besoins ; on leur confie un certain nombre de femmes qui se présentent à l'hôpital. Elles sont désignées sous le nom de sages-femmes agréées.

Les femmes en couches ne sont dirigées chez ces sages-femmes que lorsque leur état est normal et ne présente aucun danger de complication qui nécessiterait une opération obstétrique.

Les sages-femmes agréées doivent être munies du diplôme de 1re classe ; elles sont nommées par le Directeur de l'Administration.

La rémunération qui leur est accordée est de 10 fr. par accouchement et de 6 fr. par journée de présence de l'accouchée dont le traitement est ordinairement de 10 jours (celui d'entrée et celui de sortie ne comptent que pour un).

Chaque journée supplémentaire est payée au même taux, à condition d'être jugée indispensable par l'accoucheur. Les sages-femmes doivent fournir le linge et les médicaments, sauf certaines substances qui leur sont délivrées par la pharmacie de l'hôpital dans la circonscription duquel elles se trouvent placées.

Elles sont sous la direction médicale d'un accoucheur et sous la direction administrative du directeur de l'hôpital qui leur envoie des femmes.

Aux termes du règlement, les sages-femmes agréées ne peuvent être autorisées à mettre plus de 3 lits à la disposition de l'Administration, et les chambres doivent être exclusivement réservées à ce service.

Le règlement n'a pas fixé de limite d'âge pour l'admission aux emplois de sages-femmes internes et de sages-femmes agréées, la plupart de celles qui les recherchent étant de jeunes femmes sortant de l'Ecole de la Maternité ou de celle de la Clinique, pouvant réunir toutes les conditions d'instruction et d'activité physique nécessaires à ces différentes fonctions fatigantes.

Indépendamment de ces deux catégories de sages-femmes attachées à l'Administration de l'Assistance publique, il y a une 3e catégorie de sages-femmes attachées aux bureaux de bienfaisance et qui sont chargées de donner leurs soins aux femmes inscrites au traitement à domicile.

Ces sages-femmes doivent être munies du diplôme de sage-femme de 1re classe et avoir leur résidence dans l'arrondissement où elles exercent leurs fonctions. Elles sont nommées par le Préfet de la Seine, sur la proposition des Commissions administratives des bureaux de bienfaisance et la présentation du directeur de l'Assistance publique.

Ces sages-femmes reçoivent 15 fr. pour chaque accouchement, y compris les neuf visites dans les neuf jours qui suivent la délivrance. Elles sont placées sous la surveillance des médecins du service des secours.

Le nombre actuel des sages-femmes des bureaux de bienfaisance est de 194 ; mais ce nombre est variable, chaque bureau ayant aujourd'hui la faculté de prendre autant de sages-femmes que les besoins de l'arrondissement l'exigent.

Nourrices.

75 nourrices sédentaires environ sont attachées à l'hospice des Enfants assistés à la Clinique d'accouchement et à la plupart des hôpitaux. Elles touchent annuellement chacune 360 fr.

Emplois de dames ressortissant à l'administration (*Déléguées*).

Le premier dans la hiérarchie est celui de dame déléguée du service des Enfants assistés. Il existe 16 emplois de dames déléguées. Leurs fonctions consistent à surveiller les filles-mères auxquelles l'Administration accorde des secours pour allaiter leurs enfants. Elles reçoivent un traitement qui varie entre 1,800 fr. et 2,000 fr. suivant la classe, et il leur est alloué pour frais de déplacement une indemnité annuelle de 500 fr. L'une d'elles est placée à la tête du service et dirige l'exécution des ordres de visites qu'elle reçoit. Elle porte le titre de dame déléguée principale et reçoit un traitement de 3,000 fr. Aucune condition n'est exigée des personnes qui sollicitent ces emplois auxquels M. le Préfet de la Seine nomme sur la présentation du directeur de l'Assistance publique.

Le personnel secondaire féminin attaché au service des malades et des administrés comporte :

162 emplois de surveillante.
345 — sous-surveillante.
188 — suppléantes.

187 emplois de premières infirmières.

352 — d'infirmières, filles de service ou nourrices sédentaires.

Les emplois dont la nomenclature précède constituent une hiérarchie dont on ne peut franchir les différents degrés que successivement à partir d'infirmières.

Les surveillantes sont placées à la tête des divisions d'administrées à l'hospice de la Salpêtrière et de la plupart des services de chirurgie dans les hôpitaux : elles dirigent également les services généraux, lingerie, buanderie, cuisine, etc., dans les établissements les plus importants.

Les sous-surveillantes sont chargées des services de médecine ou des services de chirurgie qui ne sont pas dirigés par les surveillantes. Elles secondent et doublent les surveillantes dans les services d'administration et dans les services généraux les plus importants.

Les surveillantes doublent les sous-surveillantes dans les services de médecine et dans les services généraux ; elles partagent avec les sous-surveillantes le service des veilles.

Les infirmières et les filles de service ne peuvent être nommées premières infirmières et prétendre à l'avancement qu'après avoir suivi les écoles municipales d'infirmerie et obtenu le diplôme d'infirmière.

Une partie du personnel des surveillantes, sous-surveillantes et suppléantes est logée dans les établissements auxquels il est attaché. Le personnel, logé, reçoit, en sus du logement et des prestations en nature, de l'habillement, de la nourriture, du chauffage et de l'éclairage, un traitement annuel fixé ainsi :

Les surveillantes 1re classe.	800 fr.
Id. 2e classe.	700
Les sous-surveill. 1re classe.	600
Id. 2e classe. . . .	500
Les suppléantes.	400
Les 1res infirmières.	300
Les infirmières et filles de service 1re classe.	260
Id. 2e classe.	230

Pour le personnel non logé, le traitement en argent, qui est basé sur l'évaluation des différentes prestations ci-dessus indiquées, est fixé ainsi :

Surveillantes 1re classe.	2,200 fr.
Id. 2e classe.	2,100
Sous-surveillantes 1re classe. . .	1,900
Id. 2e classe. . .	1,800
Suppléantes.	1,500

Garde-malades.

On a proposé, à plusieurs reprises, l'établissement en France d'écoles de garde-malades, telles qu'il en existe dans maintes villes d'Allemagne où les élèves de ces écoles subissent des examens publics et reçoivent un diplôme qui constate leur aptitude ; ce désir n'est point encore réalisé.

Une bonne garde-malade doit être dans la force de l'âge, et avoir une santé robuste afin de pouvoir résister à la fatigue des veilles. Pour qu'elle soit vite appréciée de ceux qui l'emploient, et aussi pour qu'elle remplisse convenablement des fonctions parfois pénibles, il faut qu'elle soit douée de patience, d'intelligence, d'une grande égalité d'humeur et de sobriété. Il est indispensable qu'elle sache lire, afin de ne pas commettre d'erreur dans l'exécution des ordonnances, et qu'elle ait une certaine énergie de caractère qui lui fasse résister aux caprices, dangereux pour eux, des malades confiés à ses soins. Elle doit être habituée à poser les sangsues, à appliquer les vésicatoires et les cataplasmes, à faire les infusions et les tisanes. Avec une scrupuleuse exactitude, elle doit informer le médecin des symptômes qui se produisent entre ses visites. S'il y a décès, la dernière toilette et la mise en bière sont des soins qui font partie des devoirs de la garde.

La garde pour femmes en couches doit avoir l'habitude des soins particuliers à donner à la mère et au baby. Elle doit veiller en outre à ce qu'aucune agitation extérieure ne vienne augmenter sa responsabilité dans la chambre de la malade, chambre dont l'entretien fait partie de ses attributions.

Salaires.

Outre la nourriture, une garde-malade qui doit veiller une partie de la nuit reçoit de 4 à 6 fr. par jour. Si la maladie est longue, la famille prend un arrangement avec elle.

La garde accidentelle pour une journée ou deux procédant d'une mort subite se fait à forfait de 10 à 20 fr. Elle est libre d'amener une personne pour la veillée, mais à son compte.— Habituellement, quand la malade a été bien soignée par une garde, et que la maladie a été longue, on fait un cadeau à la garde le jour de son départ. C'est un usage assez répandu pour les gardes de femmes en couches.

HERBORISTES.

Cette modeste profession peut être exercée aussi bien par les femmes que par les hommes, et mener à la vieillesse par une vie calme, régulière et aisée. La mise de fonds est presque insignifiante : la dépense la plus forte comprend l'installation et le loyer.

Il y a 2 classes d'herboristes.

Pour être herboriste de 1re classe, il faut avoir fait deux années d'études botaniques appliquées aux racines et plantes médicinales.

Ces études se font habituellement en suivant les cours botaniques (1) des écoles de pharmacie. L'examen du diplôme de 1re classe est subi pour toute la France dans une école supérieure de pharmacie, sans aucune condition d'âge ni d'études étrangères à la profession. Les frais totaux sont de 100 fr.

Le diplôme de 2e classe n'est valable que dans le département pour lequel il a été reçu. L'examen, portant également sur la nature et la vertu des plantes médicinales, se passe à l'école préparatoire de pharmacie de la circonscription choisie pour s'établir. Les frais sont de 80 fr.

Avant l'ouverture de leur boutique, les herboristes

---

(1) La première école, jardin botanique, fut fondée en 1578 par Nicolas Houel, qui y recueillit, pour les faire étudier à ses frais, un certain nombre d'orphelins.

sont obligés de faire enregistrer leur diplôme à la mairie de l'arrondissement. Ils ne peuvent vendre d'autres plantes médicinales que les plantes indigènes ; mais ils peuvent joindre à leur commerce celui des drogues simples, et sont alors soumis à la visite annuelle.

Il faut, pour exercer consciencieusement la profession et y prospérer, connaître surtout, de la botanique, le côté pratique. Il importe avant tout de savoir approprier les plantes aux maladies, et de pronostiquer leurs effets. Sans hésiter, il faut dire le nom de n'importe quelle herbe sèche ou fraîche, et dire, par exemple : que la véronique et la camomille sont stomachiques, que la racine de fraisier est apéritive, que le datura stramonium, la jusquiame et la colchique sont des poisons narcotiques, que la bardasse, le sureau et la mélisse sont sudorifiques, que le coqueret et l'aconit sont diurétiques, que la patience et la pariétaire sont dépuratives, etc., etc. Savoir aussi d'où on les tire ; ainsi : la camomille dans les jachères, le ricin dans les endroits où séjourne le fumier, la jusquiame dans les décombres, etc. — en un mot, avoir assez d'instruction et d'expérience pour apporter sa part de soulagement aux misères de ses semblables.

STÉNOGRAPHIE.

La sténographie ou l'art d'écrire à l'aide de signes résumant ingénieusement les mots, était enseignée, chez les anciens, à tous les jeunes gens qui fréquentaient les écoles (1). Au XVIIᵉ siècle, dans les cours souveraines, on voyait des greffiers « dont la soudaineté « de main accompagnait non seulement, mais devan-« çait les plus légères et déliées langues des avo-« cats ».

— Quand on pourra ajouter... et des femmes, c'est que cet art expéditif aura dit son dernier mot.

Le premier système de sténographie pratiqué en Europe remonte au XVᵉ siècle. C'était la suppression des lettres que les organes vocaux n'articulaient pas (de là peut-être est venue l'idée de l'orthographe de l'avenir). En 1787, Coulon de Thévenot fit approuver ses travaux par l'Académie des sciences ; il avait composé plus de 20 méthodes avant d'avoir obtenu un résultat satisfaisant.

Malgré ses progrès en France et les 300 méthodes qui existent, il n'y a guère que la Chambre des Députés qui ait un service régulier de sténographie. On as-

---

(1) Il est question, en divers auteurs (parlant du monde romain avant l'ère chrétienne), des discours conservés « au moyen de scri-« bes disposés en divers endroits de la salle du Sénat et qui fai-« saient usage de certaines notes et abréviations valant et repré-« sentant beaucoup de lettres. »

sure que 150 sténographes à peine font profession de leur art à Paris. Cet art serait exercé avec succès par les femmes d'une intelligence prompte, d'une main rapide et d'une mémoire sûre.

Il faut d'abord étudier les signes sténographiques, apprendre à les former, et, par des exercices prolongés et patients, appliquer la science acquise. Deux ans, en moyenne, sont nécessaires pour former la main et la mémoire à l'écriture abréviative. Le travail de traduction est la partie la plus difficile.

La sténographie, appliquée par les femmes au commerce et à l'industrie, y rendrait de grands services. Déjà les maisons anglaises, allemandes et américaines emploient des femmes sténographes comme secrétaires. (Voir : *Assurances*.)

Les appointements des sténographes attachés au service de la Chambre varient de 3,500 fr. à 6,000 fr.

Les sténographes employés temporairement pour les comptes-rendus de séances, congrès ou conférences, sont payés 60 fr. l'heure. Il est vrai d'ajouter qu'une heure de sténographie nécessite 8 heures de traduction.

Les difficultés que présente l'étude de la sténographie s'aplaniront quand on sera arrivé au but que se propose l'Association sténographique unitaire : l'unité de méthode.

Jusqu'ici la méthode qui paraît réunir le plus de suffrages est celle de Prévost-Delaunay. C'est celle qui est employée dans les deux Chambres.

(Le grand point à chercher est la meilleure application des principes de la phonétique française.)

Voici quelques autres méthodes en faveur :

de Feutre	de Thévenol	de Prepean
de La Volade	de Bertin	de Grosselin
de Coulon	de Coucy	de Duployé

INSPECTRICES DU TRAVAIL DES FEMMES ET ENFANTS DANS LES MANUFACTURES.

Les inspectrices du travail des femmes et des enfants dans les manufactures sont au nombre de 13. Ce service comporte également 6 inspectrices suppléantes. Il existe en outre, d'une façon permanente, 6 dames candidates reconnues admissibles à la suite des examens.

La limite d'âge pour présenter sa demande d'admission aux épreuves est : plus de 30 ans et moins de 45.

Examen écrit.

Rapport sur un sujet choisi par le jury et qui portera sur l'application des textes ci-après :

1° Loi du 19 mai 1874.

Règlements d'administration publique des 27 mars 1875

12-13-14 et 22 mai 1877

22 septembre 1879

31 octobre 1882

3 novembre 1882

5 et 14 mai 1888

2° Loi du 22 février 1851 relative aux contrats d'apprentissage.

3° Loi du 16 février 1883 (décret-loi du 9 septembre

1848 sur les heures de travail; décrets des 17 mai 1851 et 31 janvier 1866.)

Examen oral.

L'examen oral portera sur les mêmes matières.

Les examens commencent par l'épreuve écrite et durent 2 heures. Cette épreuve est éliminatoire.

D'après les résultats, la commission formera la liste d'admissibles. Cette liste est soumise au Conseil général qui désigne les inspectrices, s'il y a des places vacantes.

Il sera tenu compte aux candidates de l'engagement qu'elles prendraient de se consacrer exclusivement à l'inspection du travail des enfants.

Les candidates devront justifier qu'elles demeurent dans le département de la Seine depuis 5 ans au moins.

Traitements. — Les inspectrices titulaires reçoivent un traitement annuel *de 3,000 fr.*, plus *300 fr.* par an pour frais de déplacement.

Elles ont 150 établissements industriels à visiter par mois, — et doivent envoyer à la Préfecture de la Seine les rapports sur leurs visites.

Les inspectrices suppléantes ont une rétribution basée sur 1,500 fr. par an, plus 300 fr. pour frais de déplacement, mais seulement quand elles sont chargées de suppléer une inspectrice titulaire en congé régulier.

Elles sont toutes assermentées.

Le bénéfice de la retraite ne leur a pas encore été accordé.

ENSEIGNEMENT.

Au premier rang des carrières féminines, se place l'enseignement. En effet, la femme, destinée par la nature à devenir mère, est douée des qualités de patience, de dévoûment, d'éloquence persuasive et d'abnégation qui en font l'éducatrice-née de la jeunesse.

Dans ce but, on a répandu l'instruction primaire par tous les moyens possibles, on a élevé le niveau général des études féminines. Partout ont surgi des écoles gratuites aussi nombreuses qu'excellentes, sous le double rapport de l'enseignement et de l'hygiène. Dans une poussée d'émulation et d'ardeur au travail, quantité de jeunes filles, répondant d'ailleurs aux aspirations paternelles, obtiennent chaque année un brevet qu'elles considèrent, à bon droit, comme un des plus honorables moyens d'existence.

Mais, ici, qu'on nous permette d'ouvrir une parenthèse.

La statistique nous apprend que, tous les ans, la moyenne des demandes de postes d'institutrices est de 4,500 et qu'il y a, pour y répondre, 1,700 places vacantes.

Que de déceptions! Que faire de toutes ces jeunes personnes, pourvues de leur brevet, en attendant que le sort leur octroie la place ambitionnée? Comment vivront-elles ? Seront-elles assez philosophes pour manger du pain sec, en évoquant dans leurs souvenirs classiques les Spartiates d'antans devant leur brouet noir ?

COURS DIVERS. — RÉPÉTITIONS.

Il y a, pour les cours, une grande variété de matières et de prix.

Ces prix ne sont pas toujours proportionnés à la valeur des études qu'on y fait ; ils subissent surtout l'influence du public qui les fréquente. Les cours sont d'ailleurs de différente importance tant pour le temps qu'ils durent, que pour le nombre et la science des professeurs qui y enseignent (de 20 fr. à 60 fr. par mois).

Un professeur-dame reçoit de chacun des cours où elle donne ses leçons, des émoluments proportionnels au temps qui lui est demandé — et, devons-nous ajouter, aux titres qu'elle possède. Elle doit toujours au moins avoir son brevet supérieur.

Répétitrices. — Il n'est pas nécessaire d'avoir un brevet pour être répétitrice ou donner des leçons particulières, à condition qu'on n'ait jamais plus de 2 ou 3 élèves à la fois. La répétitrice fait faire les devoirs aux enfants qui lui sont confiés et qui, assez souvent, suivent des cours d'externat. Elle se charge quelquefois d'y conduire ses élèves.

Cette position est rétribuée environ 25 à 30 fr. par mois et par enfant, pour une heure par jour ; ceci est le prix minimum. On nous a assuré que le traitement d'une répétitrice pour une seule élève était quelquefois de 60 et même de 80 fr. ; mais, alors, les leçons sont données complètement au domicile de l'élève, et la répétitrice est plutôt son institutrice plusieurs heures par jour.

Donner des leçons de français ou de langue étrangère ne comporte pas la nécessité du brevet, pourvu que les leçons soient données isolément.

**

Une occupation quelque peu lucrative pour une femme de bonne tenue et de bonne éducation, consiste à « recevoir » les parents au lieu de la Directrice d'un établissement scolaire assez important. Si on est attachée régulièrement à une seule institution, on a généralement 50 fr. par mois et la nourriture.

**

Mentionnons aussi, pour les dames d'un certain âge dont les références et les allures peuvent donner toutes garanties aux parents, une occupation qui engage sa responsabilité, mais qui peut être pour elle une ressource appréciable. C'est celle qui consiste à conduire à la promenade des enfants de plusieurs familles, pendant les intervalles des cours et les jours de congé.

Cet emploi se rétribue habituellement 10 à 15 fr. par mois et par enfant. Si la dame qui consacre ainsi quelques heures de son temps quotidiennement, est intelligente, elle fait repasser les leçons des enfants qu'elle mène parfois au cours elle-même.

Une bonne santé est indispensable.

Depuis que les cours de toute espèce se sont multipliés, et que des jeunes filles étrangères les ont suivis, il s'est créé des pensions de familles, en appartement à proximité des cours, où on donne le logement, la nourriture et l'entretien aux jeunes étudiantes qui y trouvent des garanties de respectabilité, et une liberté relative. Le prix varie de 100 fr. à 300 fr. par mois. C'est une ressource pour les dames veuves d'une bonne éducation auxquelles une fortune disparue a laissé les épaves d'un mobilier confortable.

Secrétaires-lectrices. — Certains auteurs ou fonctionnaires, certaines dames patronnesses d'un grand nombre d'œuvres, prennent, comme secrétaires, des jeunes filles ou jeunes femmes ayant une bonne instruction ou une belle écriture. — Ces emplois sont généralement bien rémunérés : 100 fr. à 200 fr. par mois, selon le temps demandé.

A cette profession est assimilée celle de lectrice.

Dames de compagnie. — Par occasion, et temporairement, on trouve assez souvent à être appelée par des étrangers qui, venant passer quelques mois à Paris, désirent une société intelligente pour leurs filles pendant la durée de leur séjour. Evidemment, il faut connaître une langue étrangère. La rémunération est de 2 fr. l'heure au minimum. On se fait inscrire, pour cela dans les principaux hôtels, en y donnant son adresse et ses références.

Enseignement primaire.

L'Enseignement public se divise en *Enseignement primaire*, *Enseignement secondaire*, *Enseignement supérieur*.

Chacune de ces catégories offre de nombreuses ressources aux jeunes filles munies des titres exigés, pour chacun des postes accordés par la Direction de l'Enseignement.

L'Enseignement primaire, le plus répandu d'ailleurs, occupe à lui seul une véritable armée d'institutrices ayant des brevets de capacité de divers degrés, mais remplissant toutes leurs fonctions, parfois bien ingrates, avec un zèle et un dévoûment dont l'éloge n'est plus à faire.

L'instruction primaire, c'est la réunion des éléments de la science indispensable et populaire : c'est le 1er degré des études. En 1790 encore, les écoles, assez rares d'ailleurs, étaient dues à l'initiative privée ou congréganiste, et n'étaient abordables que pour une certaine classe de la société. Le « peuple » paraissait destiné à rester dans l'obscurantisme (néologisme qui peint l'absence de culture intellectuelle).

Alors Talleyrand, dans un mémorable rapport qu'il lut à l'Assemblée nationale constituante, le 11 octobre 1790, développa le premier projet de l'Enseignement primaire. Mais cette idée, adoptée par l'Assemblée d'abord, puis reprise en brumaire de l'an IV, en pluviôse de l'an VI et sous la Restauration, ne germa définitivement que sous les auspices du ministère Guizot, en 1833. Telle fut la fondation de l'enseignement primaire. Le 15 mars 1850, de Falloux présenta à l'Assemblée législative une loi qui remplaça celle de 1833 et fixa les traitements (jusque-là insignifiants) des instituteurs publics à 600 fr.

Ce ne fut pourtant qu'en 1866 que les décrets concernant l'obligation pour les communes d'entretenir une école gratuite s'étendirent à l'instruction des filles.

Ces décrets dérivaient du projet de loi que Duruy avait déposé au Corps législatif l'année précédente et qui était spécial à l'instruction des filles et à la gratuité de l'enseignement.

Il ne reste plus aujourd'hui qu'à souhaiter à l'enseignement primaire un budget en rapport avec les besoins et les intérêts intellectuels d'un pays comme le nôtre. Nous sommes encore, sur ce point, au-dessous de presque tous ceux que nous avons devancés sous le rapport pédagogique. Ainsi New-York (900,000 hab.) consacre à ses écoles publiques 9 fr. par tête. Tandis que Paris peut à peine en donner 3 fr. L'Etat du Massachusetts (Amérique du Nord), si prospère il est vrai, alloue, lui seul, 7,600,000 fr. à l'instruction primaire pour une population qui est à peu près égale à celle du département du Nord. Et que dire de la Suisse qui fait pour l'enseignement des sacrifices si énormes que la France, pour l'égaler, devrait dépenser 38 millions à l'article qui émarge 6 millions au budget ?

Tout viendra en son temps ; le progrès est déjà fort appréciable, et le zèle et la générosité des citoyens ont permis d'aider à l'enseignement primaire populaire, par des classes d'adultes — cours gratuits — qui se sont ouverts avec une émulation des plus méritoires (voir chapitre spécial, page 42).

Emplois ressortissant à la direction de l'Enseignement primaire (filles) ; conditions d'admission. — Traitements. — Retraites.

1° INSPECTION.

5 emplois d'inspectrices des pensionnats (départementales).

5 emplois d'inspectrices des écoles maternelles (départementales).

Le traitement annuel est de 4,000 fr. au minimum, et de 5,500 fr. au maximum, avec augmentation biennale de 500 fr. Les inspectrices reçoivent en outre 500 fr. pour frais fixes.

6 emplois d'inspectrices des dépenses des écoles primaires de filles (Ville de Paris).

3 emplois d'inspectrices des écoles maternelles (Ville de Paris).

Le traitement, y compris les frais fixes, est de 6,000 fr.

1 emploi d'inspectrice des cours de comptabilité et de langues vivantes (Ville de Paris).

Le traitement et les frais fixes sont de 7,200 fr.

1 emploi d'inspectrice de l'enseignement de la coupe dans les arrondissements suburbains.

Le traitement est de 3,000 fr., compris 500 fr. de frais fixes.

Conditions. — Pour obtenir ces emplois, les postulantes doivent avoir 30 ans au moins et 45 ans au plus, et être pourvues du brevet supérieur. — Quant à la retraite des inspectrices, elle est calculée d'après les règles spéciales à la caisse des retraites des employés de la Préfecture de la Seine : c'est-à-dire qu'après 30 ans de service, ces fonctionnaires, dont le traitement est frappé d'une retenue de 1|20, ont droit à une pension égale à la moitié de leur traitement.

2° ÉCOLES PRIMAIRES ET ÉCOLES MATERNELLES. — DIRECTION.

Les aspirantes aux emplois dans les écoles primaires ne peuvent prendre part aux concours qu'à la condition d'être pourvues du brevet supérieur, et, pour les écoles maternelles, du brevet simple et du certificat d'aptitude à la direction d'une école maternelle.

Les candidates ayant réussi (1) entrent comme stagiaires dans le personnel enseignant au fur et à mesure des vacances d'emploi.

(1) Ce concours, arrêté par le règlement du 28 juillet 1886, n'a pas encore eu lieu, les écoles normales suffisant actuellement à assurer le recrutement du personnel.

Elles reçoivent alors une indemnité équivalente au traitement de la 5ᵉ classe du grade d'adjointe, sans indemnité de logement.

— Sont dispensées du concours et du stage, les élèves sortant des écoles normales de la Seine et pourvues du brevet supérieur après avoir accompli 3 années d'études régulières dans l'Ecole normale.

TRAITEMENTS. — ADJOINTES. — BANLIEUE.

La loi du 19 juillet 1875 fixe à 600 fr. le traitement des adjointes.

Directrices. — 3 classes : 700 fr., 800 fr., 900 fr. L'augmentation de 100 fr. d'une classe à une autre est acquise aux intéressées au bout de 5 ans passés dans chaque classe. Mais, dans la pratique, les communes allouent des suppléments de traitements dont le montant, très variable, est fixé par les conseils municipaux. En fait, le traitement moyen d'une directrice de banlieue est de 2,000 fr., celui d'une adjointe de 1,300 fr.

Ecoles maternelles. — Le traitement moyen d'une directrice dans la banlieue est de 1,700 fr. et celui des adjointes de 1,200 fr.

Pour la retraite, les traitements étant frappés de la retenue réglementaire au bout de 25 ans de services et à 55 ans d'âge, les institutrices ont droit à une retraite égale à la moitié de leur traitement.

Ecoles primaires. — Paris.

Les institutrices adjointes sont réparties en 5 classes ainsi réglées :

$$
\begin{array}{lll}
5^e & \text{classe} & 1,500, \\
4^e & — & 1,700, \\
3^e & — & 2,000, \\
2^e & — & 2,250, \\
1^{re} & — & 2,500.
\end{array}
$$

Le passage d'une classe à une autre peut avoir lieu après trois ans ; il est de droit après 5 ans.

Les adjointes ayant 5 ans de traitement de 1re classe et 20 ans de service acquis pour la retraite pourront, par mesure exceptionnelle et sur décision du conseil municipal, recevoir le traitement minimum de directrice.

Les *Directrices* (écoles primaires enfantines maternelles) sont réparties en 4 classes comme suit :

$$
\begin{array}{lll}
4^e & \text{classe} & 2,750, \\
3^e & — & 3,100, \\
2^e & — & 3,450, \\
1^{re} & — & 3,800.
\end{array}
$$

Le passage d'une classe à une autre ne peut avoir lieu qu'après 3 ans ; mais il est de droit après 5 ans.

Indépendamment du règlement du concours d'admission :

Pourront être nommées Directrices de Paris les Directrices de la banlieue possédant des titres de capacité exigés des Directrices de Paris et étant placées à la tête d'une école d'au moins 4 classes.

Les fonctions de « suppléantes » sont supprimées par voie d'extinction : il n'y aura plus de nouvelles nominations.

Les indemnités de logement sont fixées comme suit :
Directrices, 800 fr.
Adjointes, 600 fr.
L'indemnité de logement est personnelle.

**

Classes d'adultes.

C'est après la loi de 1833 pour l'instruction populaire que se fondèrent, sous les auspices de M. Guizot, les premiers cours d'adultes. La première institution de ce genre fut *la Société pour l'instruction élémentaire*. Pour encourager ces cours gratuits du soir, l'État fournit une subvention de 20,000 fr. — M. *Barthélemy Saint-Hilaire*, M. *Carnot* et M. *Duruy* doivent être considérés comme les promoteurs de cette œuvre admirable (1).

TRAITEMENT DES DIRECTRICES ET MAÎTRESSES.

Dans les cours du soir, les Directrices tiennent les registres d'inscription, répartissent les élèves entre les différents cours, veillent au maintien du bon ordre,

(1) M. Gréard, Enseignement primaire, 1887.

s'assurent que l'appel nominal est fait exactement, contrôlent le pointage et suivent la marche des études. Tous les 3 mois, elles dressent en double expédition un tableau indiquant : 1° le nombre des élèves inscrits ; 2° la moyenne des présences ; 3° les résultats obtenus. L'une des expéditions est envoyée avant les 5 janvier, 5 avril et 5 juillet à l'inspecteur de l'Enseignement primaire de la circonscription ; — l'autre, à l'inspectrice du matériel des écoles.

L'indemnité éventuelle calculée d'après le nombre des élèves est supprimée ; elle est remplacée par une indemnité fixe annuelle.

Maîtresses d'une classe d'adultes ou apprenties. } 600 fr.

Directrices de 6 classes d'adultes minimum 1000 fr.
— de 4 ou 5. 800
— de 3 500
— de 2. 300

Les Directrices sont autorisées à faire une classe. Dans ce cas, elles reçoivent l'indemnité de la maîtresse enseignante, et celle de leur surveillance est réduite de moitié.

Cours industriels et commerciaux pour adultes femmes. — Ville de Paris.

R. Molière,
R. Tiquetonne,
R. Volta,
R. Geoffroy-Lasnier,

R. de Chabrol,
R. Keller,
Place Jeanne-d'Arc,
Place Montrouge,

R. Monge,
R. du Jardinet,
Avenue de Lamothe-Piquet,
Faubourg Saint-Honoré,
Avenue Trudaine,

R. Vaugirard, 149,
R. de Passy,
R. Boursault,
R. Tandon,
R. de Tlemcen.

Dessin.

La ville a 60 cours de dessin pour adultes, répartis dans tous les quartiers. Le cours supérieur est rue de Seine. C'est une pépinière de véritables artistes. Les conditions à remplir pour être professeur dans une école professionnelle, ainsi que les traitements attachés à l'emploi, ne sont pas encore déterminés administrativement: le règlement officiel d'organisation est en préparation au Conseil d'État.

Déléguées générales.

Outre le personnel administratif des surveillances des salles d'asile, huit déléguées générales sont nommées par le Ministre de l'Instruction publique pour inspecter les salles d'asile.

Les déléguées générales font des tournées d'inspection et en font des rapports détaillés. Elles donnent des conseils aux directrices et patronnent les livres et méthodes propres à améliorer le fonctionnement des établissements placés sous leur juridiction.

Conditions et titres.

1° Certificat d'aptitude à la direction des salles d'asile.
2° Brevet supérieur.
3° Actif prouvé de 5 années de service effectif dans l'enseignement.

Traitements.

1re classe 5,000 fr.
2e classe 4,000 et 4,500.
3° classe 3,000 et 3,500.

ÉCOLES PROFESSIONNELLES DE LA VILLE DE PARIS.

Conditions d'admission.

Le nombre de places dont dispose chacune des écoles professionnelles de la Ville pour l'apprentissage gratuit des divers « métiers » est forcément limité et proportionné à l'emplacement qu'elle occupe.

Pour concourir à l'examen d'admission, il faut :

1° Se faire inscrire dans l'Ecole, du 1er juillet au 1er août, et du 15 septembre au 26, de 9 h. à midi.

Peuvent seules se faire inscrire les jeunes filles de treize ans au moins et de 18 ans au plus.

2° Présenter un certificat de vaccin.

3° Un bulletin de naissance.

4° Un certificat du maire, constatant la nationalité française.

L'enseignement est gratuit.

Les élèves sont externes. Dans quelques écoles, on les autorise à apporter leur déjeuner ou à le prendre à la cantine de l'école.

L'enseignement professionnel proprement dit ne peut être abordé que par des jeunes filles ayant terminé leurs études primaires. Il a pour but de préparer des ouvrières d'élite, possédant les connaissances théoriques et les connaissances pratiques nécessaires à la profession qu'elles choisissent.

Ecole rue Fondary, 20, professionnelle et ménagère.

Cette école, modèle achevé d'enseignement pratique, est excessivement intéressante à visiter dans tous ses détails.

On y trouve partout les preuves d'une direction éclairée, active et intelligente, admirablement secondée.

Les cours d'enseignement général et d'instruction ménagère sont communs à toutes les élèves et obligatoires pour toutes, quelle que soit la carrière à laquelle elles se destinent.

Les cours d'instruction générale comprennent les matières du cours supérieur de l'enseignement primaire, auxquelles s'ajoutent la comptabilité et notions de législation usuelle.

Outre les cours professionnels, au nombre de 6 (lingerie, repassage, corsets, fleurs artificielles, modes, broderies), l'école donne aux jeunes filles une instruction ménagère appliquée : cuisine et blanchissage, dont les élèves, à tour de rôle (huit par semaine), sont de véritables petites femmes chargées d'acheter, de préparer leurs aliments, ayant à leur disposition une cuisine très bien aménagée dont elles ont l'entretien. Le marché est fait par deux d'entre elles, d'après le menu arrêté d'avance, et les dépenses, prélevées sur la somme de 5 fr. par jour, sont inscrites et signées sur un livre spécial.

L'effectif maximum de l'école est de 180 élèves.

École Bossuet, 12 rue Bossuet.

Elle comprend 3 ateliers : coupe et couture, dessin industriel fleurs et plumes.

On y a ajouté récemment la peinture sur porcelaine et vitraux. — 150 élèves.

École rue Bouret, 11, professionnelle et ménagère.

C'est un établissement qui rend les plus grands services au quartier de la Villette. Il est fort bien dirigé et possède plusieurs ateliers d'apprentissage parfaitement adaptés aux besoins de la population du 19° arrondissement.

Blanchissage, repassage, fleurs, couture, corsets, broderies. On y reçoit 100 élèves.

École rue Ganneron, 26, profes. et ménagère.

L'excellente directrice (1) de cette école est une des fondatrices des établissements humanitaires qui les premiers ont pris le nom d'Écoles professionnelles. Elle est aussi appréciée des professeurs qu'aimée des élèves.

Le cours de comptabilité mériterait à lui seul une mention. Chaque année, d'importantes maisons de commerce y recrutent de bonnes employées. Il y a en outre :

Un cours de dessin industriel et de peinture sur faïence, porcelaine, éventails, etc., dont la maîtresse est une artiste distinguée.

---

(1) Madame Paulin, directrice éminente et femme dévouée.

Un atelier de broderies dont les produits peuvent prendre rang parmi les plus beaux ouvrages de ce genre.

Un atelier de couture, robes, confection, etc., dont l'exécution ne mérite que des éloges.

Une fabrique de fleurs et de plumes qui ne le cède, pour le goût et la variété, à aucun des meilleurs établissements de Paris.

L'école contient 120 élèves et sera agrandie prochainement.

École, 17, rue de Poitou.

C'est celle dont la création est la plus récente. Elle donne déjà plus que des espérances. Directrice, maîtresses et élèves rivalisent à l'envi de zèle et d'activité intelligente.

Elle comprend :

1 cours de coupe et couture,
1 cours de comptabilité,
1 cours de dessin,
1 atelier de fleurs et plumes.

Le 14 juillet prochain, sera inaugurée une nouvelle école professionnelle de jeunes filles, rue de la Tombe-Issoire, à l'angle de la rue Tolbiac (1).

---

(1) Parmi les dames qui composent la commission de surveillance de cette école, figure Madame Edouard Jacques, qu'on trouve toujours, à l'exemple de son mari, là où sa bienfaisante et active influence peut encourager le travail.

Cette école pourra contenir environ cent quatre-vingts jeunes filles qui recevront là un enseignement complet sur tout ce qui a rapport à la couture, aux broderies, à la confection et au découpage des patrons.

Il n'y aura que des externes, mais les élèves pourront prendre leur repas de midi dans l'établissement, où sera installée une cantine avec réfectoire et dépendances.

Au premier étage il y aura une très belle salle de dessin ; tous les cours seront dirigés par des maîtresses d'une valeur incontestable, comme sait les choisir la Ville de Paris. Les ateliers de couture tiendront, dans l'école, une place importante et seront au nombre de huit.

Les formalités pour y entrer ne différeront pas de celles qui sont les préliminaires de l'admission aux autres écoles professionnelles.

***

Cours spéciaux d'enseignement commercial pour les jeunes filles.

Aux institutions d'enseignement professionnel se rattachent les cours spéciaux d'enseignement commercial que la Ville de Paris a institués en 1881, et qui ont pour objet de permettre aux jeunes filles ayant terminé leurs études primaires d'acquérir toutes les connaissances nécessaires aux employées de commerce.

Ces cours ont lieu le soir, de 8 h. à 10 h., de façon à être accessibles à tous.

L'enseignement est divisé en deux degrés. Des certificats sont accordés aux meilleures élèves à la fin de chaque année scolaire.

**

La Société pour l'Enseignement professionnel des jeunes filles, sous le patronage de personnes dont les noms sont synonymes de bienfaisance et de progrès, a son siège avenue Trudaine. Ce sont les écoles fondées par Elisa Lemonnier. Les cours de dessin, de commerce, de broderie, de couture, ainsi que celui des langues vivantes, donnent chaque année des résultats très satisfaisants. Un certain nombre des élèves de dessin ont obtenu des postes de professeurs dans les lycées de jeunes filles. Mlle Malmanche, inspectrice des écoles de la Ville, a fondé dans une de ces écoles un cours de comptabilité qui obtient les plus brillants succès.

Association polytechnique. — Association philotechnique.

Siège social rue Serpente, 24.

Ces deux sociétés rivales sont assez connues. Nous donnons, sur l'Association philotechnique, des détails qui peuvent se rapporter, dans leur ensemble, à toutes les deux.

L'Association philotechnique(1) est la première qui, dans

---

(1) M. Edouard Jacques, député de Paris, est président actuel de l'Association, réélu pour la 3e fois.

sa section (Victor-Cousin), en 1871, ait ouvert des cours spéciaux du soir pour les adultes femmes.

Les élèves se recrutent dans toutes les classes et dans toutes les professions. Pendant longtemps les femmes ont suivi surtout les cours qui préparent aux brevets d'institutrices. Ce mouvement tend à s'arrêter, l'enseignement n'offrant plus de débouchés.

Il n'y a aucune formalité d'inscription.

Les cours ont lieu tous les soirs, de 8 h. 1|2 à 10 h.

Sections.

Victor-Cousin, rue Victor-Cousin.	14 cours
Rue d'Argenteuil, 23.	14
Rue Corbeau, 34.	7
Ternes, rue Laugier, 16. . . .	18
Temple, mairie du 3e arrondissement.	14
Rue des Taillandiers, école communale.	13
Montrouge, avenue d'Orléans, 19.	12
Plaisance, rue de l'Ouest, 90. . .	4
	96 cours.

Les élèves femmes sont, en outre, admises dans les sections mixtes, qui sont au nombre de 7 et qui comprennent 100 cours.

Nature des cours.

Lecture à haute voix et diction. — Langue française. — Langue allemande. — Langue anglaise. —

Langue italienne. — Langue espagnole. — Histoire de France. — Histoire moderne. — Géographie. — Littérature. — Législation. — Latin. — Pédagogie. — Education. — Morale. — Arithmétique. — Algèbre. — Géométrie. — Perspective. — Chimie. — Physique. — Astronomie. — Hygiène. — Histoire naturelle. — Comptabilité. — Calligraphie. — Economie domestique. — Dessin. — Modelage. — Fleurs et plumes. — Sténographie. — Peinture sur faïence et porcelaine. — Aquarelle. — Coupe, couture et assemblage. — Musique vocale.

L'enseignement est fait et donné gratuitement. Il n'y a pas de titres exigés pour faire un cours à l'Association, car l'enseignement y est d'une grande variété, surtout lorsqu'il s'agit de cours professionnels. Quant à l'enseignement général, les professeurs qui désirent être chargés d'un cours ont intérêt à produire un titre universitaire. Il est nécessaire d'être présenté par un membre de l'Association.

ENSEIGNEMENT SECONDAIRE.

L'enseignement secondaire des jeunes filles est d'organisation récente.

Nous trouvons que le premier décret sur les lycées et collèges de jeunes filles porte la date du 21 décembre 1880.

Il existe aujourd'hui 50 établissements spéciaux d'enseignement secondaire :

1° L'école normale supérieure de Sèvres ;

2° 23 Lycées : Montpellier, Rouen, Besançon, Montauban, Lyon, le Havre, Amiens, Guéret, Mantes, Nice, Roanne, Charleville, Bourg, Moulins, Saint-Etienne, Paris (1), Bordeaux, Toulouse, Reims, Tournon, Mâcon, Paris (2), Paris (3), dans l'ordre de leur création ;

3° Et 26 collèges : Auxerre, Lons-le-Saunier, Grenoble, Saumur, Louhans, la Fère, Lille, Abbeville, Armentières, Cambrai, Vitry-le-Français, Vic-Bigorre, Béziers, Agen, Tarbes, Chalon-sur-Saône, Albi, Cahors, Saint-Quentin, Valenciennes, Chartres, Marseille, Alais, Avignon, Carpentras et Oran.

D'après les récentes délibérations du Conseil supé-

---

(1) Lycée Fénelon.
(2) Lycée Racine.
(3) Lycée Molière.

‑ieur de l'Instruction publique, il y en aura incessamment d'autres à :

Constantine, Limoges, le Puy, Sedan, Chambéry, Rennes, Alger, Dijon, Versailles, la Roche-sur-Yon, Aix, Annecy, le Mans, Cherbourg, Périgueux, Clermont, Nîmes, Angoulême, Châteauroux, Montbéliard, Toulon, Caen, Gap, Valence, Brives, Calais, Saint-Omer, Laon, Blois, Pamiers.

Un 1er crédit affecté à l'enseignement secondaire des filles pour l'acquisition seule des immeubles nécessaires a été de 11.666.666 fr. 66, pour l'Etat. Un autre crédit a été voté par la loi du 20 juin 1885 pour la construction d'établissements tels que lycées et collèges de filles. Il est de 12.000.000 fr.

Ceci, indépendamment des frais et dépenses supportés par les villes où les établissements ont été fondés.

Le programme de l'Enseignement secondaire des filles n'a pas été fait entièrement sur le modèle de celui des garçons ; on l'a adapté aux devoirs de la femme dans la vie sérieuse.

Voici ce que dit à ce sujet M. Camille Sée, auteur du remarquable rapport sur la revision du programme (1884) :

« Il ne s'agit pas de préparer les jeunes filles à être
« savantes. Leur mission, dans le monde, n'est pas de
« faire faire de nouveaux progrès aux mathématiques
« et à la chimie. Ce n'est pas pour les exceptions que
« les lycées de jeunes filles ont été fondés ; ils ont été
« fondés pour faire de bonnes épouses, de bonnes mères,

« de bonnes maîtresses de maison, sachant à la fois
« plaire à leur mari, instruire leurs enfants, gouverner
« leur maison avec économie et répandre autour d'elles
« les bons sentiments et le bien-être. »

Le portrait de la femme accomplie tient tout entier dans ces lignes.

Extraits des arrêts, plans d'instruction, relevés des traitements de professeurs concernant l'enseignement secondaire des filles.

Arrêté du 8 novembre 1881 (langues vivantes) :

ART. 1ᵉʳ. — Des cours de langues vivantes dans les lycées et collèges de jeunes filles pourront être confiés à des dames qui justifieront du certificat d'aptitude à cet enseignement.

ART. 2. — Les aspirantes au susdit certificat devront, indépendamment de leur acte de naissance, constatant qu'elles ont au moins 21 ans, produire soit le brevet supérieur primaire, soit le brevet de capacité à l'enseignement secondaire spécial, soit un diplôme d'Université étrangère reconnu équivalent à l'un de ces brevets.

ART. 3. — Elles subiront les épreuves préparatoires et les épreuves définitives déterminées dans l'arrêté du 27 juillet 1860 (enseignement secondaire des jeunes gens).

Choix des directrices. — Extrait de la circulaire adressée à MM. les recteurs des Académies par M. le ministre de l'Instruction publique, le 14 janvier 1882.

« Les directrices seront nommées par le ministre, sur
« la proposition du recteur, après entente avec l'admi-
« nistration municipale. En principe, elles devront être
« munies de diplômes, et, pour le moins, du brevet
« supérieur de l'enseignement primaire. Cependant,
« lorsque vous trouverez des personnes qui convien-
« draient parfaitement à la direction d'un établisse-
« ment secondaire de jeunes filles et pourraient con-
« tribuer à son succès, soit par l'autorité acquise dans
« l'enseignement libre, soit par une grande influence
« personnelle, l'absence de grades élevés ne serait pas
« un obstacle absolu à leur nomination. Vous me les
« présenteriez en qualité de déléguées, et je verrai à
« leur donner plus tard un titre définitif. »

Observation. — Au fur et à mesure que l'école normale de Sèvres fournit des professeurs munis de tous leurs titres, on devient plus exigeant au point de vue des grades.

Décret fixant les traitements des directrices, professeurs et maîtresses.

Les traitements annuels des directrices, professeurs titulaires, maîtresses chargées de cours, institutrices primaires et maîtresses répétitrices des lycées de jeunes filles, pour les départements, sont fixés de la manière suivante :

DÉSIGNATION.	1re CLASSE.	2e CLASSE.	3e CLASSE.	4e CLASSE.
Directrices. { Agrégées.	6.500	6.000	5.500	5.000
Licenciées ou pourvues soit du certificat à l'enseignement secondaire des filles, soit du certificat d'aptitude à l'enseignement des langues vivantes.	6.000	5.500	5.000	4.500
Pourvues du Brevet supérieur.	5.500	5.000	4.500	4.000
Professeurs — (Titulaires) — Agrégées.	4.200	3.800	3.400	3.000
Maîtresses chargées de cours. { Licenciées ou pourvues soit du certificat d'aptitude à l'enseignement secondaire, soit du certificat d'aptitude à l'enseignement des langues vivantes.	3.400	3.100	2.800	2.500
Id. { Pourvues d'un baccalauréat, du diplôme de fin d'études secondaires ou du brevet supérieur de l'enseignement primaire.	2.700	2.400	2.100	1.800
Maîtresses répétitrices non logées et non nourries.	2.400	2.100	1.800	1.500

Pour les lycées de Paris, les traitements sont, pour chaque classe et pour chaque catégorie de fonctionnaires, supérieurs de 580 francs aux chiffres ci-dessus.

TRAITEMENTS DU PERSONNEL DES COLLÈGES.

DÉSIGNATION	1re CLASSE.	2e CLASSE.	3e CLASSE.	4e CLASSE.
Directrices.	4.000	3.500	3.000	2.600
Professeurs titulaires { Licenciées ou pourvues soit du certificat d'aptitude à l'enseignement secondaire, soit de celui à l'enseignement des langues vivantes.	3.400	3.100	2.800	2.500
Maîtresses chargées de cours { Pourvues d'un baccalauréat, du diplôme d'enseignement secondaire ou primaire.	2.700	2.400	2.100	1.800
Institutrices primaires.	2.400	2.000	1.800	1.600
Maîtresses surveillantes de l'externat, logées, non nourries.	1400 francs minimum			

Art. 4. — Des promotions à une classe supérieure pourront être accordées en fin d'année, sur la proposition des recteurs, aux fonctionnaires qui auront passé 5 ans au moins dans la classe inférieure.

Art. 5. — Les professeurs titulaires et les maîtresses chargées de cours des lycées et collèges de jeunes filles ne seront tenues qu'à un service de 16 heures de classe par semaine. Ce nombre d'heures hebdomadaires sera réduit à 15 pour les fonctionnaires chargés des sciences physiques et naturelles.

Art. 6. — Les heures supplémentaires qui pourront être demandées aux professeurs titulaires et aux maîtresses chargées de cours, en outre du service normal mentionné à l'article 5, donneront lieu au paiement de rémunérations spéciales qui seront calculées de la manière suivante :

1° Dans les lycées de Paris :

200 fr. pour chaque heure supplémentaire par semaine pendant 10 mois.

2° Dans les lycées des départements :

150 fr. pour chaque heure supplémentaire par semaine pendant 10 mois.

3° Dans les collèges, *125 fr.* par semaine pour chaque heure supplémentaire pendant 10 mois.

Art. 7. — Le Président du Conseil, ministre de l'Instruction publique et des Beaux-Arts, est chargé de l'exécution du présent décret.

J. Grévy, *Président.*

J. Ferry, *Ministre.*

Traitements des économes.

ART. 1er. — Les fonctions d'économes ne peuvent être confiées, dans les lycées de jeunes filles, qu'à des personnes ayant fait, dans les bureaux d'économat de ces établissements, un stage de deux ans, et subi avec succès les examens spéciaux.

ART. 2. — Les stagiaires à l'économat des lycées de jeunes filles devront être pourvues au moins d'un diplôme de fin d'études secondaires ou d'un brevet de l'enseignement primaire.

Elles seront choisies, de préférence, dans le personnel des maîtresses répétitrices de ces établissements.

ART. 3. — Les économes des lycées de jeunes filles des départements recevront les traitements annuels déterminés ci-après :

1re classe.	3.600	3e classe.	2.800
2e classe.	3.200	4e classe.	2.400

Pour Paris, ces chiffres sont augmentés de 500 fr.

Les traitements des économes des lycées de jeunes filles seront passibles de retenues pour le service des pensions civiles.

ART. 4. — Nulle ne pourra être promue à une classe plus élevée qu'après avoir passé 5 ans au moins dans la classe inférieure.

ART. 5. — Lorsque l'économe d'un lycée de jeunes filles sera chargée en outre de la gestion de l'internat municipal annexé à l'établissement, le traitement supplémentaire qu'elle recevra pour ce surcroît de travail sera, comme le traitement principal, soumis aux retenues pour pensions de retraite.

Arrêté fixant les traitements des maîtresses générales adjointes ou surveillantes de l'école normale secondaire de Sèvres.

Art. 1er. — Les maîtresses-adjointes et les maîtresses surveillantes de l'école normale de Sèvres ont droit gratuitement à la nourriture, au logement, au blanchissage. Elles reçoivent les traitements fixes déterminés ci-après :

	MAITRESSES	
	ADJOINTES	SURVEILLANTES
Maîtresses pourvues de l'agrégation. Ecole normale de Sèvres. . . .	2.500	
Maîtresses pourvues de la licence ou du certificat d'aptitude à l'enseignement secondaire.	2.000	1.600
Maîtresses pourvues d'un baccalauréat ou d'un brevet supérieur de l'enseignement primaire.	1.500	1.200

Avec retenues pour les pensions civiles.

DESSIN.

	1re CLASSE.	2e CLASSE.	3e CLASSE.
L'enseignement est confié à des dames pourvues d'un des 2 certificats d'aptitude à l'enseignement secondaire.			
Professeurs titulaires pourvues du diplôme du degré supérieur. { Paris.	3.000	2.700	2.400
Départements. . . .	2.400	2.100	1.800
Maîtresses chargées de cours pourvues du certificat 1er degré. Lycées et collèges, classe unique.	1.600		

Des promotions à une classe supérieure pourront être accordées, en fin d'année, sur la proposition des recteurs, aux fonctionnaires qui auront passé 5 ans, au moins, dans la classe inférieure.

Art. 2. — Les maîtresses de dessin (titulaires et chargées de cours) des lycées et collèges de jeunes filles seront tenues à un service de 16 heures par semaine. Les leçons, en sus, qui pourront leur être demandées, donneront lieu au paiement d'indemnités spéciales qui seront calculées de la manière suivante, pour chaque heure supplémentaire par semaine pendant 10 mois.

Dans les lycées de Paris, 150 fr.
— des départements, 100 fr.

Gymnastique. — Traitements.

L'enseignement de la gymnastique est confié à des dames dans les lycées et collèges de jeunes filles.

Nulle ne peut être nommée « maîtresse de gymnastique » dans ces établissements si elle n'est pourvue du certificat d'aptitude à l'enseignement secondaire et si elle ne donne pas au moins 12 h. par semaine.

Traitements. — Lycées de Paris.

1re Cl.	2e Cl.	3e Cl.
2.000 fr.	1.800 fr.	1.600 fr.

Départements.

1re Cl.	2e Cl.	3e Cl.
1.600	1.400	1.200 fr.

Des promotions à une classe supérieure pourront

être accordées, sur la proposition du recteur, aux maîtresses qui auront passé 5 ans au moins dans la classe inférieure.

16 heures de service par semaine peuvent être exigées des maîtresses sans augmentation de traitement.

Au delà de 16 heures, les heures supplémentaires seront rétribuées au moyen d'indemnité de 80 fr. par heure et par an.

Le recteur délègue, après autorisation du ministre, les maîtresses de gymnastique qui ne sont pas pourvues du certificat d'aptitude ou dont le service est moins de 12 heures par semaine. — Les émoluments des déléguées sont fixés par des décisions administratives.

*
* *

Nous croyons devoir, dans l'intérêt des familles, donner ci-après les conditions d'admission à l'école normale supérieure d'enseignement secondaire des jeunes filles, ainsi que la nature des concours pour l'agrégation et pour le certificat d'aptitude à l'enseignement secondaire.

École normale.

Pour prendre part au concours d'admission à l'école normale supérieure d'enseignement secondaire des jeunes filles, les aspirantes doivent être âgées de 18 ans au moins et justifier, soit du diplôme de fin d'études de l'enseignement secondaire, soit d'un diplôme de bachelier, soit du brevet supérieur de l'enseignement primaire. La date du concours est fixée chaque année par le ministre. Les inscriptions sont reçues au secrétariat de chaque académie.

Les aspirantes produisent, en s'inscrivant : 1° leur acte de naissance ; 2° l'un des diplômes ci-dessus spécifiés; 3° une notice individuelle ; 4° un certificat de médecin constatant leur aptitude physique aux fonctions de l'enseignement. Elles font connaître, en même temps, si elles se présentent pour la section des lettres ou pour la section des sciences.

Art. 3. — L'examen se compose d'épreuves écrites et d'épreuves orales. Les épreuves écrites se font au chef-lieu de chaque académie.

Agrégation.

Pour prendre part aux épreuves du concours de l'agrégation de l'enseignement secondaire des jeunes filles, les aspirantes doivent être pourvues, depuis un an au moins, soit du certificat d'aptitude à l'enseignement secondaire, soit de l'une des licences ès sciences ou ès lettres.

La date du concours est fixée chaque année par arrêté ministériel.

Les inscriptions sont reçues au secrétariat des académies. Les aspirantes produisent en s'inscrivant : 1° leur acte de naissance; 2° l'un des diplômes ci-dessus spécifiés ; 3° une notice individuelle. — Elles font connaître en même temps si elles se présentent dans l'ordre des sciences ou dans l'ordre des lettres.

La liste des aspirantes est arrêtée définitivement par le ministre.

L'examen comprend des épreuves écrites et des épreuves orales.

Les épreuves écrites sont éliminatoires. Elles se font au chef-lieu de chaque académie. Les épreuves orales sont subies à Paris.

Toutes les épreuves écrites et orales, dans l'ordre des lettres, concourent au classement définitif.

Épreuves écrites (Lettres).

Une composition littéraire (dissertation, narration ou lettre) ;

Une composition sur un sujet de langue française ;

Une composition sur un sujet d'histoire moderne ;

Une composition sur les langues vivantes (thème et version).

Épreuves orales.

1° Lecture et explication d'un texte français (tous les commentaires) ;

2° Correction d'un devoir de littérature et grammaire ;

3° Leçon sur un sujet d'histoire ;

4° Leçon sur un sujet de géographie, avec croquis au tableau, s'il y a lieu ;

5° Leçon sur un sujet de morale ;

6° Interrogations sur les langues vivantes.

Il est tenu compte des aptitudes pour la diction.

Épreuves écrites (Sciences).

1° Une composition de mathématiques ;
2° Une composition de physique et chimie ;
3° Une composition d'histoire naturelle ;
4° Une composition littéraire.

Epreuves orales.

1° Une composition de mathématiques ;
2° Une composition de physique et chimie (expériences).
3° Une composition d'histoire naturelle (démonstrations).
4° Interrogations et thème au tableau sur langue vivante.

Certificat d'aptitude à l'enseignement secondaire.

Pour se présenter aux examens du certificat d'aptitude à l'enseignement secondaire, les aspirantes doivent produire soit un diplôme de bachelier, soit le brevet supérieur de l'enseignement primaire.

Les examens ont lieu à la fin de l'année scolaire ; la date est fixée par le ministre.

Les inscriptions sont reçues au secrétariat des académies.

Les aspirantes produisent en s'inscrivant :
1° Leur acte de naissance constatant qu'elles ont eu

20 ans accomplis au 1ᵉʳ juillet ; 2° l'un des diplômes ci-dessus spécifiés ; 3° une notice individuelle.

Les épreuves sont, pour les matières, de même nature que pour l'agrégation.

Bourses pour les lycées et collèges de jeunes filles.

Une bourse peut être concédée dans un établissement secondaire ou d'enseignement primaire supérieur pour les deux sexes, à l'enfant âgé de 10 ans révolus au moins, appartenant à un père de famille ayant sept enfants vivants, quand la situation nécessiteuse de la famille aura été constatée et que l'enfant aura subi les examens préalables exigés par les règlements.

Les bourses peuvent être fondées par l'État, les départements et les communes, au profit des internes et des demi-pensionnaires, tant élèves qu'élèves-maîtresses. Un certain nombre de bourses peuvent, sous le nom de « bourses familiales », être accordées à des élèves qui, tout en suivant les cours des lycées ou des collèges, demeureraient chez leurs parents ou dans des institutions libres. Il est bien entendu que ces familles et ces institutions devraient être agréées par l'administration et que les boursières seraient soumises à sa surveillance.

Institutrices à domicile.

Cette phalange est une des plus intéressantes de toutes celles qui font partie de l'enseignement. C'est une des plus vaillantes.

La directrice d'une école, l'institutrice qui est sous ses ordres, ont certes un mérite particulier à se vouer à l'éducation d'enfants de tous âges, plus ou moins bien élevés, et, conséquemment, plus ou moins souples et dociles, mais elles sont, l'une et l'autre, relativement libres et indépendantes, en dehors de leurs heures de classe. De plus, une fois admises dans l'enseignement primaire, elles ont, avec l'espoir d'avancement, leur avenir assuré : elles sont fonctionnaires.

Il n'en est pas de même de l'institutrice privée, qui fait, en quelque sorte, partie du personnel de la maison dans laquelle elle entre, pour un temps souvent très aléatoire. Son éducation et son instruction qui la rapprochent de la famille qui la reçoit, lui font plus vivement percevoir les difficultés de sa position ; plaire à tous.... un peu.... pas trop, dans ce milieu où sa situation lui fait une vie fausse entre les maîtres qui... l'ignorent et les domestiques qui la jalousent. Il faut qu'elle soit douée d'un caractère excessivement égal et patient, d'une bonne santé et d'une dignité naturelle qui la tienne à l'abri des familiarités déplacées. Mais où trouver mieux que dans un cœur de femme ce tact suprême qui donne l'intuition des mesures à garder ?

En général, on pose comme conditions à l'institutrice, dès son entrée : 1° de ne paraître au salon que quand les enfants qu'on lui a confiés y sont eux-mêmes, et de se retirer le soir en même temps qu'eux ; 2° de les accompagner dans leurs promenades et leurs sorties, de surveiller les récréations et de remplacer la mère auprès d'eux quand elle s'absente, et, enfin, de s'assurer que les domestiques ne négligent rien de la partie de leur service qui regarde ses élèves. Ceci, bien entendu, en dehors du programme des études dont on arrête les heures et les matières, dès son entrée en fonctions.

En Belgique, on exige plus de l'institutrice, dont les attributions frisent parfois celles d'une femme de chambre : on l'oblige souvent à l'entretien du trousseau de ses élèves. Il est d'usage un peu partout de mettre de temps en temps le talent musical de l'institutrice à contribution pour la distraction des soirées de la famille.

Outre le brevet, on exige presque toujours la connaissance d'une langue étrangère.

Emoluments. — Ils varient de 500 à 2.000 fr. l'an. Aujourd'hui même, la moyenne, — on pourrait presque dire le maximum, — est de 1.200 fr., ce qui était autrefois un chiffre fort modeste ; mais, actuellement, tant de diplômées sont en disponibilité que la position est beaucoup plus convoitée.

Considérations sur les rapports avec les familles. — Les relations de l'institutrice avec les membres de la famille qui l'accueille sont ordinairement empreintes d'une grande politesse. Il arrive qu'avec le temps ces relations perdent de leur banalité pour devenir plus amicales ; l'institutrice, qui a su conquérir l'estime des parents et l'affection de ses élèves, prend alors presque rang de parenté. D'autres fois, au contraire, les rapports de part et d'autre restent froids jusqu'au bout. Cela dépend d'abord du caractère des personnes qui confient l'éducation de leurs enfants à une étrangère, et de la manière dont elles comprennent la gratitude due à celles qui consacrent leur temps et leur santé à la culture intellectuelle d'autrui. Cela dépend aussi beaucoup de l'institutrice qui doit savoir marquer sa place et la tenir, et qui, dans l'intérêt de son influence sur ses élèves, doit chercher auprès des parents un appui moral et sérieux et décliner tout emploi incompatible avec ses fonctions.

L'institutrice privée ne doit pas se dissimuler qu'une forte dose de philosophie lui est utile pour supporter les petites vexations inhérentes à sa position, et son isolement relatif.

Si elle n'a pas de ressources personnelles qui lui permettent de regarder l'avenir avec sécurité, il faudra, pour se faire quelques maigres économies, qu'elle soit très ingénieuse et très adroite pour concilier ses intérêts avec la tenue convenable qu'elle doit toujours avoir. Elle ne devra pas compter, dans ses calculs prévoyants, sur la reconnaissance de ceux qu'elle aura élevés ni sur celle de leurs parents : à quelques exceptions près, combien de cœurs ont la mémoire courte, et combien ont médité cette parole de Quintilien : « Si on ne « peut évaluer cette œuvre de dévoûment, il faut du « moins qu'elle ne soit pas stérile. »

Emplois.

1° GRANDES ADMINISTRATIONS. — BANQUE DE FRANCE.

Le mot *banque* vient du mot italien « *banco* », ou banc, sur lequel s'asseyaient les « banchieri » (agents de change en Italie, où parurent les premiers établissements de crédit). Les Juifs fondèrent à Lyon, au XVᵉ siècle, une maison du même genre qu'ils exploitèrent et qui peut être considérée comme la première banque française.

Cependant, l'origine véritable de la Banque ne semble dater et prendre corps qu'en 1716, avec l'Écossais Law, fils d'un banquier d'Edimbourg. Ce fut lui qui imagina le premier la conversion des dettes d'Etat en un papier spécial dont les coupures seraient escomptées par une compagnie qui se rembourserait sur les profits du change.

Après avoir proposé inutilement son « système » tour à tour au roi de Sardaigne, Victor-Amédée, et à Desmarets, contrôleur général sous Louis XIV, Law, à la mort du roi, finit par éblouir le Régent par ses promesses, et en obtint l'autorisation de l'exploiter. Ce système, basé sur des principes erronés qui firent créer pour 50 millions de billets représentés seulement par 6 millions de numéraire, eut la chute retentissante que l'on sait et entraîna avec lui des ruines dont le souvenir est resté légendaire. Ce fut le premier et le plus formidable des « krachs ». Nous en aurions moins d'émoi aujourd'hui... affaire d'habitude.

L'idée de la Banque était semée. En 1776, trois entreprises financières s'essayèrent sur ce modèle, sans grand succès, et, en 1800, Bonaparte créa la Banque de France, au capital de 30 millions, laquelle fut reconnue comme première et solide institution nationale.

Cet établissement occupe un nombre très grand d'employées-femmes à diverses opérations :

1° A la *comptabilité*, pour le classement des billets neufs et anciens ;

2° Aux *billets neufs* (leur contrôle et leur classement) ;

3° Au *dépôt* des coupons (classement) ;

4° A l'*imprimerie* et à *la reliure*.

Les dames employées dans ces quatre catégories s'appellent dames titulaires. Il y a également des auxiliaires qui viennent pendant 6 semaines, en janvier et juillet, et pendant 15 jours, en avril et octobre, pour aider à délivrer et classer les coupons. Elles sont payées 3 fr. 50 par journée de présence et sont nommées titulaires au fur et à mesure que se produisent des vacances parmi les dames titulaires.

Pour espérer entrer dans cette administration, il faut d'abord être très fortement appuyée et recommandée par un personnage influent qui présente et appuie la candidate et sa demande ; subir ensuite un examen sommaire qui porte surtout sur l'écriture, l'orthographe et l'arithmétique. Le minimum de l'âge est de dix-huit ans, et le maximum 35 ans.

Apprentissage. — Pour l'imprimerie seulement, il faut justifier une année de sérieux apprentissage comme brocheuse. C'est pour préparer des reliures qui sont faites ensuite par des hommes et *dans les mêmes ateliers*. Avis aux mères.

Appointements. — Tous les emplois ont les mêmes rétributions. On débute à 3 fr. par jour de travail effectif, et on est augmenté de 0 fr. 50 c. par jour tous les 5 ans, jusqu'à 5 francs par jour. Au bout de 20 ans, ou, pour un cas de réforme survenu dans la santé de la titulaire pendant l'exercice de ses fonctions, on est mise à la retraite avec 400 fr. par an. Après 25 ans et 60 ans d'âge, la retraite est de 500, augmentée de 100 fr. s'il y a 30 ans d'exercice.

Pour la caisse des retraites, les titulaires laissent, à chaque émargement, 1 % sur leur traitement.

Secours mutuels. — Les dames de la Banque ont formé entre elles une société de secours mutuels moyennant une cotisation de 1 fr. par mois. Cette société donne à ses membres, pendant la suspension temporaire de leur travail pour cause de maladie, une gratification de 2 fr. par jour.

Chemins de fer (*Administration des*).

Si on a, de tout temps, cherché à faciliter la traction, soit en inclinant en pente les voies à parcourir, soit au moyen de bandes de balsate (1) (ainsi que le faisaient les Romains, et sur lesquelles glissaient les lourds

---

(1) Il y a quelque temps, on voyait encore, à Neuilly, les traces d'un système analogue.

chariots), nous ne trouvons guère de traces flagrantes des efforts humains que dans les espèces d'ornières en bois qu'on avait imaginées en Angleterre, au XVIIe siècle, pour le transport des charbons, et dans lesquelles s'engageaient les roues des voitures. C'est alors qu'en 1690, un physicien français, Denis Papin, né à Blois en 1647, publia un remarquable mémoire sur « l'emploi de la vapeur d'eau comme moteur universel », résultat de ses observations personnelles et de ses essais. Il fit aussi construire, d'après ses plans, en 1707, un bateau à roues, mues par une chaudière à vapeur, et qu'il lança sur la Fulda. Il mourut malheureusement avant que son idée merveilleuse eût été comprise et appliquée par ses contemporains.

Elle germa pourtant dans le cerveau fécond de Robert Fulton, ingénieur américain (inventeur de la torpille), qui, encouragé par Bonaparte pour ses expériences d'explosions sous-marines, tenta de l'intéresser à son invention de navire à vapeur, en 1807. Malgré le succès de ce premier essai, Napoléon se refusa à patronner toute expérience de ce genre, et Fulton porta sa découverte en Amérique.

Quelques années plus tard, en 1811, Stéphenson, fils d'un pauvre ouvrier mineur de Wylam (près Newcastle), se révéla mécanicien en arrangeant une machine mise sous la surveillance de son père et eut l'idée de la première voiture voyageuse à locomotive. Cette première locomotive était informe et lourde et produisait à peine une vitesse de 4 à 5 milles à l'heure.

Mais c'est à lui, surtout, qu'on doit la solution du grand problème : l'adhérence de la machine au rail, le principe primordial de la locomotion par la vapeur.

Vers 1827, notre compatriote, Marc Séguin, inventa à Saint-Etienne la chaudière tubulaire qui fournissait à l'eau une immense surface de chauffe et à la machine un maximum de production de vapeur et de force : la dernière difficulté était vaincue.

La nouvelle invention ne fit pas de rapides progrès sur le continent, puisqu'en 1838 nous n'avions en France en exploitation que 174 kilomètres. Dix ans plus tard, c'est-à-dire :

    En 1848, il y avait 2209 kilom.
    En 1858   —   8669   —
    En 1868   —   16237   —
    En 1878   —   22143   —

Enfin, la France continentale possède, au 31 décembre 1888, 34882 kilom., non compris plus de 2000 kilomètres exploités en Algérie.

L'exploitation d'un réseau si considérable ne peut manquer de nécessiter un nombreux personnel : c'est une véritable armée. On peut en juger par les chiffres suivants, extraits des documents officiels publiés par le ministre des Travaux publics.

Au 31 décembre 1885, dernière statistique, les six grandes compagnies de chemins de fer de l'Etat, les compagnies secondaires et les chemins algériens occupaient 237,746 agents, dont 21,740 femmes.

Mais, jusque dans les dernières années, les femmes

n'avaient pas été employées dans les bureaux de l'administration centrale des chemins de fer. Elles y sont admises aujourd'hui.

Il a été reconnu que, dans toutes les besognes d'ordre et de classement, la femme fait aussi bien que l'homme et, comme elle gagne environ la moitié moins que lui, il en résulte une sérieuse économie pour les compagnies, économie qu'on peut évaluer à près de *mille* francs par individu. Et cette réduction n'est pas un préjudice pour les ménages employés dans ces administrations, puisque le salaire de la femme, ajouté à celui du mari, vient augmenter, dans une heureuse proportion, le budget commun. A cet avantage il faut joindre celui qui permet à la femme de vaquer matin et soir aux soins de son intérieur, puisqu'elle n'est tenue, en général, que de 9 h. du matin à 5 h. du soir.

Conditions à remplir. — Pour avoir chance d'être admise comme employée dans les bureaux des chemins de fer, il faut absolument justifier du titre de fille, femme ou veuve d'employé. Ceci est exigé en principe par toutes les compagnies, et se rattache à ce que nous disions plus haut à propos des émoluments. Mais le titre de parente d'employé ne suffit pas ; les candidates doivent passer un examen qui consiste en : 1° une dictée (à faire sans faute) ; 2° l'opération rapide (15 minutes) des 4 règles d'arithmétique ; 3° écriture soignée. Le brevet n'est pas demandé et ne remplace pas l'examen.

Traitements. — En général, les dames sont rétribuées à la journée et seulement pour les jours de travail, soit 300 jours par an.

Elles gagnent 3 fr. par jour au début, puis elles ont une augmentation progressive qui atteint, pour certaines compagnies, 4 fr., 4 fr. 25 et 4 fr. 50 par jour. Les employées principales et celles qui font fonction de chefs de sections sont, dans plusieurs compagnies, appointées à l'année et reçoivent des traitements variant de 1.300 fr. à 1.600 fr. et même quelquefois 1.800 fr.

Retraites. — N'oublions pas un des avantages sérieux des emplois dames dans les administrations des chemins de fer, la retraite, ce port ambitionné de ceux qui ont lutté toutes leurs belles années pour le pain quotidien.

Toutes les compagnies ont institué une caisse de retraite pour leurs employées. Les unes sont alimentées par une retenue obligatoire sur le traitement; les autres par des versements volontaires ou ceux de la compagnie. Elles varient de 3 % à 5 % du traitement.

Nature des emplois. — Les emplois affectés aux dames sont, dans les gares, les postes de receveuses aux billets, et, à l'administration centrale, aux titres, à la statistique, au contrôle, à la comptabilité. Ainsi les bureaux des :

1° Chemins de fer de l'Etat emploient	16	dames
2° Contrôle central —	19	»
3° Ceinture — —	58	»
4° Est — —	54	»
5° Paris-Lyon-Méditerranée —	155	»
6° Nord — —	122	»
7° Orléans — —	27	»
8° Ouest — —	8	»
Total	459	dames

dans les bureaux de l'administration centrale de Paris.

Indépendamment des bureaux, plusieurs compagnies, l'Ouest notamment, emploient un certain nombre de dames pour la distribution des billets.

Remarque encourageante. Nous savons que les compagnies, satisfaites des résultats obtenus, sont disposées à augmenter encore leur personnel féminin. Notons un détail important : Les dames travaillent dans des bureaux spéciaux et ayant une entrée distincte de celle des bureaux des hommes. Mais l'expérience a été tentée récemment du travail en commun et n'a révélé aucun inconvénient, grâce au titre exigé de parente d'employé, titre qui impose naturellement un respect réciproque.

Assurances (*Compagnie d'*).

Dans une fort remarquable brochure que M. *Paul Gauvin* (1), chef du bureau de Paris de la Compagnie « *l'Urbaine* », a publié pour résumer ses cours intéressants sur les assurances, l'auteur définit ainsi la théorie de cette institution :

« Le contrat d'assurance est celui par lequel on met
« à la charge de plusieurs le dommage qu'une personne
« peut subir, et ce, moyennant une prime basée sur le
« système des probabilités et déterminée d'après un

---

(1) Ces travaux et les services qu'il a rendus, lui ont valu les palmes académiques, le 24 juillet 1888.

« règlement judicieusement élaboré dans l'intérêt des
« parties contractantes. »

L'ordonnance de 1681 et le Code de commerce déclarent que ce contrat doit être fait par écrit. On nomme « police » l'acte constitutif de ce contrat.

Ce contrat, susceptible d'une multitude de combinaisons, peut s'appliquer à un grand nombre de besoins et d'intérêts de la vie civile. Il fournit les moyens d'assurer à soi ou aux siens des ressources contre toutes les éventualités désastreuses, au prix d'une somme légère prélevée sur les revenus du présent. C'est, entre toutes, une œuvre de prévoyance admirable.

Emploi. — Jusqu'à présent, une seule compagnie, *la New-York*, a introduit dans son personnel l'élément féminin. C'est une femme sténographe qui sert de secrétaire au directeur d'un de ses bureaux.

Il y a tout lieu d'espérer qu'en présence des satisfaisants résultats que donne cette expérience, cet exemple sera suivi dans une plus large mesure par toutes les compagnies, qui joindront ainsi aux avantages pécuniaires qu'elles en retireront, la satisfaction d'entrer pour leur part dans la voie humanitaire de l'amélioration du sort de la femme dans la société.

Une femme peut également s'occuper du courtage dans les assurances. Pour réussir, il faut surtout avoir déjà des relations assez étendues et posséder certaines aptitudes spéciales fort appréciables dans cette carrière pour ce genre d'opérations : l'affabilité insinuante, l'activité intelligente, une bonne santé et beaucoup d'énergie. Il est facile alors de se faire admettre comme « courtière » auprès d'une ou de plusieurs compagnies. Il suffit de se présenter sous les auspices d'un des agents les plus honorablement connus et d'apporter des affaires.

Le taux du courtage est encourageant; il varie entre 30 et 50 % sur la prime de la 1re année et entre 5 et 8 % sur la recette des primes suivantes, si on les fait soi-même.

Les conditions, d'ailleurs, se débattent entre les parties intéressées.

Nota. — M. Paul Gauvin a été choisi par l'Association philotechnique pour fonder une section nouvelle dans les cours de cette institution. C'est l'Institut des assurances, dont le but est de faciliter à tous l'étude de cette branche d'industrie. Les premières conférences ont été faites par lui dans l'exercice 1886-1887.

Crédit foncier.

Environ 2.000 femmes trouvent dans les bureaux du Crédit foncier une position honorable et lucrative. Elles y sont occupées au dépouillement des lettres et à leur distribution dans leurs quartiers destinataires respectifs, puis à la vérification des coupons ; enfin, à leur classement.

Conditions d'admission. — L'admission du personnel n'a lieu qu'au concours, par voie d'examen.

Ne peuvent être convoquées à l'examen que les personnes âgées de 16 ans au moins et de 35 ans au plus, françaises ou naturalisées, qui ont préalablement formulé une demande écrite, accompagnée des pièces ci-après :

1° Extraits authentiques des actes de l'Etat civil;

2° Extrait du casier judiciaire ;

3° Certificat de bonnes vie et mœurs délivré par le maire ou le commissaire de police ;

4° Certificat émanant des administrations ou établissements dans lesquels la postulante a été occupée.

Examen. — Il ne comprend que des épreuves écrites, portant sur les matières suivantes : orthographe, style, écriture, arithmétique.

Ne peuvent être déclarées admissibles que les personnes ayant obtenu, pour chacune des matières du programme, la note passable, au moins, et, pour l'ensemble de l'examen, 12 points sur 20 (maximum).

Les concours ont lieu deux fois au plus chaque année, en janvier et en juillet.

Nota. — Il y a cependant des intervalles de 4 et 5 années, les vacances ne se produisant pas en proportion du nombre de surnuméraires ayant accompli toutes les formalités exigées.

Les personnes admises à y prendre part sont convoquées par lettre individuelle.

Traitements. — Les postulantes reçues à l'examen commencent par un stage qui les forme comme « *auxiliaires* » et reçoivent une rétribution de 3 fr. par journée de présence, de 9 h. du matin à 5 h. du soir.

Elles sont régulièrement occupées tous les jours,

sauf les jours fériés et les dimanches. Après 3 mois d'exercice, au minimum, elles peuvent être nommées « *titulaires* », selon les vacances qui surviennent et les aptitudes qu'elles montrent. Elles reçoivent alors un traitement fixe de 1,000 fr., avec une augmentation de 100 fr. tous les 2 ou 3 ans, jusqu'à concurrence de 1,700 fr.

Retraite. — Une retenue de 4 % sur le traitement donne droit à une retraite proportionnelle, au bout de 20 ans de service.

***

Crédit Lyonnais.

Bien qu'un nombre considérable de jeunes filles soient occupées dans ce vaste établissement, il n'y a encore aucun règlement ni statut définitifs qui régissent la constitution du personnel féminin. Les bases des conditions d'admission sont, pour ainsi dire, à l'étude permanente ; on les modifie selon les leçons que donne la pratique.

Ainsi, l'âge, qui primitivement était au maximum de 35 ans, a subi, après expérience, des modifications ; il varie maintenant de 15 à 25 ans. On a reconnu que les jeunes filles étaient de beaucoup préférables aux femmes pour la régularité du travail : 1° à cause de la tutelle salutaire des parents ; 2° par suite de la plus grande liberté qu'ont les célibataires de consacrer tout leur temps à une besogne consciencieuse.

Le traitement a, lui aussi, varié dans sa forme. Il

n'est plus fixe; il est donné par journée de présence sur une moyenne prise d'après l'ancien traitement.

Il n'y a pas d'examen préalable. Les épreuves durent, pour ainsi dire, tout le temps du stage, c'est-à-dire qu'on se prépare comme auxiliaire aux fonctions titulaires.

Le travail de chacune est noté; les notes donnent un classement individuel des auxiliaires, et les numéros se placent par ordre, au fur et à mesure des vacances.

Les dames sont occupées : 1° aux coupons, dans Paris et les départements.

2° A l'échéancier.

3° Aux titres.

D'autres dames sont maintenant, dans la salle des paiements des effets, à la disposition des personnes qui ne veulent ou ne peuvent signer elles-mêmes les reçus. Le nombre total des divers services est d'environ 250; il tend à s'accroître d'année en année.

Traitement. — Quelques dames, employées comme caissières, ont un traitement fixe de 2.000 à 2.500; les autres auxiliaires et titulaires débutent à 3 fr. par journée de présence. Les auxiliaires sont convoquées chaque trimestre pendant un mois; les titulaires n'ont jamais d'arrêt, sauf les dimanches et jours fériés. Les titulaires ont droit à une augmentation progressive qui atteint 5 fr. par jour, de 9 h. à 5 h. du soir.

Il n'y a ni caisse de retraite, ni caisse de secours mutuels, jusqu'ici.

Postes et Télégraphes. — Téléphones et caisses d'épargne postale.

On attribue l'invention des postes, pour le transport des voyageurs et des dépêches, à Cyrus, roi de Perse. Le nom romain « *positi* » (endroits posés comme relais) date de l'institution qu'en firent, dans leurs États, Auguste et Tibère, qui l'étendirent au service de correspondance des particuliers (1), avec des formes assez analogues aux nôtres. Disparu avec les barbares, ce mode de communication reparut avec Charlemagne qui institua un corps de courriers. De cette époque jusqu'au milieu du xv° siècle, les correspondances privées ne s'échangèrent que par l'entremise des messagers que l'Université de Paris expédiait à intervalles irréguliers, et à son profit, dans les principales villes du royaume. Louis XI, par l'édit de Doullens, organisa les postes publiques en 1464; mais « nul ne pouvait user des *che-« vaux courants* sans une permission du grand maître « des coureurs de France ». Ses attributions pour les lettres ne s'appliquaient qu'au service du roi. Henri III créa en 1576 des messagers royaux qui prenaient les paquets des particuliers ; mais ce service était accidentel et se réglait sur les besoins du roi. Les courriers à jours et à tarifs fixes ne furent institués qu'en 1650, et c'est seulement deux siècles plus tard, c'est-à-dire en 1827, qu'on régla pour la première fois, par la loi du 15 mars, la taxe régulière des lettres, proportionnée aux distan-

---

(1) Lettres de Pline à Trajan.

ces. La taxe uniforme de 0, 20 c. date de 1849, époque où l'affranchissement des lettres se fit par timbres-poste. On sait qu'aujourd'hui les timbres pour l'affranchissement d'une lettre ordinaire valent 0, 15 dans toute la France et les colonies.

La *télégraphie* est le moyen admirable de correspondre à d'énormes distances avec une grande rapidité. On fait remonter à 1684 un premier traité de procédé télégraphique par Locke, et le premier télégramme expédié annonçait la reprise de Condé sur les Autrichiens. De nombreux perfectionnements ont été apportés à la création définitive des appareils télégraphiques que firent les frères Chappe, en 1793.

Le *téléphone* est d'invention contemporaine ; c'est une des merveilleuses applications de l'électricité. L'État en a pris, à la Compagnie fondatrice, l'administration et le monopole depuis le mois de septembre 1889, pour l'ajouter à celle des Postes et Télégraphes. Le fonctionnement du personnel fait partie du même service administratif.

Des caisses d'épargne postales sont établies dans les bureaux de poste, mais toutes les opérations sont centralisées dans un local qui leur est spécialement affecté. Le développement qu'a pris cette institution de prévoyance depuis plusieurs années est tellement considérable que son nouveau service a nécessité la construction d'un édifice dont les dispositions répondent aux besoins impérieux de sécurité et de superficie nécessaires aux manipulations de trésorerie et à la comptabilité.

Ici le personnel *est presque entièrement féminin* et comportera, dans un temps très restreint, 800 *agents* exécutant simultanément un travail de classement en double partie dans des bâtiments propres à chacun des deux services et entièrement isolés l'un de l'autre, de telle sorte que si l'un des bâtiments venait à être détruit par un accident, les pièces classées doubles dans l'autre bâtiment resteraient pour garantir la responsabilité de l'Etat contre l'éventualité ruineuse de réclamations de dépôts d'argent dont le contrôle aurait disparu.

Pour répondre à cette exigence administrative, deux grands corps de bâtiment s'élèvent parallèlement en façade sur deux rues et sont séparés par une grande salle vitrée : la salle du public.

Des bâtiments annexes sont reliés aux grands par des galeries incombustibles en fer.

Un beau et large vestibule prenant issue sur les deux rues assure l'entrée et la sortie du personnel dans des conditions de sécurité et de rapidité toutes particulières. A l'intérieur, le personnel féminin, dont le travail est, en moyenne, de 8 à 9 heures consécutives, sera installé admirablement au point de vue hygiénique.

Le chauffage sera obtenu à l'aide d'eau chaude à basse pression pour éviter les altérations constatées dans l'air surchauffé par les appareils ordinairement employés, et des chaufferettes automatiques circuleront sous toutes les tables de service des employées. L'air sera renouvelé après avoir été purifié et antiseptisé dans des salles spéciales.

Cet édifice, qui s'élève sur la rue Saint-Romain et la

rue de la Barouillère, à l'angle de la rue de Sèvres, emprunte à la Renaissance française le caractère sobre et élevé de l'architecture des beaux monuments publics de cette époque.

La Caisse nationale postale est une des plus utiles institutions populaires.

Conditions et Traitements.

Dans l'administration des Postes et des Télégraphes, les femmes peuvent occuper les emplois suivants :

1° Auxiliaires dans les bureaux d'importance secondaire, gérés par des receveuses.

2° Employées du télégraphe et du téléphone dans un certain nombre de villes importantes de province (1) et à Paris.

3° Employées dans les services administratifs de Paris (Caisse d'épargne et division de la comptabilité).

4° Receveuses.

* *

Le recrutement du personnel s'effectue d'une manière unique. Les *aides* seules pourront, à l'avenir, prétendre aux diverses situations énumérées ci-dessus.

(1) Alger, Bordeaux, Bourg, la Rochelle, le Havre, Lille, Lyon, Marseille, Nantes, Rodez, Toulouse, Angers, Saint-Étienne (pour le télégraphe), Amiens, Armentières, Boulogne, Caen, Cannes, Dunkerque, Elbeuf, Fourmies, Nancy, Nice, Reims, Roubaix, Rouen, Saint-Quentin, Tourcoing, Troyes, Limoges (pour le téléphone).

On nomme *aides* les personnes que les receveuses sont autorisées à employer dans leurs bureaux.

Les aides doivent être âgées de 16 ans au moins, et exemptes de toute infirmité pouvant les empêcher de prendre part indistinctement aux différentes branches de service. Comme les receveuses sont pécuniairement responsables des personnes qu'elles emploient, l'administration n'intervient en rien dans la désignation des aides. Il appartient à la postulante de s'entendre avec la titulaire d'un bureau de poste et télégraphe. C'est celle-ci qui, après avoir pris tous les renseignements nécessaires, demande au directeur du département son autorisation.

Les aides sont rétribuées par les receveuses, d'après les services qu'elles sont à même de rendre et selon les arrangements que prennent les deux parties intéressées. En tout cas, une débutante ne doit s'attendre à aucune indemnité tant que son travail n'est pas effectif dans les bureaux.

*
* *

Auxiliaires dans les bureaux secondaires. — Employées des télégraphes ou des téléphones. — Paris ou province.

Les postulantes aux emplois de dame télégraphiste ou téléphoniste à Paris et en province doivent être âgées de 18 ans au moins et de 25 ans au plus ; elles doivent posséder l'aptitude physique nécessaire (santé), satisfaire aux épreuves d'un examen peu difficile, et justifier, si elles ne sont pas mariées, *d'une existence honorable chez des personnes de leur famille* dans la résidence sollicitée.

Sont appelées les premières à passer l'examen :

1° Les aides justifiant de 3 années au moins de service effectif ;

2° Les femmes, filles ou sœurs d'anciens serviteurs de l'Etat dont les services militaires ou civils rétribués ont eu une durée de dix ans au moins et ont pris fin, ou qui sont morts en activité de service. Ces postulantes devront compter au moins une année d'emploi d'aide ;

3° Les femmes, filles ou sœurs d'anciens agents ou sous-agents de l'administration des Postes et des Télégraphes retraités, morts en activité, ou qui, comptant au moins dix ans de service dans l'administration, ont été reconnus par les médecins hors d'état de continuer leurs fonctions.

En cas seulement d'insuffisance de recrutement, dans les catégories ci-dessus déterminées, il est procédé à un second examen auquel sont appelées toutes les autres postulantes réunissant d'ailleurs les conditions générales ci-dessus.

L'examen comprend les épreuves suivantes :

(A) Dictée sur papier non réglé, sans secours d'aucun livre.

(B) Exercice graphique : la même page recopiée à main posée. Formation d'un état ou tableau conforme à un modèle donné.

(C) Rédaction d'une lettre ou note sur sujet donné.

(D) Arithmétique : les 4 premières règles, le système

métrique; problèmes sur ces matières avec détail des opérations.

(E) Géographie de la France et notions générales sur les cinq parties du monde.

Les postulantes reconnues admissibles à la suite de l'examen dans le service télégraphique ou téléphonique y entrent en qualité de stagiaires et sont soumises à des exercices professionnels. Elles ne reçoivent aucune rémunération pendant la durée du stage.

Quand elles sont reconnues capables d'assurer le service, elles sont nommées à titre définitif, au fur et à mesure des vacances, et dans l'ordre déterminé par leur aptitude professionnelle.

Toutes les dames employées reçoivent au début une rétribution de 800 fr.; une indemnité de 200 fr. pour frais de séjour est accordée à celles qui sont attachées au service de Paris.

La durée moyenne du service exigé est de 7 h., en une ou deux vacations.

Les pièces que les postulantes auront à produire sont :

1° Une demande d'emploi établie sur papier timbré;

2° Un extrait de l'acte de naissance dûment légalisé ;

3° Un certificat de bonnes vie et mœurs constatant de plus leur nationalité française ;

4° Un état authentique indiquant la nature, la durée et les motifs de la cessation des services de leur mari, père ou frère ;

5° Un certificat délivré par le greffier du tribunal

civil de l'arrondissement où la postulante est née, constatant qu'elle n'a subi aucune condamnation judiciaire.

Les femmes mariées doivent, en outre, joindre aux pièces précédemment indiquées une expédition en forme de leur acte de mariage ; les veuves, un extrait de l'acte de décès de leur mari.

Ces différentes catégories de personnel comportent des dames auxiliaires et des dames titulaires ; ces dernières seulement subissent la retenue pour le service des pensions civiles et ont droit à la retraite. La titularisation s'obtient sur la simple demande de l'intéressée, lorsqu'elle a atteint sa 21° année.

Les appointements, qui sont de 800 fr. au début, peuvent s'élever jusqu'à 1.800 fr., par échelons successifs de 100 fr.

Services administratifs de Paris. — Caisse d'Epargne ; comptabilité.

Ce personnel se recrute exclusivement parmi les agents faisant partie des cadres : auxiliaires, employées des télégraphes ou des téléphones, receveuses.

Les employées touchent un traitement minimum de 1.000 fr. et n'ont pas l'indemnité de 200 fr. pour le séjour à Paris.

Celles qui auraient un traitement supérieur le conserveraient dans son intégrité, aux termes d'une récente décision de l'administration.

Les employées des services administratifs font un

service de 7 heures en une vacation et déjeunent au bureau. A cet effet, des femmes de service sont mises à leur disposition par l'administration pour préparer leur nourriture suivant leur demande, ou faire cuire ce qu'elles apportent (ces femmes de service sont choisies parmi les veuves de sous-agents, facteurs, garçons de bureau, etc.).

Si le service l'exige, à certaines époques de l'année, ces employées peuvent avoir à faire des heures supplémentaires qui leur sont payées en sus à raison de 0, 65 c. l'heure.

Receveuses. — Toute candidate à une recette de début doit :

1° Avoir *vingt-cinq* ans au moins, et *trente-cinq* ans au plus. Si la candidate compte déjà des services valables pour la retraite, cette dernière limite peut être reculée d'un nombre d'années égal à la durée desdits services, sans cependant que cette limite puisse dépasser 40 ans.

2° Justifier, indépendamment des services personnels ou de famille requis, qu'elle a participé pendant une année au moins au service des Postes et des Télégraphes, soit comme titulaire d'un emploi, soit comme aide ou auxiliaire, et qu'elle s'est acquittée de ses obligations d'une manière satisfaisante.

3° Justifier qu'elle est apte à remplir l'emploi qu'elle sollicite en subissant : 1° l'examen suivant :

Une page d'écriture dictée sans secours étranger ;
Copie de cette page ;

Formation d'un état sur modèle donné ;
Calcul sur les quatre règles ;
Arithmétique et système métrique (problèmes) ;
Géographie générale ;
2° Un autre examen professionnel postal ;
3° Un autre examen professionnel télégraphique.

*
* *

La candidate doit, à l'appui de sa demande, produire les pièces suivantes :

1° Une demande d'emploi sur papier timbré ; 2° un extrait de l'acte de naissance (dûment légalisé) ; 3° un certificat de bonnes vie et mœurs constatant sa nationalité française ; 4° casier judiciaire, délivré par le greffier d'Etat civil de l'arrondissement où la postulante est née.

Les femmes mariées doivent joindre en outre une expédition en forme de leur acte de mariage ou de l'acte de décès de leur mari.

Les recettes des postes et télégraphes de début, en dehors de celles attribuées aux sous-officiers désignés par le ministre de la guerre (loi du 24 juillet 1873), sont réservées dans la proportion des 3/4 des vacances :

1° Aux anciens serviteurs de l'Etat qui comptent cinq années au moins de services militaires ou civils rétribués, ou qui, en cas de moindre durée, justifient ne les avoir cessés que par suite de blessures reçues ou d'infirmités contractées dans l'exercice de leurs fonctions ;

2° Aux femmes, sœurs, filles des anciens serviteurs

de l'Etat se trouvant dans les conditions ci-dessus indiquées, mais dont les services ont eu une durée de dix ans au moins *et ont pris fin,* ou qui sont morts en activité de service.

Les veuves avec enfants sont admises à faire valoir les services du père de leur mari.

3° Aux fonctionnaires publics non rétribués comptant au moins cinq années de services, ainsi qu'aux femmes, filles ou sœurs de ces fonctionnaires, s'ils comptent au moins dix années d'exercice.

4° Aux personnes qui se sont acquis des titres personnels à la candidature par des services rendus pendant au moins trois années consécutives, soit comme gérants des bureaux de poste et de télégraphe, soit comme auxiliaires ou aides dans un bureau de l'administration.

Les femmes, filles ou sœurs d'anciens fonctionnaires de l'Etat n'ayant pas accompli les dix années de service prévues par les paragraphes 2 et 3 du présent article sont admises à faire compter la moitié des services rendus par l'un des membres de leur famille, père, mari ou frère, en déduction des cinq années de service personnel nécessaires pour prétendre à une recette dans les conditions fixées par le paragraphe 1er du même article.

Le traitement de début des receveuses est de 800 fr., susceptible de 200 fr. d'augmentation.

Les bureaux auxquels peuvent prétendre les receveuses sont :

1° De 4ᵉ ou 3ᵉ classe, avec les traitements de 800 fr., 1.000 fr., 1.200 fr., 1.400 fr. ;

2° De 2ᵉ classe, avec les traitements de 1.600 fr., 1.800 fr. et 2.000 fr.;

3° De 1ʳᵉ classe, avec les traitements de 2.000 fr., 2.200 fr., 2.400 fr. et 2.700 fr.

Les receveuses sont assujetties à un cautionnement fixé de la manière suivante :

Pour les traitements de 800 fr. et de 1.000 fr., il est d'une fois le traitement ;

Pour les traitements de 1.200 fr. et de 1.400 fr., il est d'une fois et demie le traitement ;

Pour les traitements de 1.600 à 2.400 fr., il est de deux fois le traitement ;

Pour les traitements de 2.700 fr., il est de deux fois et demie le traitement.

Les postulantes receveuses peuvent être nommées soit à un bureau de début qui ne comporte que le service postal, soit à un bureau mixte de poste et télégraphe.

Dans le premier cas, c'est le préfet du département dans lequel se produit la vacance qui désigne le nouveau titulaire, et il lui est loisible d'arrêter son choix sur l'une quelconque des postulantes inscrites dans son département. Nous ne saurions donc trop engager les intéressées à s'adresser à l'autorité préfectorale, qui pourra leur tenir un plus grand compte, soit de leurs services, soit de ceux de leur famille.

C'est le directeur général qui nomme les titulaires des bureaux mixtes de poste et de télégraphe. Son choix est déterminé par l'ancienneté, non des demandes, mais des services d'aide des postulantes. Nous croyons savoir que les candidates aux recettes dont la nomination appartient au directeur général comptent, en moyenne, de 9 à 10 années de stage. Et ceci peut se comprendre en pensant que les titulaires d'un bureau exclusivement postal s'empressent de solliciter un bureau mixte dont le rapport est toujours un peu supérieur au leur. Or, comme elles ont le titre de receveuse, elles prennent toujours une postulante qui n'appartient pas encore aux cadres. Il faut donc qu'un bureau mixte ne soit demandé par aucune receveuse en activité pour que le directeur puisse y appeler une postulante.

Les receveuses versent pour la caisse des retraites du jour de leur nomination ; elles subissent la retenue du premier douzième de leur traitement et de tout avancement, et, en plus, celle du 5 % prévue par la loi.

Le droit à la pension est acquis après 30 années de service et 60 ans d'âge. Toutefois, après 30 années de service, la condition d'âge n'est plus exigée, s'il est établi que l'agent est hors d'état de continuer ses fonctions.

Le montant de la pension est égal à la moitié du traitement moyen des six dernières années.

Tous les agents ont droit à 15 jours de congé d'affaires, par an, sans retenue.

Les congés de maladie s'accordent à raison de 3 mois à traitement entier et 3 mois à $1/2$ solde ; si la maladie continue, la mise en retraite d'office est prononcée, à moins que la maladie n'ait été contractée au service.

Alors, et dans ce cas seulement, l'agent touche son traitement entier jusqu'à guérison ou mise à la retraite.

Société générale.

La Société générale est encore une de ces administrations intelligentes qui ont compris qu'elles pouvaient avantageusement utiliser les aptitudes de la femme pour les opérations qui réclament surtout de la régularité et de l'attention.

Cette Société a un personnel féminin de plus de 100 membres.

Conditions d'admission. — Etre âgée de 18 ans au moins et de 30 ans au plus et justifier de sa qualité de Française.

Faire une demande apostillée par des personnes influentes et y joindre un certificat de bonnes vie et mœurs délivré par le maire ou d'autres certificats signés des chefs des établissements où la postulante a pu être occupée précédemment.

Sur l'avis du conseil d'administration, après examen des pièces, les candidates sont admises à subir un examen qui peut d'ailleurs être remplacé par le brevet élémentaire.

Si les notes obtenues sont satisfaisantes, elles sont inscrites pour être appelées comme auxiliaires au fur et à mesure des besoins.

Elles ont, en leur qualité d'auxiliaires, un service de 15 ou 20 jours tous les trimestres. Elles deviennent titulaires quand, après deux ans d'exercice, elles peuvent remplacer les titulaires au fur et à mesure que les vacances se produisent.

Traitements. — Les auxiliaires reçoivent 3 fr. par journée de présence.

Les titulaires débutent au même prix et gagnent par progression jusqu'à 5 fr. par jour de présence, c'est-à-dire régulièrement, sauf dimanches et fêtes.

Il n'y a pas, jusqu'ici, de statuts mentionnant une pension de retraite pour le personnel féminin.

Timbre.

Les dames furent employées, pendant un certain temps, dans les bureaux de l'administration du Timbre, à Paris seulement, comme distributrices. Ces postes ont été annulés depuis que les bureaux d'Enregistrement font eux-mêmes la vente du papier timbré.

Cependant, l'atelier du Timbre, dépendant de l'administration des Domaines, occupe de 80 à 100 dames, les unes à titre définitif, les autres comme auxiliaires qui sont occupées 4 fois l'an, pendant 1 mois environ.

Les dames titulaires ou « commissionnées » débutent à 800 fr. et peuvent atteindre 1.800 fr. Quant aux autres, leur salaire varie de 3 à 4 fr. par journée de présence.

Pour les unes et les autres, les journées commencent à 8 h. du matin et finissent à 7 h. du soir.

Il n'y a pas d'examen à passer. Les chaudes et influentes recommandations sont les meilleures chances de succès pour débuter comme auxiliaires, dans lesquelles se recrutent les « commissionnées ».

ÉTABLISSEMENTS PARTICULIERS

Comptabilité.

Nous abordons ici un chapitre des plus compliqués et des plus ardus à élaborer.

En effet, la comptabilité, dans toute l'étendue de son acception pratique, a de si nombreuses applications, tant pour les dames que pour les hommes, et s'exerce dans des conditions et des milieux si variés, qu'il est malaisé de les définir et de les tariffer avec précision.

Le commerce et l'industrie occupent un nombre considérable de comptables des deux sexes (ne pas confondre caissière avec comptable). Mais, tandis qu'un comptable ne sera tenu dans une maison de gros que quelques heures par jour, un autre sera absorbé du matin au soir par la mise au courant des écritures d'une maison de détail, sans que les honoraires soient sensiblement plus élevés.

En matière générale, une femme peut, pour les écritures, rendre les mêmes services qu'un homme. Certains chefs d'établissements nous ont même assuré que le travail de la femme était plus régulièrement fait, plus suivi, plus minutieux. En outre, la femme, par la nature même de sa constitution, peut s'astreindre à une besogne assidue et sédentaire plus impunément que l'homme. Ses besoins étant aussi plus limités, ses prétentions sont plus modestes, et tels émoluments, insuffisants à l'existence d'un homme, sont pour elle une ressource satisfaisante. Ceci s'explique par la facilité qu'a la femme de se passer, pour les menus soins de son ménage et de son entretien, du concours onéreux des étrangers. Aussi les maisons de commerce, comprenant leurs intérêts, accueillent-elles volontiers les services de comptables femmes.

On a moins l'habitude de s'adresser aux femmes pour les petites comptabilités d'une ou deux heures par jour. Ces emplois, relativement fort lucratifs, cadreraient pourtant admirablement avec les exigences d'un ménage et seraient un précieux appoint pour une femme qui ne peut disposer que d'une partie de sa journée.

Dans toutes les écoles de la ville de Paris, il y a des cours de comptabilité, lesquels sont enseignés par les femmes avec succès. Chaque année, plusieurs des meilleures élèves, parvenues à la fin de leurs études spéciales, sont avantageusement placées dans des maisons de commerce qui n'ont qu'à se louer de ce mode de recrutement. L'école commerciale de l'avenue Trudaine, dont les cours gratuits sont remarquablement professés sous l'éminente direction de Mme Malmanche, inspectrice, est une de celles qui fournissent le contingent le plus apprécié. Ces cours sont complétés par l'étude d'une langue vivante.

Conditions. — Il faut deux ou trois ans d'études pratiques pour être excellent comptable, bien qu'une personne intelligente puisse apprendre les principes théoriques en quelques mois. Mais on ne peut se dire bon comptable si on ne sait appliquer, comme il le faut, les règles de la comptabilité à toutes les situations commerciales. Les cours spéciaux distribuent à la fin des études des diplômes qui sont les meilleurs titres pour solliciter un emploi.

Certains cours privés enseignent à forfait la « tenue des livres », c'est-à-dire que, moyennant une somme de 100 ou de 150 fr. donnée d'avance, les directeurs s'engagent à initier complètement le néophyte à tous les secrets de la profession, en 4, 5 ou 6 mois, selon aptitudes. Quelquefois même, ils aident à obtenir une place de comptable.

Appointements. — Les comptables femmes attachées à une maison débutent ordinairement à 1.000 fr., avec une augmentation progressive qui atteint parfois 3.000 fr. et plus. La question nourriture dépend des conventions. Si la comptable est caissière responsable, ses émoluments doivent être proportionnés à sa responsabilité.

Les petites comptabilités d'une heure ou deux se paient de 80 à 100 fr. par mois. Les boucheries, les entreprises de charpentes, de marbrerie, de serrurerie, de couvertures, les restaurants, les tailleurs en appartements, les couturières, etc., occupent presque toujours un comptable dans ces conditions. Les boucheries sont réputées pour être les maisons les plus avantageuses en ce genre. La comptabilité se fait presque toujours le soir, de 8 h. à 10 heures.

Les jeunes filles sortant des écoles professionnelles (cours de comptabilité) débutent généralement « au pair » pour apprendre la pratique. Au bout de 2 mois, on leur donne 25 fr., puis 50 fr. la seconde année; elles gagnent ensuite graduellement jusqu'à 100 et 125 fr. par mois, et sont toujours nourries. (Voir *Écoles professionnelles.*)

***

Employées de commerce.

Elles sont légion les personnes désignées sous ce nom générique. Tout auxiliaire d'un établissement industriel est employé de commerce, et, si nous exceptons les caissières et comptables qui forment une classe à part bien spéciale, toutes les autres employées travaillent dans des conditions très variées. Il serait donc difficile d'en faire une nomenclature avec leurs attributions et rétributions respectives. Nous ne parlerons que des types généraux.

Abordant, pour commencer, les maisons de premier ordre, nous trouvons :

1° Les chefs de rayons ou premières, qui, outre le fixe qui varie de 2 à 5.000 (1) fr., plus la nourriture et le logement, ont un intérêt dans le chiffre d'affaires fait par leur rayon.

2° Les demoiselles, dont les émoluments, outre la

---

(1) Certaines premières ont 10 et 12,000 francs; leurs rayons sont les plus importants.

table et le logement, vont de 600 à 1.500 fr. selon leur temps passé dans la maison. Elles ont une « guelte » ou bénéfice sur la vente des articles ayant passé un inventaire.

3° Les auxiliaires qu'on accepte dans les moments de surmenage et dans lesquelles on recrute, s'il y a lieu, et d'après leurs notes, les demoiselles de rayons. Celles-là ont, avec la nourriture, une gratification de 25 ou 30 fr. par mois environ.

Il n'est pas inutile d'ajouter que l'on ne peut espérer entrer dans les principales de ces maisons de premier ordre, que :

1° Si l'on a déjà fait 2 ans au moins de pratique dans un établissement recommandable et du même genre ;

2° Si l'on est fortement appuyée par des personnes influentes particulièrement connues des directeurs ;

3° Si on se trouve dans des conditions d'âge et de santé justifiant une demande d'emploi dont les charges réclament une bonne constitution et un physique agréable.

Dans les maisons de moindre importance, les conditions de traitement se font de gré à gré, et varient selon le travail exigé, selon l'importance des affaires, selon l'âge et la capacité de la débutante, pour aller s'améliorant au fur et à mesure des progrès.

Presque tous les chefs d'établissements commerciaux, se rappelant intelligemment que l'union fait la force, pratiquent aujourd'hui la « solidarité » et « intéressent » les vendeuses. Une bonne vendeuse peut ainsi arriver à gagner autant que nombre de petits commerçants laborieux, et ce, sans avoir, comme eux, les risques et les soucis inhérents aux affaires où les intérêts personnels sont en jeu.

Malgré la crise que subit l'industrie depuis plusieurs années, il n'est pas mauvais de pousser les jeunes filles dans cette carrière qui nécessite, elle aussi, des aptitudes particulières : un extérieur agréable, une bonne santé, un caractère patient, une intelligence vive. Douée ainsi, une jeune personne est certaine de réussir. Ajoutons que les maisons de moyenne importance sont généralement, et sous tous les rapports, préférables de beaucoup aux grands établissements en renom : les stationnements derrière les mêmes comptoirs, l'agitation continuelle et fébrile du va-et-vient de la foule, la tension soutenue du cerveau, les petites rivalités, etc., toutes ces causes déterminent chez certaines natures nerveuses un ébranlement dans la constitution. Dans les magasins ordinaires, la vie est plus calme, les occupations y sont plus variées et moins fatigantes, et, quand les patrons sont sérieux et honorables, on y a plus de chance d'être vite appréciée.

Donc, avant de confier sa fille à une direction étrangère, on fera bien de s'entourer d'abord de toutes les garanties possibles de sécurité pour son avenir moral, et de compter en seconde ligne l'intérêt pécuniaire.

Pour débuter dans le commerce, il faut être munie de son certificat d'études et avoir 15 ans, environ ; les fatigues prématurées de métier pourraient avoir une influence fâcheuse sur la santé. Ordinairement, l'engagement pour la première année est « au pair », c'est-à-dire pour le logement et la nourriture. Après essai satisfaisant de part et d'autre, on arrête les dispositions ultérieures : 30 fr., 40 fr. et 50 fr. par mois, sont les prix généraux accordés à une employée de 16 à 20 ans.

Les caissières de boucherie forment une classe à part. Elles ont assez souvent de 25 à 30 ans et sont nourries mais pas logées ; elles arrivent le matin à 8 h. et prennent leur caisse jusqu'à 7 h. du soir, avec 2 h. de congé le dimanche. Elles gagnent 25 ou 30 francs par semaine.

Les caissières de café ont des émoluments plus variables, et plutôt moindres : 18 à 20 fr., et sont tenues de 11 h. du matin jusqu'à 11 h. ou minuit, selon convention — nourries et pas logées.

Châlets de nécessité (*Préposées aux*).

Ces emplois occupent 120 titulaires.

Les auxiliaires, étant au compte des titulaires, sont étrangères à l'administration.

Elles sont en fonctions de 7 h. du matin à 10 ou 11 h. du soir (selon les quartiers), et sont agréées, sur leur demande — très appuyée auprès des administrateurs, — dès que les vacances se produisent. Certaines conditions physiques sont exigées ; ainsi il faut qu'elles soient d'une santé robuste, attestée par médecins, et qu'elles soient dispensées des soins assidus et forcés d'une maternité trop répétée ou trop récente, attendu que leur présence et leur activité sont indispensables à la bonne organisation de leur service, du matin au soir sans interruption.

Salaire. — Il varie, d'après l'affluence constatée des « clients », de 30 fr. à 60 fr. par mois.

Ce salaire s'augmente des « pourboires » que le public octroie, nous dit-on, assez généreusement, et qui double parfois la rétribution mensuelle. Le contrôle des recettes est fait chaque matin par un inspecteur, qui « relève » le cadran placé au-dessus de chaque porte.

MÉTIERS PROPREMENT DITS.

Considérations générales sur l'apprentissage.

> « La principale action de la vie est le choix d'un état. » (PASCAL.)

L'apprentissage, c'est l'initiation progressive d'un novice à tous les secrets d'un métier. Il est donc essentiel, une fois le choix arrêté, de faire son apprentissage dans les meilleures conditions. C'est aussi un devoir, pour ceux qui placent les mineurs en atelier, de ne les confier qu'à des patrons d'une moralité sûre et d'une conscience reconnue.

L'apprentissage, c'est le premier degré d'un engagement social par lequel on entre dans l'honorable phalange des travailleurs ; rien ne doit être négligé pour que cette première étape soit un pas en avant vers le succès.

Pour faire sérieusement son apprentissage, il faut que le contrat qui intervient entre le fabricant et l'apprentie soit régulièrement établi d'après les règlements légaux. Cette formalité, qu'on néglige aujourd'hui trop fréquemment, est utile pourtant aux deux parties contractantes, qui se regardent alors comme solidaires. De l'omission du contrat, il résulte que les apprenties changent d'atelier avec une facilité dangereuse pour leurs progrès, qu'on ne prend pas suffisamment, de part et d'autre, ses renseignements, et enfin que le patron met moins de goût à son enseignement professionnel et clame avec découragement ce que nous entendons répéter partout : « L'industrie se meurt, l'industrie est morte ; il n'y a plus d'apprenties ».

Nous ne saurions trop insister sur cette phase importante de l'existence d'un artisan. La profession manuelle acquise n'est souvent pas du travail, elle n'en est que le résultat. La femme généralement se décourage trop vite ; elle change de métier dès qu'elle ne trouve pas immédiatement dans celui qu'elle a adopté une rémunération qui réponde à ses désirs et à ses besoins. Il faudrait qu'elle fût bien pénétrée de ce principe, que l'habitude et la persévérance, seules, peuvent donner une dextérité suffisante pour être productive.

Mères, ne craignez pas de mettre vos filles en apprentissage aussitôt leurs études achevées ; donnez-leur un bon « métier », ce capital inaliénable qui les mettra toute leur vie à l'abri du besoin (1). Déjà s'encombrent les larges portes de l'enseignement et les portes moins ouvertes des administrations. N'écoutez pas une vanité puérile qui vous conseillerait de tourner les yeux vers des carrières devenues presque inaccessibles, et ce, pour quelques succès scolaires dont votre fille aura été grisée.

---

(1) A Athènes, une loi de Solon enjoignait au père de faire apprendre un métier à son fils et déclarait déchu du droit de réclamer des aliments pendant sa vieillesse tout homme qui aurait contrevenu à cette obligation. — Chez les « *fillairesses* » de soie à petits fuseaux, la maîtresse exigeait 20 sols au plus et réclamait 7 ans d'apprentissage.

Notre industrie française, cette âme de la nation, a son champ fécond largement offert aux « gens de bonne volonté ».

***

Quand les formalités du contrat sont remplies, les parents doivent tenir à ce que les obligations respectives soient scrupuleusement exécutées.

Toute personne majeure peut se mettre en apprentissage chez un industriel ; s'il s'agit d'un mineur, il ne peut entrer en apprentissage qu'avec le concours de ses père, mère ou tuteur, ou, à défaut, d'une personne autorisée par le juge de paix.

Le contrat d'apprentissage peut être fait verbalement ; mais alors, en cas de contestations, les conventions ne peuvent être prouvées par témoins que lorsqu'il s'agit d'une somme ou valeur moindre de 150 fr. Le contrat par écrit peut être fait sous seing privé, mais sur papier timbré, en énonçant les noms, prénoms, âge, profession et domicile du maître, de l'apprentie, père, mère ou tuteur ; si l'apprentie est majeure, elle doit contracter en son nom. Les notaires, les secrétaires des conseils de prud'hommes et les greffiers de justices de paix peuvent recevoir l'acte d'apprentissage. Cet acte est soumis, pour l'enregistrement, au droit fixe de 1 fr., lors même qu'il contiendrait des obligations de sommes ou valeurs mobilières et des quittances. Les honoraires dus aux officiers publics seront fixés à 2 fr. L'acte d'apprentissage contiendra les conditions de logement, de nourriture, de prix et de toutes autres arrêtées entre les parties ; il devra être signé par le maître et par les représentants de l'apprentie.

Devoirs des Maîtres et des apprentis.
(*Extraits de lois.*)

En dehors des devoirs moraux que le maître contracte envers son apprenti, du moment où son autorité se substitue à celle des parents, il y a encore les conditions physiques à l'exécution desquelles il doit ses soins.

ART. 9. — La durée du travail effectif des apprentis âgés de moins de 14 ans ne pourra dépasser 10 heures par jour. Aucun travail de nuit ne peut être imposé aux apprentis âgés de moins de 16 ans. Est considéré comme travail de nuit tout travail fait entre 9 h. du soir et 5 h. du matin. Les dimanches et jours de fêtes reconnues ou légales, les apprentis, dans aucun cas, ne peuvent être tenus, vis-à-vis de leur maître, à aucun travail de leur profession. Dans le cas où l'apprenti serait obligé, par suite de conventions, de ranger l'atelier aux jours ci-dessus marqués, ce travail ne pourra se prolonger au delà de 10 h. du matin.

ART. 11. — L'apprenti doit à son maître fidélité, obéissance et respect ; il doit l'aider par son travail dans la mesure de son aptitude et de ses forces. Il est tenu de remplacer, à la fin de l'apprentissage, le temps qu'il n'a pu employer par suite de maladie ou d'absence ayant duré plus de 15 jours.

ART. 12. — Le maître doit enseigner à l'apprenti,

progressivement et complètement, le métier ou la profession qui fait l'objet du contrat.

SECTION IV. — (*De la résolution du contrat.*)

ART. 14. — Les deux premiers mois d'apprentissage sont considérés comme un temps d'essai pendant lequel le contrat peut être annulé par la seule volonté de l'une des parties ; dans ce cas, aucune indemnité ne sera allouée à l'une ou l'autre partie, à moins de conventions expresses.

ART. 15. — Le contrat d'apprentissage sera résolu de plein droit : 1° par la mort du maître ou de l'apprenti ; 2° si l'apprenti ou le maître est appelé au service militaire ; 3° si l'apprenti ou le maître vient à être frappé d'une condamnation ; 4° pour les filles mineures, dans le cas de décès de l'épouse du maître ou de toute autre femme de la famille qui dirigeait la maison à l'époque du contrat.

ART. 16. — Le contrat peut être résolu sur la demande des parties ou de l'une d'elles : 1° dans le cas où l'une des parties manquerait aux stipulations du contrat ; 2° pour cause d'infraction grave ou habituelle de la part de l'apprenti ; 3° si le maître transporte sa résidence dans une autre commune que celle qu'il habitait lors de la convention. Néanmoins, la demande en résolution de contrat fondée sur ce motif ne sera recevable que pendant 3 mois à compter du jour où le maître aura changé de résidence ; 4° dans le cas où l'apprenti viendrait à contracter mariage.

Enfin, une proposition de loi, déposée à la Chambre le 29 janvier 1889 par M. Waddington, rapporteur, fixe à onze heures la durée quotidienne du travail des femmes et des filles mineures au-dessous de 18 ans, et à dix heures pour les enfants des deux sexes, jusqu'à 13 ans.

* *

Pour suppléer à l'insuffisance des ateliers d'apprentissage, diverses institutions humanitaires se sont fondées pour préparer le recrutement d'industries spéciales. Il est facile de s'y procurer les conditions d'admission.

Pour apprentis des 2 sexes de 16 à 18 ans.

Jumelles, pensionnat Lemaire, rue Oberkampf.
Bijoux en doublés, Savard, rue Saint-Gilles.
Peinture en bâtiment, Leclaire, rue Saint-Georges.
Gravure sur métaux, Villepète, 83, rue Vieille-du-Temple.
Portefeuilles, Vidocq, 51, rue du Temple.
Pianos, Wolf, 22, rue Rochechouart.
Décors sur porcelaine, Prévost-Lambert, 6, rue Claude-Vellefeau.
Dévidage de soie, Hamelin, 28, rue de la Glacière.
Tapisserie, Sajou, rue des Anglaises.
Brunissage de métaux, Colladon, 13, rue Chapon.
Ressorts de montres, Chertonne, 18, rue Saint-Claude.
Fleurs artificielles, Barnabé, rue de la Santé.

Papier à cigarettes, Lekime, rue de Reuilly.
Typographie, Chaia, 20, rue Bergère.
Pâtes alimentaires, Groult, Vitry-sur-Seine.
Passementerie, Najeau, Saint-Denis.
Dentelles, Veuve Lekime, 29, place du Marché-Saint-Honoré.

A ces établissements, dus à l'initiative personnelle et privée d'industriels, il faut ajouter nombre d'établissements fondés dans le même but par des sociétés bienfaisantes. (Voir, au chapitre « *Enseignement* », les associations polytechnique, philotechnique, école commerciale, etc.)

Renseignements hygiéniques.

Dans l'intérêt de nos lectrices, et pour leur gouverne, nous donnons ci-après la nomenclature des établissements compris dans les diverses catégories d'industries soumises à une rigoureuse surveillance du conseil de salubrité. Elles pourront ainsi connaître les raisons hygiéniques qui motivent l'attention spéciale dont ces industries sont l'objet, et, si elles en exercent quelqu'une, elles prendront, sur nos conseils, des mesures sanitaires préventives.

Nota. — La plus minutieuse propreté personnelle suffit généralement, comme précaution, dans les préparations de matières premières dangereuses en exhalaisons et manipulations, mais non explosibles.

Ateliers

Il ne sera pas sans intérêt pour elles de connaître dans quelles conditions d'installation le travail assidu peut se faire impunément. Quand il s'agira pour elles de choisir un métier, elles pourront ainsi s'assurer que l'atelier dans lequel elles devront entrer offre toute sécurité.

Sans attacher trop d'importance aux proportions, lesquelles, dans le centre de Paris surtout, sont forcément très exiguës, il faut pourtant que la « manufacture » soit assez spacieuse, proportionnellement au personnel employé, pour qu'il n'y soit pas tassé d'une façon nuisible à sa santé.

Dans tous les cas, la « *ventilation* » joue le plus grand rôle comme mesure hygiénique. C'est un des principaux moyens d'assainissement, si l'on considère qu'il obvie à presque tous les inconvénients de l'encombrement, des émanations malsaines qui proviennent ou des gaz, vapeurs, etc., ou des mécaniques, ou de l'huile des rouages, ou de la respiration et de la transpiration d'êtres humains dans un espace limité. Le courant d'air déterminé par la ventilation entraîne avec lui une grande partie des poussières délétères dont l'air se trouve chargé.

L'*éclairage* bien organisé est aussi un des points qui doivent attirer le plus l'attention des intéressées. Le jour venant d'en haut est le meilleur pour la vue et pour la facilité du travail. A défaut, le jour doit éclairer de face toutes les opérations manuelles.

Le *chauffage* opportun et mesuré, l'*outillage* et l'*ameublement* constituent, en outre, les éléments secondaires de la bonne organisation sanitaire d'un atelier.

Professions et industries motivant des mesures hygiéniques spéciales.

LEUR ACCÈS EST INTERDIT AUX ENFANTS.

Dépôt de chiffons.

Blanchissage à la céruse (des dentelles, etc.).

Application de l'émail sur métaux et poteries.

Fabrication des taffetas et toiles vernis.

Battage, cardage, épuration des laines, crins et plumes de literie.

Battage en grand des tapis.

Fabrication des chapeaux de feutre.

Préparation des crins et soies bruts pour la brosserie.

Tabacs (manipulation).

Peinture, enluminure, coloriage à la gouache.

Blanchissage du linge appartenant aux ouvriers en céruse et minium.

Brosserie (apprêt plombique et application de la litharge sur les soies).

Broyage des couleurs.

Papier à cigarettes coloré au jaune de chrôme.

Dentelles (leur saupoudrage au blanc de plomb et battage des applications de Bruxelles).

Dessinateurs (saupoudrage plombrique des étoffes et dessins).

Etiquettes vitrifiées (trempage dans le bain d'émail).

Cartes de visites (satinage glacé à l'acétate de plomb).

Fleurs (diamantage, arsenic des verdures).

Parfumeries (manipulation des fards).

Tailleurs (étoffes chargées de sulfure de plomb).

Tissage (dévidage des cotons, laines, jaune de chrôme ou mine orange).

Photographies (emploi du mercure).

Dorure.

Amorces fulminantes, artifices (chlorate de potasse, soufre, sulfure d'antimoine, phosphore rouge, amorphe, oxyde de plomb, sublimé.

Caoutchouc (application des enduits faits d'huiles essentielles, sulfure de carbone, acide sulfhydrique).

LES SALAIRES.

Comment donner, sur les salaires, une appréciation sérieuse et raisonnée? Leur taux dépend, évidemment, d'une infinité de causes. Certaines industries subissent l'influence de la mode et les gains des auxiliaires varient avec la vogue, tandis que d'autres, insignifiants au début, vont en augmentation progressive dont profitent les artisans.

Aujourd'hui, l'usage assez répandu est de payer les ouvrières proportionnellement à leur travail individuel. C'est ce qu'on appelle « mettre aux pièces ». Cela facilite le travail à domicile comme en atelier et encourage l'habileté acquise par une longue pratique.

Peu de professions donnent une rémunération en rapport avec la somme d'assiduité et d'aptitudes qu'elles exigent. Il serait sage de ne pas arrêter son choix sur l'évaluation du salaire, mais d'examiner froidement toutes les chances de sécurité, pour l'avenir, que chacune d'elles présente. En général, plus l'apprentissage est long, plus la profession exige d'aptitudes spéciales, et plus le salaire est élevé.

CHÔMAGES.

La question de chômage doit être soigneusement étudiée avant de prendre une décision définitive pour la carrière que l'on veut embrasser. Les métiers qui offrent une forte rétribution ont, assez souvent, beaucoup de morte-saison qu'il faut compter dans l'équilibre de son budget. Ce sont les spécialités dites de luxe ou de fantaisie. Les articles courants dont les maisons de production font l'exportation sont ceux qui donnent les salaires les plus réguliers et le travail le plus suivi.

TRAVAUX MANUELS

DÉRIVANT DE L'AIGUILLE.

Apprêteuses pour chemises.

La confection de la chemise d'homme occupe un grand nombre de femmes, soit en atelier, soit en domicile, lesquelles sont divisées en trois catégories :

1° Les apprêteuses (qui bâtissent le travail à piquer) ;

2° Les mécaniciennes (pour les piqûres à la machine) ;

3° Les finisseuses (qui terminent en arrêtant les goussets, les coutures et en faisant les boutonnières).

(Il y a aussi les blanchisseuses spéciales.)

En atelier, on paie à la journée. Sont toujours en atelier les mécaniciennes, parce que les machines y sont, le plus souvent, commandées par des transmissions.

Les apprêteuses et les finisseuses peuvent avoir du travail à domicile.

Apprentissage. — On admet difficilement des apprenties dans les maisons importantes. Aussi, pour débuter, il est pratique de s'adresser soit à des ouvrières travaillant chez elles, soit dans les maisons de demi-gros qui fabriquent sur mesure et adjoignent une ou plusieurs auxiliaires aux quelques ouvrières qu'elles emploient. Il faut deux et trois ans d'apprentissage, pendant lesquels on n'a qu'une rémunération modeste et facultative. Les parents feront bien, en plaçant leur fille pour apprendre la « chemise d'homme », de s'assurer qu'elle sera uniquement employée aux opérations qui concernent le métier, et non aux courses et menus soins du ménage.

Salaires. — Les journées en atelier vont de 8 h. du matin à 7 h. du soir, avec une heure d'interruption à midi.

Les salaires sont en moyenne :

Pour apprêteuses   3 fr.   ⎫
— finisseuses   2 fr. 50 ⎬ à façon
— mécaniciennes   4 fr.   ⎪
— blanchisseuses   3 fr. 50 ⎭

A domicile, on est payé à la pièce, sur le taux de 0, 20 c. à 0, 27 c. de l'heure environ.

Chômage. — Les ouvrières à domicile subissent deux fois par an, pendant un mois, un chômage à peu près complet, janvier et avril. A ces époques, le temps du travail en atelier est simplement réduit.

Broderies.

Broder, c'est représenter en relief sur étoffes des objets, dessins, etc., à l'aide d'aiguilles et de matières diverses. La broderie s'est longtemps appelée *phrygée*, du nom des Phrygiens, qui excellaient dans cet art. Les Grecs et les Romains avaient leurs « brodeuses ». Tarquin l'Ancien, dit-on, fut le premier qui porta une robe brodée d'or. Chaque nation brode avec les matières que produit son climat.

Les Chinois avec de la soie plate, les Indiens avec des cotons de couleur, les Géorgiennes, Turques, Algériennes brodent avec de fins fils d'or et d'argent sur des gazes, crêpes, soies légères, de véritables objets d'arts. Chez nous, le dessin et l'harmonie donnent à nos broderies une supériorité reconnue.

Il y a plusieurs sortes de broderies; mais pour toutes on procède de la même manière : avant de broder, on trace, soit au papier de couleur, soit en ponçant à l'aide d'un nouet de gaze rempli de poudre fine, passé sur les sinuosités piquées du modèle. Puis on tend l'étoffe sur un métier ou sur une toile cirée, ou sur tambour (selon travail).

Broderies. — Chiffres et Blancs.

A cause de l'importance qu'a prise, depuis quelques années, cette branche de la broderie, nous pouvons lui consacrer un article spécial. Ainsi, maintenant, la broderie de chiffres, dates, emblèmes, devises, agrémente tout le linge de fantaisie. On brode la date d'une première communion dans une guirlande formant chapelet, sur le coin d'un mouchoir de batiste ; on brode la date d'un mariage sous les initiales en écusson de la fiancée. Le linge de table, de maison, n'est plus marqué simplement à la croix, même dans les trousseaux ordinaires. Il a ses lettres en relief, de toutes formes fantaisistes et de toutes dimensions.

Ce genre de broderie est certainement, pour la femme, le plus ingrat de tous ; c'est d'ailleurs le plus exploité. A Paris, la broderie blanche courante a une grande concurrence par les broderies faites dans les Vosges et la Meurthe, et elle est fort peu payée. Le chiffre blasonné sur commande, les broderies fines sur applications, enfin les travaux hors ligne, sont seuls un peu rémunérateurs, parce qu'ils demandent à être faits par des ouvrières très habiles et dans un temps limité.

Les ouvrières occupées au chiffre sont une véritable corporation. Les journées en atelier sont de 10 heures.

Apprentissage. — On le commence aussitôt qu'on a l'âge voulu par la loi, et on le fait en atelier. On est seulement nourrie pour commencer, puis, au bout de trois mois, on gagne 1 fr. par jour avec très légère augmentation progressive jusqu'à l'expiration de l'apprentissage, qui est de 18 mois environ.

Salaires. — La broderie ordinaire ne rapporte à l'ouvrière assidue que 0 fr. 75 à 1 fr. par jour pour les objets courants. Une brodeuse artiste peut atteindre 2 fr., même 3 et 4 fr. par jour en s'adonnant à sa tâche 8 à 10 h. au moins. Les bonnes maisons de blanc, trousseaux riches, paient très bien les excellents travaux et ont presque toujours de l'ouvrage qui rapporte à l'ouvrière en moyenne 2 fr. 75 à 3 fr. 25.

Chômage. — Juin, juillet et août sont ordinairement de très mauvais mois pour les ouvrières à domicile qui sont alors à peu près sans ouvrage, parce qu'on conserve pour l'atelier les commandes assez rares qui surviennent.

Les ateliers de broderies deviennent de plus en plus rares, mais on trouve assez facilement de l'ouvrage à emporter chez soi en s'adressant à une des spécialités de broderies et d'ouvrages.

Broderies riches; laine et soie sur étoffes.

Ces broderies se font pour ameublements ou pour vêtements de luxe, à la main, ou à l'aide de machines spéciales portant le nom de leurs inventeurs.

Les broderies à la machine sont fort répandues pour l'ameublement ordinaire; les broderies à la main sont réservées aux seuls objets de prix.

Toutes les broderies en général, fort en faveur depuis plusieurs années principalement, sont devenues un moyen d'existence pour nombre de femmes adroites, douées de patience et de goût.

Des dessinateurs industriels créent sur l'étoffe choisie des dessins qu'il faut reproduire en relief à la soie ou à la laine, voire même avec de la chenille, de la ganse d'or, etc.

Apprentissage. — L'apprentissage de la broderie or et soie, etc., se fait en atelier; il est ordinairement de 3 ans, sans autre rapport que les encouragements pécuniaires qu'il plaît à la maîtresse d'apprentissage d'allouer. Mais, dès la seconde année, on a une rétribution quotidienne et proportionnelle qui peut atteindre 1 fr. 50. On fera bien de faire commencer l'apprentissage de bonne heure, à 12 ou 13 ans, par exemple, après s'être assuré préalablement (1) que la vue de la débutante est des meilleures.

Salaires. — La troisième année, l'ouvrière est assez exercée pour gagner environ 3 fr. par jour, et, payée aux pièces, l'habitude lui procure assez vite un salaire quotidien de 4 fr. La broderie pour vêtements riches produit quelquefois jusqu'à 10 fr. par jour à domicile ; divers ateliers des grands quartiers donnent 6 fr. régulièrement à leurs plus parfaites ouvrières.

La broderie d'or pour uniformes et livrées exige généralement la connaissance de la broderie de soie, parce que, pour certains travaux, l'une se complète par l'autre.

Dans les ateliers des maisons spéciales, les premières ouvrières gagnent 120 fr. à 130 fr. par mois, sans chômage. Le travail à façon, à domicile, rapporte environ 0 fr. 50 c. l'heure.

Nota. — Les journées sont relativement courtes, ce genre de travail s'accommodant difficilement de la lumière. — La broderie à la machine, dite broderie au passé, et qui se fabrique pour les articles de réclame à bas prix, demande peu d'apprentissage, mais beaucoup d'assiduité. Elle rapporte environ 2 fr. par jour et a un chômage de 2 mois.

Chômage. — Il y a un ralentissement de travail assez sensible pendant les mois de juillet et d'août.

---

(1) Dans toutes les Écoles professionnelles de la ville de Paris, il y a un cours spécial pour broderies d'ameublement.

Broderies. — Ornements d'église.

Il faut, pour ce genre d'occupation, des femmes habituées de longue main à la broderie d'église, façon spéciale. Elle ne se pratique jamais ou presque jamais en atelier. L'ouvrage est confié à des ouvrières qui présentent toutes les garanties d'honnêteté voulues par les fournitures qui ont une valeur relativement considérable. Tout est fait à la main, couture et broderie.

Apprentissage. — L'apprentissage est fait généralement dans les ouvroirs et autres établissements de charité où les jeunes filles apprennent de bonne heure les travaux manuels qui exigent de la délicatesse et de la patience. Des femmes douées de ces qualités essentielles peuvent aussi, en s'exerçant elles-mêmes, faire leur apprentissage personnellement ; quand elles auront acquis assez d'habitude et d'habileté pour présenter aux maisons de gros un échantillon, elles pourront espérer obtenir du travail.

Salaire. — Malgré la supériorité d'exécution exigée pour ce genre d'ouvrage, la rémunération n'est pas très encourageante. Le salaire est donné aux pièces après contrôle sévère du fini des broderies et de l'emploi des fournitures. Une femme ne peut guère espérer gagner, chez elle, en travaillant attentivement, plus de 0 fr. 30 à 0 fr. 35 de l'heure moyenne ordinaire.

Chômage. — Très variable, sauf pour les maisons les plus importantes de cette spécialité.

Broderies. — Tapisserie moderne.

Le point de tapisserie, en laine ou en soie, avec lequel on exécute des ouvrages d'un luxe et d'une solidité indiscutables, est assez connu, mais il faut être doué de beaucoup de goût, d'habileté et de patience pour faire ces chefs-d'œuvre confortables qui font l'admiration méritée de tous les amateurs de beau et de bon.

Ajoutons que la rapidité et la régularité du travail sont les qualités indispensables pour être apte à se créer des ressources appréciables dans les ouvrages en tapisserie.

Apprentissage. — Une jeune fille qui ne connaît que le point de tapisserie, mais qui n'est nullement exercée, doit s'adresser à une ouvrière en ce genre, car les entrepreneuses mêmes recherchent de préférence les personnes expérimentées et pouvant faire leurs preuves. Cette jeune fille ne pourra s'attendre au début, et ce pendant 2 à 3 mois environ, à gagner autre chose que ce qui lui sera donné volontairement par la personne qui se chargera de lui enseigner son art. C'est ici qu'il faut faire un choix judicieux de cette initiative, parce que l'importance des gains de l'avenir dépendra surtout de la facilité que la jeune fille aura ensuite pour créer elle-même ce qui est, dans ce genre de travail, le point le plus difficile.

Salaire. — Une personne adroite et habile a dans les doigts des ressources suffisantes et très variées. Au minimum elle doit gagner 4 fr. par jour; mais, selon la valeur plus ou moins grande du travail qu'elle entreprend, son bénéfice quotidien peut aller quelquefois jusqu'à 8 et 10 fr. Dans les articles riches, le rapport est naturellement plus élevé que dans les articles courants. Ainsi certains bandeaux de cheminée, en tapisserie au petit point, valent plusieurs centaines de francs; il est évident que l'artiste qui les fait gagne plus que celle qui fait des pantoufles ou des tabourets bon marché qui ne rapportent guère plus de 1 fr. à 1 fr. 50 par journée de 8 à 10 heures.

Un échantillon de coussin, de dimension ordinaire, genre moderne (arabesques, etc.), est habituellement payé 5 fr. les fils tendus seulement. Les personnages sont payés plus chers, ils vont jusqu'à 12, 15 et 20 fr., selon point et surface.

Le chômage n'existe pas.

Cols et lingerie militaires.

Ce travail se fait peu en atelier, les fabricants préfèrent avoir des ouvrières chez elles, travaillant aux pièces.

Il y a une partie de l'exécution des objets à faire à la main, certaines coutures, par exemple, et les boutonnières; mais les personnes qui recherchent ce genre d'ouvrage doivent justifier de leur facilité pour travailler à la machine (à défaut de la possession d'une machine) et de leur habileté à s'en servir. Les maisons confient les matériaux tout préparés et on rapporte l'ouvrage dans le délai assigné.

Salaire. — Il faut une grande habitude pour arriver à se faire, le travail payé aux pièces, 0 fr. 30, 0 fr. 40 et quelquefois 0 fr. 45 de l'heure.

Chômage. — Peu ou point, du ralentissement ou de la presse dans l'ouvrage, selon le moment. Une bonne ouvrière peut compter sur des salaires presque réguliers.

Corsets (1).

L'industrie des corsets (*Tunica thoracis*) a pris une énorme extension en France, tant pour les besoins du pays que pour ceux de l'exportation. Disons pourtant que les corsets des femmes de l'Inde sont beaucoup mieux entendus que les nôtres : nulle tige résistante n'entre dans leur confection. Ils sont formés d'un tissu d'écorces d'arbre élastique et fin, et se moulent sur les formes du corps qu'ils soutiennent sans les déprimer. Mais la mode a introduit chez nous cette sorte de cuirasse bardée de fer qui est l'objet d'une fabrication spéciale, sur une si vaste échelle, et qui nous est arrivée d'Italie avec Catherine de Médicis.

Dans les grands ateliers (quelques-uns occupent 150 femmes et n'en ont jamais assez), les femmes ont chacune leur travail spécial qui leur permet de faire vite et bien. Il y a les « *mécaniciennes* », les « *éventailleuses* », les « *baleineuses* », etc. — Il ne faut aucune aptitude pour travailler aux corsets, seulement du soin et de l'activité.

---

(1) Voir, même article : *Province.*

Apprentissage. — Dès que les jeunes filles ont obtenu leur certificat d'études, elles peuvent se présenter. La division du travail par spécialités permet de donner aux débutantes une nature de besogne à leur portée et de rapporter assez vite 1 fr. 50 par jour. Au bout d'un an, on peut gagner 2 fr.

Salaire. — Pour neuf heures de travail effectif, une bonne ouvrière qui ne perd pas de temps gagne (aux pièces) assez facilement 50 fr. pour 12 jours, soit une moyenne de 4 fr. par jour.

Chômage. — Il n'y en a jamais, ni total ni partiel, l'emploi des corsets étant incessant comme leur renouvellement.

Nota. — Pour entrer dans les manufactures de corsets, rien n'est plus simple : il suffit de se présenter et de prouver qu'on est bien dans les conditions légales pour travailler ; il faut toujours des ouvrières.

Coupe.

Cette profession que nous aurions pu comprendre dans la « couture » fait l'objet d'une spécialité si importante que nous croyons devoir lui consacrer un chapitre particulier.

Depuis quelques années seulement, d'excellentes maisons de province et toutes les bonnes maisons de couture parisiennes s'attachent des « premières coupeuses » qui ont fait de la « coupe » une étude particulière et donnent à tout ce qui sort de leurs ciseaux un cachet suprême.

On peut être couturière, habile à coudre, garnir, finir un vêtement, mais incapable de bien tailler. Or, la forme en France....., comme l'a dit Bridoison...

Pour être bonne « coupeuse », il est essentiel, avant tout, d'avoir du goût naturel et de connaître un peu le dessin, indépendamment de l'apprentissage d'un an ou deux dans la couture, au préalable.

Apprentissage. — Moyennant un prix à forfait, convenu et payé d'avance, d'excellents professeurs de coupe initient, en quelques mois, une jeune fille de 16 à 17 ans (au minimum) à tous les secrets de la coupe.

La maison Lavigne (Madame Guerre, fille de M. Lavigne, est maîtresse de coupe dans différents cours de la ville de Paris) peut être considérée comme une des premières de ce genre (rue de Richelieu, 15).

L'apprentissage est de 150 fr. pour la coupe, l'apprêt et l'essayage de toutes les variétés de vêtements de dames et d'enfants.

Salaire. — Les émoluments accordés par les maisons de couture, soit de province, soit de Paris, à une bonne coupeuse, procurée par un des cours de coupe dûment reconnus comme excellents, sont de 1,800 fr. pour les débuts d'une jeune fille ayant 18 ans environ, si elle a acquis une grande habitude dans la pratique ; au bout d'un an ou deux, elle gagne 2,500 fr. au maximum. Pour une coupeuse émérite, les appointements de 4 et 5,000 fr. (toujours avec le logement et la nourriture) ne sont pas rares. Il faut alors qu'elle ait au moins 25 à 26 ans, de façon à pouvoir diriger en même temps l'atelier.

Couture pour costumes de théâtre.

Bien que la plus grande partie des costumes de théâtre soit confectionnée par des hommes, un certain nombre de femmes peuvent y trouver, pendant les mois d'hiver, une source de rapport quotidien.

Apprentissage. — La femme n'étant guère occupée, dans cette industrie, que pour la couture des garnitures ou autres opérations faciles, il n'y a point d'apprentissage sérieux à faire, seulement un peu d'habitude à prendre dès qu'on sait coudre vite.

Salaire. — Il est très variable de 1 fr. 75 à 2 fr. par jour en moyenne, mais peut s'élever, selon le genre de travail et d'habileté, à 5 fr. et 6 fr. exceptionnellement.

NOTA. — Se présenter en septembre de préférence et ne rechercher cette occupation que comme accessoire, pendant le chômage de son principal moyen d'existence.

Couture pour fourrures.

Il y a deux sortes de fabricants de pelleteries et fourrures : 1° ceux qui n'emploient que les peaux rares et chères, lesquelles n'arrivent à Paris qu'après un triage consciencieux fait dans les pays de production ou comptoirs ; 2° ceux qui joignent au commerce de fourrures de luxe, les fourrures courantes pour lesquelles les peaux de lapins entrent dans une notable proportion. Toutes les fourrures, quelle que soit leur qualité, sont préparées à Paris et environs (1) avec une supériorité incontestable.

Les ouvrières employées dans la première catégorie des pelleteries sont des « monteuses » de cols, de manchons, de parures. Elles cousent à la main ou à la machine et sont appelées couseuses et mécaniciennes.

Les matières qui entrent dans l'apprêt des fourrures sont saines, aussi le travail des femmes pour les peaux rares est-il absolument sans danger. Elles proviennent de l'huile de colza, de farines, de sels alcalins, d'alun, de talc, de sciures de bois précieux, de tan et d'un peu d'ammoniaque.

Il n'en est pas de même, malheureusement, pour la deuxième catégorie, à cause des teintures qui entrent dans le lustrage et l'apprêtage et qui renferment des toxiques plus ou moins violents.

Dans cette seconde catégorie il y a, outre les couseuses, des arracheuses, des éplucheuses et des déchiqueteuses.

Certaines maisons de fourrures (Révillon frères, entre autres) emploient jusqu'à 600 femmes.

Apprentissage. — On accepte en atelier des jeunes filles de 14 ans révolus qu'on appelle *coursières*, parce que toutes les courses à faire dans l'intérieur de l'établissement leur sont réservées. Il faut qu'elles se résignent à débuter ainsi en témoignant le plus de zèle et d'intelligence possible pour s'assimiler le travail auquel

---

(1) Courbevoie, Neuilly, Puteaux, Saint-Denis, Suresnes, Clichy.

elles assistent quotidiennement. Elles ont d'abord 0,50. et tardent peu, si elles le méritent, à obtenir 1 fr., puis 1 fr. 50 dès qu'elles commencent à travailler sérieusement.

Salaires. — Le travail se fait en atelier, aux pièces ou à la journée. Pour une journée de 10 heures de travail effectif coupées par 1 heure de repos, les salaires varient de 2 fr. 50 à 4 fr. par jour. Le travail aux pièces rapporte, à peu près, dans les mêmes proportions ; il atteint quelquefois 5 fr., mais par exception.

Chômage. — Il n'y a pas de chômage absolu, mais un peu de ralentissement pendant les trois premiers mois de l'année. Même alors, les bonnes ouvrières ne chôment pas, on les occupe à la préparation des marchandises en vue de l'achèvement final.

Couture pour jerseys.

Les ouvrières les font en atelier à la machine à coudre, c'est de la couture courante. Les jerseys sont distribués tout préparés aux ouvrières qui travaillent aux pièces sous le contrôle d'une contre-maîtresse.

Apprentissage. — Ce n'est que la manière de se servir d'une machine à coudre ; pour celles qui y sont déjà exercées, il n'y a pas d'apprentissage, sauf pour les garnitures. En ce cas, il y a 3 mois de travail improductif.

Salaires. — Le travail étant payé aux pièces,

l'ouvrière gagne en proportion de sa production journalière.

Pour une journée de 8 heures de travail effectif (temps suffisant pour un travail à la machine), une débutante ne gagne guère plus de 1 fr. 75. L'ouvrière faite, pour le jersey courant, peut se faire environ 2 fr. 75 à 3 fr., mais rarement plus. Pourtant, dans le jersey de luxe, le gain journalier peut atteindre 4 fr. pour la garniture et le perlage.

Chômage. — Le chômage se présente deux fois par an, de novembre à janvier et de juin à août.

Pour les maisons faisant l'exportation, il est moins fréquent et moins prolongé.

Couture pour la confection.

La confectionneuse travaille pour l'exportation ou les magasins de nouveautés. Elle crée un modèle et le soumet à l'appréciation des maîtresses d'atelier.

Apprentissage. — S'il se fait en atelier, il rapporte au bout de quelques mois 0 fr. 75 par jour, plus le logement et la nourriture.

Salaire. — On travaille en atelier ou à domicile et on est toujours payé aux pièces. Il n'y a pas de perte de temps, puisque tout est coupé et préparé d'avance et que tout se fait par séries de vêtements semblables, et, en grande partie, à la machine.

Le rapport est approximativement de 2 à 5 fr. par

jour. Les entrepreneuses ayant 4 et 5 machines réalisent un très beau bénéfice.

Chômage. — Très peu pour les maisons d'exportation. Les meilleures ouvrières en général n'ont pas de morte saison.

Couture. — Robes et Manteaux.

On pourrait avancer qu'il y a autant de variétés de couturières qu'il y a de personnes exerçant cette profession, car pour ces grandes prêtresses de la mode, l'originalité est un des plus sûrs éléments de succès.

Donc, si une jeune fille veut faire son chemin dans la couture, il est nécessaire qu'on lui reconnaisse de bonne heure du goût, de la patience et de l'adresse.

Toutes les femmes peuvent apprendre à coudre, mais toutes ne sont pas aptes à devenir bonnes couturières.

Il est vrai, cependant, qu'une jeune fille pourra être dépourvue de toute initiative et goût personnels, mais qu'ayant de la patience et de l'assiduité, elle pourra devenir une excellente auxiliaire chez une bonne couturière. Si elle a bien appris à coudre, elle sera aussi en mesure de se faire une clientèle sûre de « journées bourgeoises ». Mais il faudra se résigner à rester toujours au second plan. Jamais elle n'arrivera à être comptée dans la grande corporation des « *couturières en robes* ».

Apprentissage. — Dans tous les cas, il faut commencer par l'A B C du métier : la couture dans toutes ses applications, c'est d'ailleurs le meilleur moyen de juger des dispositions d'une jeune fille.

Il est important ici d'insister sur le choix de la maîtresse couturière chez laquelle se fera l'apprentissage. Dans les écoles professionnelles, ainsi que nous avons pu en juger, tout se fait et s'enseigne consciencieusement. Professeurs et élèves sont tous à la tâche qui leur est imposée, celles-là initiant avec zèle et patience à tous les secrets du métier, sans égoïsme comme sans négligence ; celles-ci, convaincues de l'utilité de leur apprentissage, concentrent toutes leurs facultés à bien comprendre et à bien exécuter. Mais toutes les jeunes filles ne peuvent pas suivre les cours des écoles professionnelles, pour une cause ou pour une autre ; en outre, dans un atelier de couture bien achalandé, la pratique peut être plus complète et plus variée. Il y a aussi à mettre en ligne des opérations faisant partie de l'apprentissage, les courses pour réassortiments, qui sont d'une utilité flagrante quand elles sont bien comprises.

Malheureusement, sous ce prétexte de courses, nombre de maîtresses couturières font faire à leurs apprenties leurs courses de ménage, voire même le ménage lui-même, au détriment de l'apprentissage proprement dit. Outre la perte de temps considérable qu'elles ont, les jeunes filles prennent des habitudes de flânerie au dehors, et d'irrégularité dans leur travail, habitudes fâcheuses au plus haut point. Si l'on pense que l'apprentissage est en général de deux années, sans rétribution appréciable, on verra combien il est nécessaire au moins que la jeune fille soit placée dans une maison sérieuse qui n'exploite ni son âge, ni sa bonne volonté, et qu'elle en sorte possédant à fond les éléments de la façon de toutes les parties d'un vêtement.

Au bout de 18 mois ou 2 ans, l'apprentie peut demander 1 fr. par jour. Si elle est douée et qu'elle ait bien employé son temps, elle peut entrer dans une maison de couture assez importante et gagner assez vite (ayant 17 ans environ) 4 fr. par jour, surtout si elle a pendant un an, après ses 18 mois ou 2 ans de début, appris la coupe et l'apprêt.

Salaire. — Une ouvrière sachant couper et apprêter le corsage gagnera 4 fr. par jour en atelier; si elle sait entièrement le finir, 5 fr. ou 5 fr. 50. (Nous nous basons sur 10 heures de travail; les suppléments d'heures sont généralement payés à part, d'après convention.)

Les ouvrières en jupes sont dans les mêmes conditions.

Cependant certaines grandes maisons ont des « premières aux jupes » qui ont un traitement de 2 à 3,000 fr., plus la table.

Leurs « essayeuses » ont 100 fr. par mois et la table pour commencer. Les maisons de premier ordre ont des « essayeuses » qui gagnent jusqu'à 6,000 fr. par an, plus la table et le costume d'atelier.

Il y a aussi des « manutentionnaires » à 100 fr. par mois et nourries.

Puis des dames à la correspondance. Elles doivent

connaître tous les détails de la couture, afin de pouvoir répondre aux désirs et aux réclamations des clientes.... avec connaissance de cause. Elles gagnent 2,500 fr. par an et la table.

Viennent ensuite les interprètes dans les maisons qui habillent les étrangères de passage à Paris. Elles sont nourries et gagnent environ 150 fr. par mois, plus ou moins.

A ce propos, la maîtresse (1) d'une des plus grandes maisons de couture déplorait devant nous l'incapacité relative qu'ont les jeunes filles qui se présentent comme interprètes ; généralement elles ont appris l'anglais (la langue la plus usitée, puisque les Anglais et les Américains sont les visiteurs les plus nombreux de ces établissements), mais elles n'ont presque pas la pratique de cette langue et, dans tous les cas, elles ne sont aucunement au courant des usages anglais, des goûts et des habitudes des dames anglaises. « Si ces jeunes
« filles, disait-elle, avaient été passer six mois dans une
« bonne maison de couture en Angleterre, elles nous
« seraient de bien plus utiles auxiliaires. Et qu'arrive-
« t-il souvent ? C'est que, fatiguées de l'insuffisance de
« nos interprètes françaises, nous prenons des Anglai-
« ses, qui, en femmes méthodiques et avisées, ne restent
« chez chacune de nous que 3 ou 4 mois pour étudier
« la profession à fond en même temps que le français
« et retourner dans leur pays, dûment édifiées sur
« notre manière de faire, et maniant facilement notre

(1) Mme Cavally, boulevard des Capucines.

« langue française. Pourquoi la ville, qui fait tant de
« sacrifices pour ses écoles, n'obtiendrait-elle que les
« premiers sujets de ses cours de coupe allassent passer
« en Angleterre quelques mois d'apprentissage prati-
« que pour en revenir des employées précieuses ? »
Il nous semble qu'il y a là, en effet, un progrès à réaliser. Nous en soumettons l'idée aux réflexions des personnes compétentes et autorisées.

Nous n'avons pas fini la nomenclature des spécialités pour femmes, dans la profession de couturière.

Il y a encore, dans les maisons de premier et de second ordre, les « vendeuses ». Celles-là, outre la table, et assez souvent la robe de « magasin », ont un fixe de 1,200 fr. environ, qui s'augmente du tant pour cent accordé sur les ventes, ce qui leur donne, comme moyenne très ordinaire, 3 et 4,000 fr. Nous ne parlons pas des exceptions ; on nous a cité plusieurs maisons dont les premières vendeuses n'auraient pas troqué leurs appointements contre ceux d'un ministre. Il est vrai que, pour être bonne vendeuse, il faut réunir des qualités de finesse, d'adresse, de prudence et de diplomatie dont l'équivalent pourrait faire honneur à tout le corps des fonctionnaires du gouvernement.

Une dernière spécialité dans la couture est celle des « mannequins ». Les jeunes filles qu'on désigne sous ce nom, n'ont pas autre chose à faire qu'à se tenir à la disposition des clientes qui désirent juger sur elles de l'effet d'un vêtement. On choisit pour cet emploi des femmes jeunes, grandes et bien faites, patientes et passives, qu'on habille pour le magasin, et auxquelles on donne ordinairement 150 fr. par mois et la table.

Nous ne notons cette « occupation » que pour nous efforcer d'être aussi complet que possible, pour les renseignements, mais pas pour la conseiller aux jeunes personnes qui rempliraient les conditions voulues.

Ajoutons encore une observation. A côté de cette hiérarchie professionnelle, nombre de femmes trouvent dans la couture et tous ses dérivés des ressources modestes sans doute mais suffisantes.

Les journées bourgeoises pour le raccommodage se paient ordinairement 3 fr. sans la nourriture ; les mêmes journées pour façon de robes et vêtements, 3 fr. 50 et 4 fr., de 8 h. du matin à 7 h. du soir, avec une heure à midi pour le déjeuner.

A la couture se rattachent encore les ouvrières en : sachets de luxe, brassards et aumônières de première communion et beaucoup d'autres objets de fantaisie élégante réclamant le concours de l'aiguille.

Couture. — Jupons et tournures.

Nous aurions pu assimiler cette industrie à la profession mère de la couture. Mais la mode, qui régit aujourd'hui aussi bien les « dessous » que les costumes, assure à la branche « jupons et tournures » un succès durable. Depuis les « paniers » du dernier siècle jusqu'à la jupe actuelle en surah à ressorts modérés, tout le juponnage a fait l'objet d'une production active : c'est le « classique » dans l'habillage.

Apprentissage. — Si l'on sait bien coudre et assembler, le reste s'apprend facilement en atelier, avec une rétribution moyenne de 2 fr. 50 ou 3 fr. par semaine, et, au bout de 6 mois, 1 fr. par jour, environ.

Salaire. — Il est avéré qu'une ouvrière habile peut aisément arriver à un salaire de 4 fr., 5 fr. et même 6 fr. dans la forte saison, pour des journées de onze heures de travail effectif.

Chômage. — Il y a fort peu de chômage partiel et pas du tout de chômage total.

Couture pour tapissiers.

Border les rideaux, les monter, faire les têtes, poser les passementeries, doubler, faire les housses, tous ces détails de couture font l'objet d'un apprentissage spécial. Le doublage se fait debout ; le travail d'une couturière tapissière est toujours assez fatigant, car les étoffes sont lourdes et épaisses, et dans les moments de presse les veillées sont très longues.

Apprentissage. — Quand on sait déjà coudre, l'apprentissage est insignifiant, c'est plutôt une question de pratique. On gagne d'ailleurs, dès le début, proportionnellement au travail qu'on produit et toujours en atelier.

Salaire. — Une ouvrière active payée à la façon ou à la journée gagne habituellement de 2 fr. à 3 fr. par jour. Pendant la forte saison, les heures de nuit sont payées de 0 fr. 40 c. à 0 fr. 50 c. selon le genre d'ouvrage. Les journées ordinaires commencent à 8 h. du matin jusqu'à 6 h. du soir.

Couture — Lingerie plate.

L'étymologie du mot *chemise*, premier article de lingerie, a deux origines. Ce mot vient du nom romain « *camisia* », qui désignait la tunique. Les Hébreux, qui n'avaient inventé le tissage que pour ce vêtement initial, la portaient en lin. En France, aux IXe et Xe siècles, on portait deux tuniques; celle de dessous s'appelait « chainse », d'où on a fait chemise (deuxième origine), et celle du dessus « bliaud », d'où vient blouse; — le chainse était en toile blanche et avait la forme d'un sac. C'est vers 1340 que la chemise se transforme pour devenir à peu près telle que nous la connaissons, sauf qu'elle était montante et garnie au cou d'une broderie ou collerette; sous Henri IV, elles se décollètent, mais elles sont très simples, tandis que, sous Louis XIII et Louis XIV, elles sont de véritables articles de luxe, surtout les chemises d'homme qui sortaient du pourpoint toutes garnies de dentelles de prix. C'est vers le commencement de ce siècle seulement que l'industrie de la chemise prit un développement énorme et devint une spécialité. La première industrie des cols et cravates ne se révèle qu'à l'exposition de Paris de 1834.

Quant au mouchoir, il est, paraît-il, resté longtemps un accessoire réservé aux prêtres et seulement dans l'exercice de leur sacerdoce; les premiers traités de civilité ne mentionnent point l'usage des mouchoirs

Erasme, qui fit autorité au XVIe siècle en matière de
« belles manières », recommandait de ne pas se moucher indifféremment avec l'une ou l'autre main, mais
seulement avec deux doigts de la main gauche. Les
premiers temps où le mouchoir devint d'un usage général, nos bons aïeux s'offraient mutuellement celui
qu'ils avaient..... intact ou non. En 1675, Antoine de
Courtin, « maître du bon ton », voulant réformer cette
habitude un peu trop cordiale, déclare qu'il n'était pas
honnête de présenter, sans en être requis, son mouchoir à quelqu'un, et recommande de ne pas se moucher
sur sa manche « par paresse ou négligence ». A la fin
du XVIIIe siècle seulement, on fit du mouchoir une coutume universelle.

Aujourd'hui tous les objets de lingerie, — y compris
le mouchoir, — sont à la portée de toutes les bourses.

Paris et Verdun ont la spécialité de la lingerie fine,
— puis viennent Saint-Quentin, Saint-Omer et Cambrai.

Ce genre de travaux est, en général, si peu rétribué,
et demande de la part de l'ouvrière tant de minutie et
de soin qu'il n'est guère compté que comme pis-aller
pour les femmes qui cherchent à occuper lucrativement
leur temps. Cependant, il a bien quelques côtés appréciables, ne serait-ce que la propreté qu'il permet et, au
besoin, qu'il exige, et l'absence de matériaux encombrants, comme aussi toute initiative personnelle. En
effet, du fil et des aiguilles suffisent comme accessoires,
et l'ouvrage est généralement tout préparé lorsqu'on
le confie à l'ouvrière.

Les chemises d'homme, les chemises de femme, les pantalons plus ou moins garnis, les objets de trousseau et de layette, nous occupent seuls dans cet article.

Pour la confection ordinaire et bon marché qui se fait entièrement (ou à peu près) à la machine, on en fabrique relativement peu à Paris ; elle vient principalement de Saint-Quentin et de Saint-Omer. Mais la bonne lingerie ordinaire, faite moitié à la main et moitié à la machine, est confectionnée à Paris, ainsi que la lingerie fine de luxe, entièrement faite par des ouvrières spéciales.

Apprentissage. — S'il n'est pas fait dès l'enfance, et chemin faisant, il n'y faut pas penser une fois l'âge voulu pour être apprentie d'un métier quelconque. Nous parlons, bien entendu, de la lingerie courante et ordinaire, la lingerie de luxe et de fantaisie étant une spécialité à laquelle nous consacrons un chapitre particulier.

Salaire. — Quand une femme habile a 1 fr. ou 1 fr. 25 pour une chemise bien faite, on doit penser que la confection de lingerie ne peut guère rapporter que ces 1 fr. ou 1 fr. 25 par jour, en travaillant assidûment 7 à 8 heures.

Les ouvroirs et autres établissements de ce genre ont contribué depuis longtemps à abaisser avec exagération le prix de ces façons.

Couture.— Lingerie, fantaisie, haute nouveauté.

Les ouvrières en lingerie de luxe travaillent dans le centre de Paris (rue du Sentier, par exemple) ou dans les faubourgs, c'est-à-dire la banlieue.

C'est aux ouvrières parisiennes qu'est confiée la fabrication fine et élégante par excellence, la haute nouveauté, les modèles. Les ouvrières de la banlieue reproduisent une lingerie plus courante.

Apprentissage. — Soit en atelier, soit chez une ouvrière travaillant à son compte, l'apprentissage dure 2 et 3 ans : les deux premières années au pair, puis avec un gain de 1 fr. pour commencer. Les entrepreneurs des faubourgs et certaines maisons de gros de la rue du Sentier font des apprenties.

Salaire. — Les ouvrières qui travaillent dans le centre de Paris gagnent de 3 à 5 fr. par jour, selon leur savoir-faire. Les autres sont un peu moins payées : la journée est de 2 à 3 fr. chez l'entrepreneuse aussi bien que chez soi.

Les premières d'atelier dans les maisons de gros reçoivent un traitement fixe de 1,500 fr. à 3,000 fr., plus la nourriture.

Chômage. — Il est irrégulier, ce commerce subissant un des premiers les fluctuations industrielles. Cependant les bonnes ouvrières attitrées d'une maison de gros n'ont guère à prévoir qu'une diminution de travail, mais pas d'arrêt total.

Nota. — La lingerie, haute nouveauté, dont nous parlons plus haut, consiste en : chemises fines et élégantes, garnies, valant de 20 fr. à 50 et 60 fr. la pièce ; — cache-corsets riches dont les moindres de 15 fr. l'un ; — parures mousseline et dentelles ; matinées de batiste brodée, garnies de rubans, etc. ; — en un mot, tout ce qui est hors de la lingerie classique.

Couture — Couvre-pieds.

Cet article confortable, qui a subi depuis quelques années toutes les transformations et tous les perfectionnements exigés par le goût et le luxe qui distinguent notre époque, est entièrement confectionné par des femmes.

Il est ouaté, piqué, duveté, capitonné, ou simplement doublé selon son prix.

On le fait en soie, en satin, en lainage ou en cretonne, soit à la main, soit à la machine.

Apprentissage. — L'apprentissage du travail à la main est fort long, aussi prend-on de préférence des fillettes de 13 ans pourvues de leur certificat d'études primaires.

Tout de suite, elles sont payées en proportion de ce qu'elles savent faire, assez souvent 1 fr. ou 1 fr. 50 pour débuter. Au fur et à mesure qu'elles prennent le courant, et d'après le goût et l'activité qu'elles témoignent, elles sont augmentées jusqu'à 2 fr. et 2 fr. 25.

Pour devenir bonne ouvrière à la main, il faut 3 à 4 ans.

En deux ans, on peut être ouvrière faite à la machine.

Salaire. — Dans le travail à la main, les ouvrières sont presque toujours assises, aussi se fatiguent-elles relativement peu, tandis que, dans le travail à la machine, elles sont souvent debout et exposées à avaler de la poussière.

Ces ouvrières exercées, soit à la main, soit à la machine, font des journées de 10 heures de travail effectif et gagnent, aux pièces, une moyenne de 20 à 21 fr. par semaine.

Chômage. — Les chômages absolus sont très rares, on peut même dire qu'ils n'existent pas. De mai à juillet seulement, la fabrication se ralentit et on diminue alors le nombre des heures de travail effectif.

Les maisons qui font l'exportation pour l'Amérique n'ont pas de diminution dans la production.

Cravates pour hommes.

Depuis le plastron jusqu'à la cravate unie, en passant par les nœuds de toutes les formes, cette industrie occupe un nombre considérable de femmes, tant en atelier qu'à domicile. Le travail n'est pas fatigant ni malsain.

Apprentissage. — Il est rare que les maisons spéciales acceptent des apprenties. Les personnes désireuses de se procurer de l'ouvrage dans cette spécialité doivent s'adresser à des entrepreneuses qui ont, pour la plupart, un atelier chez elles. L'apprentissage est de 6 mois environ, durant lesquels la rétribution est proportionnée aux services rendus par les débutantes payées à la semaine (3 ou 4 fr. par semaine, à peu près).

Les parents feront bien de s'assurer de temps en temps que leur fille n'est pas exploitée par l'entrepreneuse et qu'elle est initiée, dans le délai voulu et qui peut être déterminé à l'avance, aux connaissances complètes du métier.

Salaire. — Une bonne ouvrière doit être à même de gagner 4 fr. par jour en moyenne, pour dix heures de travail effectif, soit chez elle, soit en atelier. Cependant, comme nous l'avons dit déjà, il faut toujours faire la part du courage et de l'habileté de l'ouvrière.

Chômage. — Cette industrie qui relève de la mode a un chômage accidentel. Disons pourtant que la cravate d'homme est un des moyens d'existence les plus réguliers pour les bonnes ouvrières.

Dentelles (1).

Le règne des belles et riches dentelles, disparu ou à peu près pendant une longue série d'années, reprend avec plus d'éclat que jamais. On a reconnu que rien ne pouvait remplacer le luxe seyant, orgueil de nos grand'-mères qui nous ont laissé un peu d'elles-mêmes dans le

---

(1) Voir, même article : *Réparations.*

vague relent de poudre à la maréchale que nous respirons avec un sourire attendri, en exhumant de nos tiroirs ces vieilles dentelles rousses, souvenir des chères aïeules.

Or, ces dentelles, vu leur rareté, sont toujours d'un prix fort élevé. Certaines valent plusieurs centaines de francs le mètre ; nous en avons vu dont un volant avait coûté 20.000 fr. ; dentelles et diamants se rencontraient toujours dans les corbeilles d'autrefois. C'est à l'entretien, au raccommodage de ces ouvrages de fées que sont occupées les dentelières parisiennes. La dentelle elle-même ne se fabrique que dans les villes spéciales d'où elle tire son nom. (Voir *Réparation de dentelles* Paris, et même article, *Province*.)

Ganterie (1).

Certaines maisons considérables de Paris fabriquent toutes les sortes de gants, et, sauf la coupe qui est, en général, confiée à des « coupeurs », toutes les autres opérations sont faites par les femmes : piqûres à la machine à plat ou en surjets, attache des boutons, broderie mécanique du dessus de main, etc.

Apprentissage. — Il faut 2 à 3 ans pour qu'une jeune fille intelligente et laborieuse puisse devenir une très bonne ouvrière. Dès la seconde quinzaine de son apprentissage, lequel se fait toujours en atelier, elle gagnera proportionnellement aux modestes services qu'elle peut rendre: 0 fr. 75, puis 1 fr., puis 1 fr. 50 par

---

(1) Voir, même article : *Province*.

jour. A la fin de la seconde année, elle pourra gagner 2 fr. par journée de 10 heures de travail effectif.

Salaire. — Il se règle à la journée ou aux pièces, le travail se faisant souvent en atelier, mais parfois aussi à domicile.

Les ouvrières à la journée reçoivent 2 fr. 50 par jour ou 0 fr. 25 par heure. Les ouvrières payées à façon gagnent davantage, parce que : 1° elles peuvent habituellement consacrer plus d'heures au travail ; 2° c'est à elles qu'on réserve les ouvrages les plus difficiles : les gants de luxe, plus délicats et plus chers et, par conséquent, mieux rétribués.

Chômage. — Les maisons qui fabriquent pour l'exportation ne subissent qu'un chômage partiel pendant 1 mois environ, deux fois par an. A ces époques, les journées sont seulement diminuées de 4 heures pour toutes les ouvrières.

Machines à coudre.

Tout le monde connaît aujourd'hui la machine à coudre et toutes ses applications. On nomme mécaniciennes les femmes qui sont occupées professionnellement à s'en servir, soit en atelier, soit chez elles.

Avoir une machine à coudre est maintenant à la portée de toutes les ouvrières, grâce aux facilités de paiement qu'accordent presque toutes les fabriques à celles qui, laborieuses et honnêtes, désirent acquérir, sans inquiétude ni emprunt, un sérieux instrument de travail.

Voici les conditions générales pour cette transaction :

1° Présenter la dernière quittance de loyer ;

2° Donner comme référence la garantie morale d'un ami ou d'un patron honorablement établi ;

3° Avoir un mobilier convenable et suffisant ;

4° Déposer une somme qui varie de 15 à 20 fr., selon l'importance de l'achat ;

5° S'engager à payer mensuellement, à jour fixe, 10 fr. jusqu'à complet paiement.

L'ouvrage le plus avantageux pour la mécanicienne, à domicile, est l'ouvrage pour tailleurs, surtout le gilet. La couture n'est pas mauvaise quand on l'obtient directement, mais certaines « entrepreneuses » exploitent le désir de travailler de leurs ouvrières en payant leurs façons un prix dérisoire. On nous affirme que tels des jerseys courants n'étaient réglés aux mécaniciennes qu'à raison de 0 fr. 20 l'un, boutonnières comprises. On conviendra que, dans ces conditions, une femme, assidue à sa machine du matin au soir, doit s'exténuer pour gagner 2 fr. 50, défalcation non faite de ses fournitures, ce qui est déplorable. D'autres exemples du même genre nous ont été cités. Les ouvrières qui peuvent travailler directement à façon gagnent un salaire plus élevé, de 5 à 7 fr. par jour, nous a-t-on affirmé. Ainsi les piqûres de corsage se paient 0 fr. 75 et 0 fr. 90 le mètre en fil, et 1 fr. 25 en soie.

— Les piqûres courantes, 0 fr. 05 le mètre en fil, et 0 fr. 10 en soie. — Mais la question est d'attendre ou de chercher de l'ouvrage.

La lingerie à la machine est dans les mêmes conditions proportionnelles. Il faut une machine spéciale. (Piqueuses de bottines. Voir article spécial.)

Apprentissage. — L'apprentissage de la couture à la machine se fait en quelques leçons données, soit à l'atelier, soit à domicile, par le fournisseur.

Il s'agit alors, selon la spécialité adoptée, de se reporter aux apprentissages respectifs des divers métiers qui exigent le concours d'une mécanicienne.

Salaire. — Nous avons vu ce que pouvait gagner, chez elle, une personne ayant une machine à coudre, 0 fr. 30 à 0 fr. 40 de l'heure, fil ou soie.

En atelier, la mécaniciennne, est souvent à rétribution fixe de 5 fr. ou 5 fr. 50, mais avec un lot de besogne obligatoire pour 10 à 11 heures de travail.

Chômage. — Il est fort difficile de préciser le chômage des mécaniciennes, qui dépend d'ailleurs de celui du « métier » principal auquel elles adaptent leur travail.

Mode. — Chapeaux de paille.

Les chapeaux de paille fine sont cousus à la main par des femmes. Celles-ci ont comme modèle un moule ou forme en bougran (grossière étoffe gommée) ; il s'agit pour elles de suivre très adroitement et très exactement, en cousant la paille à points invisibles, les contours du modèle.

Apprentissage. — Il faut une certaine habitude et de l'adresse, ce qui ne s'acquiert que par la pratique.

Les fabricants ne faisant plus d'apprenties, il est nécessaire de passer par l'atelier des entrepreneuses à façon, qui font commencer par l'assemblage des pailles droites pour apprendre le point. Le reste vient facilement ensuite.

On ne gagne rien pendant l'apprentissage, les matériaux qui servent aux essais étant presque entièrement sacrifiés.

L'apprentissage peut durer de 15 jours à six semaines, suivant assiduité et adresse.

Salaire. — Les excellentes ouvrières ont, pour dix heures de travail, un rapport de 5 à 6 fr. pendant l'époque de la fabrication. Les ouvrières ordinaires, 3 fr. environ.

Les « laitonneuses », auxquelles il ne faut que 2 jours d'exercice pour apprendre, ont un salaire quotidien de 2 fr. 50. Elles cousent les laitons aux bords des chapeaux.

Chômage. — Par exemple, la durée de la fabrication est très éphémère — 3 mois seulement. Pendant 9 mois le chômage est total, sauf pourtant pour les « laitonneuses » qui font le même travail pour les chapeaux de feutre.

Les ouvrières en chapeaux de paille ont ordinairement un autre « métier » dont le chômage coïncide avec les 3 mois de saison des chapeaux de paille : « février, mars et avril ».

Modes. — Chapeaux garnis.

Il est superflu de dire que la jeune fille qui désire embrasser la profession de modiste, doit être avant tout douée d'un goût particulier et bien constaté. Il faut qu'elle sache, d'elle-même, chiffonner un ruban pour en faire un nœud élégant ou original. Chez les jeunes filles, en général, ce goût et ces dispositions se développent très facilement.

Il y a deux sortes d'ouvrières en modes : les apprêteuses et les monteuses. Pour être bonne modiste, il faut avoir fait l'apprentissage des deux branches du métier.

L'apprêteuse prépare, ourle, assemble les garnitures (mousseline, rubans et dentelles).

La monteuse assemble, pose et termine ; c'est elle qui donne le tour et la grâce à la coiffure.

Apprentissage. — Pour bien apprendre, il est préférable d'entrer chez une entrepreneuse qui fera faire tous les genres d'ouvrages se rapportant aux modes. Dans les grands ateliers, on laisse trop à chaque apprentie sa spécialité.

Il faut compter deux ans d'apprentissage, pendant lesquels la jeune fille ne gagne que la rémunération facultative qu'il convient à la patronne de lui donner. Dans certains ateliers, l'apprentie est pensionnaire et paie une somme convenue pour sa nourriture et son logement (15 à 20 fr. par mois environ) : cela dépend des conventions à propos des courses.

Salaire. — Une ouvrière faite a un salaire qui varie, selon le genre adopté, de 2 fr. 50 à 4 fr. par journée de 8 à 9 heures. Dans beaucoup de maisons aujourd'hui, on paie l'ouvrière à façon ; elle peut donc gagner, dans les moments de surmenage, jusqu'à 6 et 7 francs.

Quelques ateliers importants pour chapeaux d'exportation donnent à travailler à domicile et paient 1 fr. de façon par chapeau.

Chômage. — Inutile d'ajouter que le chômage dans cette profession se répète deux fois par an pendant de trop longues semaines, et fait du gain annuel une oyenne modeste et malheureusement aléatoire.

Observation. — Ce métier est facile à exercer chez soi, et demande peu de mise de fonds; si on ne travaille qu'à façon ou à peu près, et si on a soin de se faire payer au comptant. L'avance d'un peu de ruban, d'une forme, de quelques fleurs, est suffisante. Si l'on a bon goût, de l'originalité et de la tenue, on se fait aisément une clientèle.

Modes. — Capotes et chapeaux d'enfants.

Au premier abord, il semble que ceci soit tout simplement l'affaire de n'importe quelle modiste. C'est une erreur, rien n'est plus spécial que la coiffure pour baby. Il faut un goût particulier et fantaisiste pour donner aux mignonnes figures le cadre qui leur convient, en leur faisant suivre, comme à leurs mamans, la mode sans les caricaturiser.... outre mesure. Car, on a beau faire, ces réductions de petits hommes et de petites femmes, habillées dans le goût du jour, semblent être des abrégés de nos ridicules dans leur exagération.

Apprentissage. — Il se fait en atelier où l'on commence à 8 heures du matin pour aller jusqu'à 7 heures du soir, avec une heure d'interruption pour le repas.

Il faut un an d'apprentissage pour être bien au courant, si on a suffisamment de goût et de bonne volonté. Pendant cette année, les salaires varient de 3 fr. 50 à 5 fr. par semaine.

Salaire. — Une bonne ouvrière modiste pour enfants peut gagner environ 4 fr. ou 4 fr. 50 par jour, selon les maisons, payée à la journée. C'est à peu près la même chose quand elles sont payées aux pièces, puisque pour une semaine de 6 jours on peut compter de 20 à 24 francs.

Chômage. — Le chômage est moins important pour les chapeaux d'enfants que pour les modes de dames, attendu que les créations et les arrangements pour nouveau-nés et babys sont pour tous les sexes et tous les âges.

Dans les moments de chômage, on ne congédie pas temporairement les ouvrières ; on se contente de diminuer les heures de travail de la journée.

Nœuds pour chaussures.

Cette industrie se fait en atelier ou à domicile. Il y a deux catégories de nœuds pour chaussures : les articles courants, et les articles de luxe. Pour gagner un salaire suffisant et régulier, il faut qu'une ouvrière sache faire indistinctement les deux sortes de confections.

Apprentissage. — Peu ou point en atelier. C'est chez les « entrepreneuses » travaillant chez elles et demandant assez souvent par voie d'affiches à la main des « apprenties gagnant de suite » qu'il faut généralement s'adresser. Il y a en général de 4 à 6 mois d'apprentissage, selon la « conscience » de l'entrepreneur et les aptitudes de la novice. La modeste rétribution ne peut guère être évaluée à plus de 2 fr. par semaine environ.

Salaire. — Les ouvrières faites, qu'elles soient en atelier ou à domicile, travaillent toutes aux pièces, et leur salaire se ressent naturellement de la diversité des genres de travaux (luxe ou courant).

Ainsi les nœuds pour pantoufles et souliers bon marché ne rapportent que 1 fr. 50 ou 2 fr. au plus par journée de 10 heures de travail, tandis que, pour la même somme d'assiduité, l'ouvrière pourra gagner jusqu'à 6 fr. à d'autres articles. Mais, nous le répétons, il est bon qu'une femme, si elle veut du travail régulièrement, ne se tienne pas à une spécialité.

Chômage. — Avec l'intention de faire l'ouvrage en nœuds pour chaussures, tel qu'on le lui offre, avantageux ou non, une femme peut être assurée de n'en presque jamais manquer. Il y a pourtant des années où la vogue du nœud élégant tombe assez pour diminuer beaucoup les salaires. Mais c'est un article qui ne disparaît jamais complètement.

Parapluies et Ombrelles.

L'usage du parasol remonte la plus haute antiquité à mais il était réservé aux grands dignitaires, chez les peuples orientaux.

L'Italie fut la première nation qui en familiarisa la coutume. En France, l'ombrelle est mentionnée par Montaigne dans ses « *Essais* », en 1560.

Le parapluie a été d'abord connu en Chine où on le fait encore en papier de coton huilé et vernissé tout à fait imperméable à l'eau. Il n'est introduit en France que depuis le commencement du XVIII⁰ siècle. On le fait en soie, en laine, en coton, etc...

En général, les ouvrières qui font le parapluie ne font pas l'ombrelle, et *vice versâ*.

L'ombrelle demande, dans son exécution, plus de soin, de goût et d'initiative que le parapluie, meuble classique qui ne subit de variations que dans ses dimensions ou dans le manche.

Les fabricants d'ombrelles se plaignent de la routine que leurs ouvrières apportent dans leur travail. Ils désirent trouver des femmes capables d'inventer des nouveautés originales, en un mot, de « créer » de la fantaisie. Il y aurait là un champ à exploiter pour les femmes adroites qui mettraient leur goût au service de leur imagination. C'est, au surplus, un des métiers les plus lucratifs et des moins fatigants.

Apprentissage. — Une jeune fille qui sait coudre doit commencer par se mettre en rapport avec une

« *bonne* entrepreneuse » d'ombrelles ou de parapluies ; si elle s'entend avec elle, elle gagne de suite proportionnellement à ce qu'elle produit. Le fabricant n'a jamais d'atelier chez lui.

Quand elle est suffisamment au courant (si elle n'a pas pris d'engagement, 6 mois suffisent), elle peut à son tour se présenter dans les maisons de gros, avec un échantillon de son savoir-faire, et accepter la responsabilité du travail et des fournitures.

Salaire. — Certaines ombrelles de prix sont payées à raison de 3 fr., 3 fr. 50 et 4 fr. de façon l'une ; et une bonne ouvrière peut en faire 2 et 2 1/2 par jour, ce qui porte ses journées à 8 fr. et 10 fr. — Ce ne sont là que des exceptions, bien entendu ; mais on assure qu'une ouvrière habile, dans la saison du travail, gagne 200 à 250 fr. par mois pendant 3 mois de l'année environ. Il y a ensuite 4 mois de ralentissement, mais où le salaire moyen atteint encore 150 fr., 100 fr. au minimum, et enfin 2 mois (juillet et août) pendant lesquels l'arrêt est presque complet.

Dans les parapluies, l'ouvrière ne gagne que 3 fr. 50 et même 3 fr. par jour ; mais son travail est plus régulier et subit moins de chômage. Elle peut prendre chez elle des apprenties et gagner, à son tour, 0 fr. 50 ou 0 fr. 75 sur le travail journalier de chacune d'elles.

Passementerie (1).

Le travail qui consiste à assembler des galons, soutaches, perles, etc., pour en former des motifs de passementerie ou garnitures de vêtements est essentiellement féminin.

La plus grande partie de la passementerie courante est faite en province (dans l'Auvergne principalement) pour le compte des fabricants parisiens. Là, les femmes y donnent tout leur temps et se contentent d'une rétribution excessivement modique. Mais toute la haute fantaisie, toute la nouveauté riche qui donne le ton au monde entier se fabrique à Paris.

Généralement les fabricants n'ont affaire qu'aux « entrepreneuses » qui viennent leur soumettre des modèles dans lesquels ils choisissent leurs échantillons. C'est sur ces échantillons, désignés par un numéro d'ordre qu'ils appellent « références », qu'ils feront leurs commandes aux entrepreneuses au fur et à mesure qu'elles leur seront envoyées par leurs voyageurs en tournée.

Certaines fabriques fournissent à leurs entrepreneuses toutes les matières premières dont ils contrôlent les quantités rendues, par le pesage, à la rentrée des commandes.

Apprentissage. — On voit que ce sont seulement les « entrepreneuses » qui forment les apprenties. Les débutantes commencent par les échantillons les plus faciles

---

(1) Voir, même article : *Province.*

à reproduire, moyennant une légère rétribution de 2 à 3 fr. par semaine.

Il faut compter sur deux années d'apprentissage, pendant lesquelles la rétribution hebdomadaire s'augmente proportionnellement aux progrès réalisés.

Salaire. — Une bonne ouvrière peut alors travailler à sa volonté, soit chez elle, soit en atelier ; mais, tant qu'elle ne sait « créer » elle-même les nouveautés, elle ne peut s'attendre à gagner plus de 0 fr. 25 l'heure.

Il est plus facile, pourtant, d'arriver à un rapide accroissement de salaire quand on travaille en atelier, parce que, dégagée de toute préoccupation étrangère, on y peut laisser l'essor à toute son initiative et à son goût d'invention.

Les journées, dans la bonne saison, peuvent, dans ce cas, atteindre 4 fr. et 5 fr. pour 11 heures de travail effectif.

En moyenne, pour la passementerie fantaisie, la rétribution journalière peut être évaluée à 3 fr. en atelier et à 2 fr. ou 2 fr. 50 à domicile.

Chômage. — Le chômage total se produit deux fois par an pendant six semaines, du 1er mai au 15 juin, et du 15 novembre au 15 janvier. Le reste de l'année, les ouvrières ne subissent, si besoin en est, qu'une diminution d'heures de travail.

Passementerie sur bougran.

Cette modeste industrie occupe peu d'ouvrières régulièrement. Comme toutes celles qui dérivent de la mode, elle dépend aussi de ses caprices.

Donc, certaines années, les ouvrières en passementerie sur bougran sont forcées de chercher un autre moyen d'existence, par suite de la suspension presque absolue de ces ornements dans le commerce, tandis qu'en d'autres années, elles y trouvent le pain quotidien régulier.

Apprentissage. — Il est très simple d'ailleurs, il suffit de savoir coudre vite et proprement, et d'être douée d'un certain goût naturel qu'ont généralement, du reste, toutes les Parisiennes.

Salaire. — On peut compter approximativement sur un bénéfice moyen de 0 fr. 30 à 0 fr. 35 de l'heure (quelquefois plus selon habileté) de travail effectif.

Habituellement les fabricants n'ont pas d'atelier chez eux, ils préfèrent avoir affaire seulement à des « entrepreneuses » qui sont responsables, vis-à-vis d'eux, et des matières premières et de l'exécution. C'est à elles que les ouvrières doivent s'adresser pour avoir de l'ouvrage.

Piqueuses de bottines.

Ce travail se fait peu en atelier. Les grandes maisons font faire tout l'article courant en province. A Paris, des ouvrières dont les unes ont la spécialité des « tiges » en étoffe et les autres des « tiges » en cuir, ont des machines chez elles et travaillent pour fabriquer.

Apprentissage. — Il faut d'abord savoir conduire une machine à coudre, puis s'exercer, avec l'aide d'une ouvrière consommée, à diriger régulièrement les doubles piqûres parallèles qui soudent entre elles toutes les parties de la tige piquée. Pour arriver à une régularité symétrique parfaite, il faut une habitude qui ne peut s'acquérir en moins de 3 mois.

Certaines entrepreneuses consentent à faire des apprenties, mais généralement au pair, avec une gratification facultative à la semaine.

Salaire. — Il varie entre 1 fr. 50 et 3 fr., selon le genre de travail et l'habileté de l'ouvrière. Il est toujours réglé à façon.

Chômage. — C'est plutôt une morte-saison de deux mois en août et septembre.

Réparation de Châles.

Ce genre d'ouvrage était très productif il y a quelque vingt ans, alors que les châles de toutes provenances et de tous prix étaient le complément obligé des corbeilles de mariage. Les réparations de cette pièce fondamentale du trousseau n'étaient confiées qu'à des ouvrières minutieuses et habiles et rapportaient de 0 fr. 50 à 1 fr. l'heure, selon la valeur du cachemire.

Il était indispensable, même pour les personnes préalablement adroites et fines couturières, de faire deux mois d'apprentissage, au moins, soit en atelier, soit chez une ouvrière exercée.

Aujourd'hui que le châle est délaissé, on essaie de transformer ceux qui ont survécu et, dans ce cas, la façon est chère, attendu qu'il faut s'ingénier à ne rien couper. On en fait aussi d'excellentes et confortables robes de chambre ouatées et garnies de velours et cordelières. De n'importe quelle forme, le cachemire de l'Inde sera toujours pour la femme un vêtement élégant et riche difficile à remplacer. Celles qui en possèdent encore feront bien de les faire entretenir et réparer par de bonnes ouvrières.

Réparation de vêtements.

Pour réparer artistement les vêtements et tentures de prix qui vous sont confiés, il faut être douée d'une patience fort rare et d'une vue excellente. Les reprises perdues dans le drap fin et les étoffes précieuses doivent être faites avec une telle habileté que toute trace d'accident ou de dégât doit avoir disparu.

L'apprentissage n'est pas difficile ; il a l'avantage de pouvoir être fait sous les yeux de la mère, quelquefois même par elle, et d'être assez vite une source de petits bénéfices sans quitter le foyer.

Les reprises sont payées généralement d'après la valeur approximative de l'objet réparé. Telle reprise vaudra de 1 fr. à 2 fr. dans une robe ordinaire, qui doublera de valeur sur un vêtement de prix.

Si une excellente ouvrière habite un bon quartier, elle se fait assez facilement une clientèle suffisante pour espérer un salaire moyen de 5 à 6 fr. par jour.

Nota. — Il est essentiel, pour obtenir des réparations avantageuses, de choisir, pour s'installer, une maison bien tenue et d'avoir un appartement confortablement meublé, afin d'inspirer toute quiétude aux personnes qui confient, pour les réparer, des objets ayant quelquefois une grande valeur.

Réparation de dentelles.

Les dentelles de prix sont souvent des héritages de famille qu'on entretient autant par culte du souvenir que pour leur valeur intrinsèque, aussi leur réparation fait-elle l'objet d'une spécialité assez importante.

Apprentissage. — La jeune fille fera bien de commencer de bonne heure, vers l'âge de 14 ans, par exemple. Elle doit surtout, comme condition physique indispensable, avoir une excellente vue. Il faut aussi qu'elle soit douée de patience ou de goût, et soigneuse de sa nature. L'apprentissage dure deux ans pour les articles courants : apprêt des tulles, mousselines, guipures, réparation des valenciennes, chantilly, malines, points d'Alençon, etc.

La première année, l'apprentie externe ne gagne rien. La seconde année, elle reçoit 3 fr. par semaine, les journées étant de 9 h. du matin à 7 h. du soir.

Certaines jeunes filles sont en pension pour l'apprentissage et paient 600 fr. la 1re année ; la seconde année, elles sont au pair, et si elles tiennent à apprendre tous les genres de points, la 3e année est encore considérée comme apprentissage, mais elles gagnent alors 100 fr. par semestre, indépendamment de la nourriture et du logement (1).

Salaire. — Dès la troisième année, une apprentie consciencieuse sera considérée comme ouvrière, pour les travaux courants, et recevra 3 fr. par jour.

Une bonne ouvrière ayant appris 3 ans tous les points pour faire au besoin tous les réassortiments et réparations, gagne facilement 0 fr. 50 et 0 fr. 60 de l'heure, ou une moyenne de 4 à 5 fr. par jour.

Résumé. — Sauf le chômage qu'on ne peut prévoir d'avance, la dentelle est un des métiers féminins les plus avantageux sous le rapport de la moralité et de la rémunération.

Restauration de tapisseries anciennes.

« Ces beaux tissus où l'art des Gobelins en
longs tableaux fait ondoyer la laine. »

La tapisserie, originaire d'Égypte, a joué un grand rôle dans l'histoire de l'art en répandant sous une forme portative les motifs de l'ornementation orientale. On voit à Saint-Pétersbourg une tapisserie découverte dans un tombeau de la Tauride et datant du IVe siècle avant J.-C. Stephani y a reconnu les procédés usités aux Gobelins.

Gilles Gobelin, teinturier sous François Ier, découvrit le secret de la teinture écarlate et fonda, avec son

---

(1) Il y a une pension de ce genre chez Madame Lekime, 29, place du Marché-Saint-Honoré.

prix, sur les bords de la Bièvre, un établissement de teinturerie pour la laine. Les couleurs trouvées, on créa en 1604, au Louvre, une grande manufacture de tapis qu'on appela « savonnerie », en la transférant à Chaillot en 1631, dans une maison qui portait ce nom.

En 1828, elle fut réunie à celle des Gobelins ; mais on fabrique encore à l'ancienne savonnerie une spécialité de tapisseries à laine longue et brillante.

Les principales tapisseries après celles des Gobelins sont celles de Bergame, de Beauvais, d'Auvergne, d'Aubusson, de Flandres, à verdures et personnages, et qui se fabriquent à Tourcoing et à Tournay.

C'est à la fabrication parfois, et plus souvent à la réparation de ces belles tapisseries que sont employées les ouvrières spéciales qui nous occupent ici.

A Paris et dans les environs, un grand nombre d'établissements similaires de second ordre se sont fondés (1). Ces établissements de « restauration de tapisseries anciennes » sont, depuis quelques années surtout, en voie de grande prospérité. Ils occupent principalement des femmes.

Les hommes n'y sont généralement employés que comme dessinateurs.

Apprentissage. — Une jeune fille, munie de son certificat d'études et douée de goût, d'adresse et de patience, peut commencer vers l'âge de 13 ans. Elle gagnera 0 fr. 50 en entrant et 1 fr. par jour, la seconde année.

---

(1) Neuilly-sur-Seine seul en compte trois importantes, dont les ateliers ont continuellement jusqu'à 25 et même 30 ouvrières.

Une excellente vue est indispensable.

Salaire. — Au bout de deux ans, une ouvrière doit être « formée » et être en mesure de gagner 2 fr. 75 à 3 fr. et même 4 fr. par journée de onze heures, coupées par une heure de repas.

Chômage. — Il n'y a jamais de chômage, même partiel ; on peut compter sur un travail suivi et régulier.

Ruchés et plissés.

Les ruchés et plissés se font à l'aide de machines spéciales, conduites par des ouvrières. La première opération consiste à coudre la dentelle ou l'ornement sur la bande en tissu destinée à être plissée : c'est la partie la plus facile du travail. Vient ensuite le plissage à la machine aussi, puis le montage ou pose du plissé dans un ruban plié en deux, nommé le pied.

Il n'y a guère de fatigue pour l'ouvrière (sauf l'assiduité), les machines au point de chaînette, qui servent à confectionner cet article de fantaisie, étant excessivement légères à faire mouvoir.

Apprentissage. — L'apprentissage se fait chez les ouvrières et dans les ateliers, au choix de la débutante.

Elle gagne de suite 1 fr. par jour environ, et si elle est adroite et active, au bout de 3 mois, elle est bonne ouvrière.

Salaire. — A certaines époques de l'année, avril, mai et juin, et quelquefois septembre et octobre, une bonne ouvrière gagne 4 fr. et 4 fr. 50 par jour aux pièces. Le reste du temps, elle ne peut compter que sur un salaire quotidien de 2 fr. 50.

Chômage. — Deux mois entiers le travail est presque arrêté, janvier et février ; le reste du temps, l'ouvrage donne selon la vogue et selon les besoins de l'exportation.

Ce n'est pas une industrie pouvant assurer un travail régulier et suivi.

Tailleurs, giletières, culottières, etc.

Voltaire a dit quelque part : « Les tailleurs ont « toujours déguisé la nature, l'homme n'est point « connu ».

C'est grâce aux tailleurs, en effet, que se peuvent dissimuler en partie les difformités naturelles ; aussi cette profession a-t-elle toujours été exercée par des spécialistes. Sous Philippe le Bel déjà, les tailleurs étaient constitués en corporation dont les statuts leur avaient été donnés par le roi lui-même.

Avant le XVII° siècle, aucune femme n'était occupée dans la profession de « maîtres tailleurs d'habits », autorisée seule à faire tous les vêtements d'hommes sans exception et d'une grande partie des vêtements de femmes et d'enfants. Mais Louis XIV créa en 1675 un corps de « maîtresses couturières », et les maîtres tailleurs furent tenus de laisser à cette nouvelle corporation la confection des « corps justes », mantes et autres parties de l'ajustement des femmes et des enfants.

A cette époque, les femmes étaient déjà employées, mais en nombre restreint, à la confection des vêtements d'hommes.

De nos jours, elles sont les auxiliaires indispensables de toutes les branches de cette profession

Elles sont « giletières, culottières, ouvrières chez l'apiéceur »; ces dernières et les culottières ne peuvent travailler qu'en atelier, à cause de la minutieuse préparation obligatoirement faite par les hommes et alternant avec leur besogne. Les giletières travaillent à domicile. C'est un des meilleurs états pour les femmes, il est lucratif et facile à exercer dans son ménage.

Apprentissage. — Pour être bonne giletière, il faut deux ans d'apprentissage chez une ouvrière qui offre toute sécurité pour les parents. Rétribution facultative.

La « culottière » n'a pas d'apprentissage à faire si elle sait bien coudre, elle travaille de suite sous les yeux du chef d'atelier et gagne selon son degré d'habileté.

Même condition pour l'ouvrière chez l'apiéceur.

Salaire. — Une bonne giletière, au bout de deux ans d'exercice, dont un d'apprentissage, gagne aisément 4 à 5 fr. par jour *chez elle*.

La « culottière » a de suite 2 fr. 50 à 3 fr. par jour.

« L'ouvrière chez l'apiéceur », c'est-à-dire chez l'artiste qui fait toutes les grandes pièces de l'habillement masculin, arrive assez vite à gagner 4 et 5 fr. par jour, selon son savoir-faire, attendu qu'elle est payée à façon.

Tous ces prix sont ceux des ouvrières pour « maîtres tailleurs ». Les ouvrières en confection ont le travail plus régulier, mais gagnent près de 2/3 en moins.

Chômage. — Un chômage complet ou à peu près se produit tous les ans, de juillet en octobre, chez tous les « maîtres tailleurs ». Dans la « confection », la rétribution est plus modeste, mais le chômage n'est que partiel et relativement plus court.

Vestes en coutil pour spécialités.

Cet ouvrage ne se donne qu'à domicile aux ouvrières possédant une machine à coudre. Il comprend les vestes de cuisiniers, de garçons de salle, de pâtissiers, etc. L'étoffe est coupée et préparée avant d'être confiée à l'ouvrière, qui doit présenter ses quittances de loyer en sollicitant du travail.

Apprentissage. — Les apprenties se forment chez les ouvrières ou les « entrepreneuses » de ce genre. Elles peuvent demander à travailler à leur compte dès qu'elles sont capables de réussir seules le travail qui leur est confié.

Salaire. — Payées aux pièces, les femmes sont assurées d'un gain journalier de 2 fr. 50 au moins. Très habiles et pouvant consacrer tout leur temps à leur besogne, elles se font quelquefois jusqu'à 4 fr.

Chômage. — Cette industrie, qui dérive de beaucoup d'autres, subit naturellement les fluctuations du commerce en général et de ces branches spéciales en particulier.

Bonneterie. — Fantaisie pour vêtements.

La bonneterie au métier constitue un travail moins féminin que la bonneterie à la main. Elle comprend les châles, les capelines, les jupons faits à la planche (1), et se fait avec de la laine et du coton spéciaux. Les femmes sont surtout employées aux garnitures et au finissage, les hommes conduisant habituellement les métiers, qui sont assez lourds.

La bonneterie ordinaire se fait principalement en Champagne ; celle qui se fabrique aux environs de Paris est la bonneterie haute fantaisie, dite nouveauté (2).

Apprentissage. — L'apprentissage de l'application des franges, nœuds, boutons, etc., sur les objets fabriqués en province et garnis à Paris, est insignifiant (deux mois tout au plus) et se fait en atelier.

Salaire. — Le salaire pour la bonneterie de fantaisie peut être évalué à 15 ou 20 fr. par semaine et réglé aux pièces, les journées étant de onze heures en atelier ou à domicile.

Chômage. — Il y a une diminution sensible des heures de travail pendant les mois de mai, juin et juillet

---

(1) Voir l'article *Maille plate*.
(2) Voir article semblable, chapitre *Province*.

mais pas de chômage total. Le meilleur de l'ouvrage est gardé pour l'atelier.

Puteaux et Courbevoie ont les principales fabriques de bonneterie des environs de Paris.

Bonneterie à la main pour layette.

Les chaussons de laine, capelines, châles, robes, etc., pour enfants ; jupons pour dames, bachelicks, bérets, font depuis longtemps l'objet d'une industrie absolument féminine. Ce travail donne une rémunération, à la vérité, plus que modeste, mais, qui peut encore être une ressource pour les dames ayant des loisirs. Du reste, rien n'est plus propre, plus facile ni plus agréable à faire chez soi.

Pour se procurer de l'ouvrage, quand on a bien l'habitude du crochet ou du tricot de laine, le mieux est de confectionner quelques modèles nouveaux d'après ses propres inspirations et son goût, avec des laines et matériaux d'ailleurs peu coûteux, de calculer son temps passé sur la base de 0 fr. 20 ou 0 fr. 25 de l'heure activement employée, et d'ajouter ce coût au prix de la laine qui a servi. Cela fait, on présente ses créations dans des maisons de détail (de préférence les maisons de trousseaux et layettes qui paient habituellement plus cher), et on essaie d'obtenir une commande, *quelque minime qu'elle soit.*

Si on a du goût et de l'originalité, il est rare qu'on n'entre pas assez vite en relations avec une ou deux maisons sérieuses qui suffisent à une dame seule ou avec sa fille, pour occuper tout son temps disponible.

Si on préfère avoir de l'ouvrage régulier et en nombre assez grand de même espèce, on fera mieux de s'enquérir des maisons d'exportation et de commission, lesquelles donneront ou des commandes sur des modèles choisis, ou l'adresse de leur « entrepreneuse » attitrée. Dans ce cas, nous donnerons en passant un conseil : c'est de ne jamais laisser ses types créés personnellement dans les maisons qu'on sollicite, pour éviter l'ennui de voir ses modèles, refusés, répétés ensuite par la confectionneuse ordinaire de la maison. Pour les personnes compétentes et familiarisées avec ce genre d'ouvrage, il est si aisé de répéter un modèle entrevu, et il faut bien se pénétrer de cette idée que, dans le travail manuel, ce qu'on paie, c'est « l'esprit des doigts, c'est-à-dire l'invention ».

Apprentissage. — Etablissons bien que, pour tous les ouvrages de dames, en général, et pour les travaux de crochet de laine, en particulier, il faut être très habile et très exercée avant de penser à tirer parti de son talent. Pour avoir une rémunération satisfaisante à ce genre d'occupation, la qualité doit être doublée de la quantité de travail. L'apprentissage, c'est-à-dire l'habitude à prendre, doit donc s'acquérir chez soi ou chez une amie adroite et obligeante, avant de chercher à se mettre en rapport avec des maisons d'articles de bonneterie à la main.

Salaire. — Nous avons dit qu'il est peu important, il est surtout variable.

Pour un travail facile et courant, il oscille entre 0 fr. 75 par journée de dix heures et 1 fr. 50.

Si le travail est plus difficile à exécuter et qu'il soit, avant tout, peu connu, il peut, au contraire, rapporter autant et plus que beaucoup d'autres. Certaines personnes aux doigts de fées et à l'imagination d'artistes font pour des maisons spéciales de petits chefs-d'œuvre qui leur valent 4 et 5 fr. par jour. Mais on peut les compter.

Chômage. — Le moment important pour essayer de placer avantageusement ses produits est le mois de septembre pour les maisons de détail, et le mois de février pour les maisons de commission qui choisissent alors les échantillons pour leurs voyageurs. C'est donc vers ces époques que l'ingéniosité féminine doit être mise en éveil pour créer les plus jolies nouveautés qui apparaîtront alors, répétées en quantités voulues, l'hiver suivant.

Couture et bonneterie. — Habillages de poupées.

Ils se font soit à la couture avec des étoffes variées, soit au crochet ou tricot de laine. Les premiers habillages sont plus avantageux à faire que les seconds, qui ne se confectionnent d'ailleurs qu'à domicile et ne peuvent être considérés que comme appoint budgétaire et non comme moyen d'existence, tant le produit en est modeste.

Salaire. — Aux pièces, et en atelier, une femme

adroite et vive peut arriver à gagner de 50 à 60 fr. par semaine pour des ouvrages spéciaux. Elle débute à 2 fr. 50 ou 3 fr. par jour pour onze heures de travail effectif.

Le rapport des habillages au crochet de laine n'est guère que de la moitié. Certaines maisons importantes ont à demeure des ouvrières en robes de poupées qu'elles paient 1,200 fr. par an, y compris la table.

Chômage. — Il y a peu de chômage, si ce n'est trois mois d'été pendant lesquels on fait les échantillons, ces travaux étant de ceux qui demandent le plus de variété et de goût.

Maille plate.

C'est un travail à la laine qu'on appelle vulgairement « crochet à la planche », parce qu'il s'exécute sur des planches préparées spécialement à cet effet et plantées de clous droits, destinés à arrêter les brins de laine par dessins ou carrés réguliers. Le patron de l'objet est tracé sur la planche, les clous formant jalons sur tout le contour. A l'aide d'aiguilles ou crochets fabriqués exprès, l'ouvrière, droite, la planche inclinée devant elle, mène les brins doubles, triples ou quadruples de la laine qu'elle arrête à endroits réguliers, avec l'aiguille, et forme ainsi le tissu même par l'enchevêtrement de la laine. C'est un travail assez fatigant.

Apprentissage. — Le fond seul du métier n'exige pas un long apprentissage. Dès les premiers jours, une fillette intelligente peut déjà exécuter quelques objets très faciles, avec l'aide, toutefois, et sous les yeux d'une ouvrière exercée. Elle gagnera au début, soit en atelier, soit au domicile de celle qui se charge de l'initier, une petite rétribution de 0 fr. 05 de l'heure environ. Au fur et à mesure qu'elle saura faire les franges, les boules, les fonds plus compliqués, elle augmentera son bénéfice en proportion de ses progrès. Il faut un an d'exercice assidu pour être tout à fait apte à travailler seule.

Salaire. — Tout est payé à façon, soit en atelier, soit à domicile. En comptant le temps passé pour dévider la laine et l'« étendre » sur des feuilles de papier de manière à ce qu'elle se présente sans secousse ni perte de minutes, on évalue le salaire moyen à 0 fr. 25, 0 fr. 30 et 0 fr. 35 de l'heure, selon l'ouvrage confié ; il y en a naturellement de plus ou moins avantageux, mais il faut être disposée à accepter celui qui se présente.

Chômage. — Cette industrie n'en est pas exempte ; elle en souffre surtout du mois de mai au mois d'octobre. Selon les années, les ouvrières à domicile sont quelquefois tous ces mois-là sans ouvrage. Certaines maisons, pourtant, travaillant pour l'exportation, alimentent régulièrement la plus grande partie de leur personnel par la fabrication d'objets courants.

MÉTIERS SE RATTACHANT AU MÉNAGE

Blanchisseuses.

A l'origine, on nettoyait le linge en le foulant dans l'eau avec les pieds, puis on connut le savon, ensuite on employa des procédés chimiques, et enfin de la vapeur dans la première buanderie fondée en 1786 par Mounet.

Nous n'entrerons pas dans le détail des différentes opérations de blanchissage ; notons seulement que les ouvrières sont de plusieurs catégories.

Laveuses, repasseuses de fin et de gros, et quatre spécialités : buandières des environs, blanchisseuses de fin, apprêteuses de rideaux, apprêteuses de neuf.

Apprentissage. — L'apprentissage se fait surtout pour les repasseuses : c'est la partie la plus intelligente et la plus difficile du métier. Les laveuses sont recrutées principalement parmi les femmes faites et solides à qui il suffit d'avoir de bons bras et de l'habitude.

Le repassage demande deux ans d'apprentissage pour être complètement compris et exécuté.

La première année est nulle comme bénéfice. La seconde année, on a de 0 fr. 50 à 0 fr. 75 par jour, selon les conditions avec la maîtresse repasseuse et aussi selon le soin exigé d'elle par son genre de clientèle. Plus la clientèle est difficile, plus le linge est fin et garni, plus le bénéfice est sérieux, et par conséquent mieux les auxiliaires sont payées.

Salaire. — Presque toutes les blanchisseuses paient maintenant leurs ouvrières aux pièces. Après la journée, chaque ouvrière attend, près de sa pile, la vérification de son travail et son évaluation. Une ouvrière consciencieuse et adroite qui ne manque pas ses « pièces » peut gagner ainsi 4 fr., 4 fr. 25 ou 4 fr. 50 par journée de 10 à 11 heures de travail.

Chômage. — En ville, le chômage, c'est-à-dire la diminution des heures de travail effectif et même des journées complètes, s'impose surtout l'été où la clientèle riche est à la campagne. Cependant ce n'est encore qu'un chômage partiel, qui ne compromet pas l'équilibre des salaires hebdomadaires d'une façon sérieuse.

Nota. — Les laveuses en journées, soit au bateau, soit en atelier, gagnent de 3 fr. à 3 fr. 50, quelquefois même 4 fr. par journée de 6 heures du matin à 6 h. du soir, avec une heure d'arrêt à midi.

Selon conventions, elles ont, ou non, le café le matin et un verre de vin à 4 heures.

Cardeuses de matelas.

Dans la fabrication des matelas neufs, on n'emploie pas seulement des femmes, ce sont, en général, les hommes qui battent, cardent et trient les laines, tandis que les femmes emplissent, bourrent et cousent les matelas.

Par suite de cette solidarité nécessaire, les fabricants préfèrent occuper des ménages, ce qui facilite la répartition des salaires, le travail étant payé aux pièces.

Apprentissage. — Il ne se fait point en atelier. Très souvent la mère enseigne son métier à sa fille, qui l'aide ainsi de très bonne heure. Ou bien l'apprentie sollicite d'une amie, cardeuse de matelas, la mise au courant qu'elle rétribue par l'abandon qu'elle lui fait de son temps et de son travail gratuit. Six mois suffisent amplement pour être initiée à la pratique de cette industrie.

Salaire. — On peut alors se présenter comme « faiseuse » de matelas, dans les principales fabriques de literies. Presque toujours le travail se paie à la pièce et rapporte environ 0 fr. 30 l'heure.

Observation. — Le cardage proprement dit se fait aussi par des femmes, et ce, sur leur initiative personnelle. L'apprentissage est un peu plus long et le bénéfice est supérieur à celui des « ouvrières en matelas »; mais aussi ce « métier », indépendant des ateliers, subit tous les aléas de commerce et nécessite l'acquisition, peu importante il est vrai, de l'outillage spécial.

Le prix du cardage de matelas varie, selon les dimensions de l'objet et sa fabrication, de 1 fr. 50 à 2 fr. 50, et rapporte de 0 fr. 50 à 0 fr. 60 l'heure.

Porteuses de pain.

Le métier de porteuse de pain exige, de la part de celle qui l'embrasse, des forces physiques presque égales à celles de l'homme. Il faut être levée de grand matin, porter des charges de pain quelquefois bien lourdes, monter, descendre incessamment pour le service de tous les clients logés un peu partout, répondre avec complaisance et bonne humeur aux doléances des consommateurs grincheux à propos de la couleur de la croûte du pain ou de la grosseur des « pesées ». Il lui faut, en outre, une mémoire sûre, non seulement pour retenir vite les noms et adresses de la clientèle, mais aussi les petits crédits accidentels des clients qui ne paient pas au mois.

Apprentissage. — Un essai de quelques jours suffit pour constater si l'on réunit ou non les conditions indispensables pour bien faire sa besogne quotidienne.

Salaire. — La porteuse de pain commence sa journée vers 4 heures du matin. Vers midi et demi elle a terminé sa tournée et rentre à la boulangerie où elle rend ses comptes. Elle est libre ordinairement à une heure.

Pour ce service, elle est payée à raison de 18 à 22 fr. par semaine, selon l'importance de la maison et du quartier, et reçoit habituellement deux livres de pain par jour.

Chômage. — Tant qu'elle fait bien son service, une porteuse de pain peut être assurée de sa rétribution régulière, le pain étant pour tous d'une nécessité quotidienne.

MÉTIERS SPÉCIAUX A L'IMPRIMERIE

Brocheuses et plieuses.

Le métier de brocheuse ne se fait qu'en atelier : c'est le pliage et l'assemblage, par quelques points au gros fil, des feuilles d'impression.

Pour être bonne brocheuse, il suffit d'être vive et soigneuse, afin de ne pas détruire l'ordre de la pagination et de ne pas laisser de traces de doigts sur les feuilles. C'est, au demeurant, un travail très facile.

Apprentissage. — En deux mois on doit savoir plier ; on apprend alors dans l'espace de quelques semaines à assembler et coudre régulièrement. L'apprentissage est ainsi terminé.

Salaire. — La brocheuse est payée aux pièces ; son salaire quotidien dépend donc de son activité.

Au début, on gagne généralement 1 fr. ou 1 fr. 25, puis on arrive assez vite à atteindre 2 fr. 50. Certaines bonnes brocheuses gagnent régulièrement 3 fr. 25.

Chômage. — Il n'y en a pas pour les bonnes ouvrières.

Cartes à jouer.

Les femmes sont employées au glaçage et au coloriage des cartes, mais surtout à l'empaquetage. Cette dernière opération n'offre aucun inconvénient pour la santé.

Apprentissage. — Pour ces différentes phases de fabrication auxquelles on emploie les femmes, un apprentissage de deux ans est nécessaire. La jeune fille gagne 0 fr. 75 dès son entrée et obtient, si on la conserve, après chaque période de 6 mois, une augmentation de 0 fr. 25. Conséquemment elle termine son apprentissage en gagnant 1 fr. 75 par jour.

Salaire. — Elle est alors ouvrière faite et son travail, payé à la pièce, lui rapporte environ 3 fr. par jour.

Chômage. — Il n'y a pas de chômage, même partiel ; un léger ralentissement dans le travail, pendant les trois premiers mois de l'année, doit être seulement constaté.

Cartes de visite.

Ce travail est très simple et se fait le plus souvent en atelier. Il consiste à couper très exactement, en rectangles réguliers, les feuilles de cartes imprimées d'avance, et à les disposer par « cent » dans les papiers glacés qui servent d'enveloppes avec la carte spécimen comme dessus.

Apprentissage. — Une grande habitude est nécessaire pour avoir un bénéfice régulier. Il faut donc s'exercer pendant plusieurs mois, sans gain appréciable ; dans les ateliers de graveurs, on admet assez facilement des apprenties, pour peu qu'elles aient de l'intelligence et de la bonne volonté.

Salaire. — Le paiement se fait au mille et rapporte à une bonne ouvrière 3 fr., 3 fr. 50 et par exception 4 fr. dans les moments de presse.

Chômage. — Il ne faut guère compter sur plus de trois mois (les derniers de l'année) de travail actif. Le reste du temps, les meilleures ouvrières sont seules conservées en atelier.

Compositrices typographes.

Ce n'a pas été sans provoquer des révoltes ouvertes, des oppositions systématiques de la part des ouvriers, que les grandes imprimeries, comme l'imprimerie Lahure et l'Imprimerie Nationale, ont ouvert leurs ateliers aux femmes. La maison Lahure surtout, qui donne aux compositrices les mêmes salaires qu'aux compositeurs, a dû faire preuve d'une grande et humanitaire énergie pour consacrer chez elle cette innovation qui est maintenant un fait accompli.

Le travail des compositeurs ou compositrices est assez fatigant, il exige une excellente santé, une certaine instruction et beaucoup d'intelligence.

Les « margeuses » ont un travail purement mécanique.

Apprentissage. — L'apprentissage des compositrices est de deux ans environ, pendant lesquels le salaire est insignifiant, puisqu'il n'atteint 1 fr. que la deuxième année.

A l'Imprimerie Nationale, les apprenties doivent avoir 13 ans au moins et 30 ans au plus, pour faire leur demande au Directeur. Cette demande doit être appuyée par des personnes très honorables, connues d'un ou de plusieurs membres de l'Administration.

Les formalités pour entrer dans les autres grandes imprimeries qui emploient des femmes, sont moins administratives, mais on n'y fait généralement pas d'apprenties.

Salaire. — Ainsi que nous l'avons dit plus haut, la grande imprimerie Lahure, mettant sur le pied de l'égalité ses ouvriers des deux sexes, accorde à ses compositrices le travail à façon au taux courant. Elles peuvent, conséquemment, avoir une rétribution moyenne de 4 fr. par jour.

A l'Imprimerie Nationale, le salaire moyen est un peu au-dessous.

Mais cette imprimerie occupe quelques autographistes, recrutées parmi les jeunes filles pourvues de leur brevet, et possédant une belle écriture. Elles travaillent aux pièces et gagnent quelquefois jusqu'à 8 fr. par jour.

Chômage. — Les autographistes et les femmes occupées à la lithographie n'ont pas de chômage à subir. Mais les compositrices doivent s'attendre, deux fois par an, à une diminution sensible de leurs heures de travail pendant six semaines environ.

NOTA. — L'Imprimerie Nationale, rue Vieille-du-Temple, occupe à elle seule 400 femmes, dont beaucoup sont licenciées pendant des mois entiers pour cause de suspension de commandes de l'Etat.

La grande imprimerie Lahure a, pour ses ouvriers

et ouvrières, une Société de secours mutuels qui fonctionne admirablement, grâce au zèle de ses principaux membres actifs, à la tête desquels se trouve M. Montgermont, metteur en pages très aimé de tous pour le dévouement intelligent qu'il met au service de cette Société. Elle est organisée depuis 8 ans et alimentée par les seuls associés ; elle est établie sur des bases raisonnées qui expliquent sa prospérité croissante. Les avantages et secours accordés aux sociétaires sont fort sérieux. Le Directeur actuel de cette imprimerie est un homme aussi distingué qu'éminent.

Imprimeries qui emploient des femmes :

MM. J. Leclère, rue Cassette.
    E. Donneau, rue Cassette.
        Desoye, place du Panthéon.
        Chamerot, rue des Saints-Pères.
        Lahure, rue de Fleurus.
        Creté, à Corbeil.
        Arbieux, à Poissy.
        Charaire, à Sceaux.
        Firmin Didot, au Mesnil.
        Paul Dupont, à Asnières.

Encres diverses.

Bien entendu, ce n'est pas à la fabrication même que les femmes sont employées. Aussi les produits chimiques, plus ou moins malsains, qui entrent dans la composition des encres, n'ont-ils aucune action sur la santé des ouvrières.

Elles sont chargées de boucher, de capsuler, de cacheter et d'étiqueter les bouteilles, afin de les rendre prêtes à être livrées. Pour la plupart de ces dernières opérations, les femmes sont assises.

La durée du travail est de dix heures par jour, non compris l'heure du repas.

Apprentissage. — Comme on ne réclame du personnel féminin que de l'adresse et de l'habileté, afin de pouvoir le payer convenablement et le conserver avec le moins de mutations possible, l'apprentissage n'existe pas.

Salaire. — Le salaire moyen quotidien est de 2 fr. 50 à 3 fr.

Chômage. — Il n'y a jamais de chômage ; il ne s'en produit qu'exceptionnellement.

Enseignes et stores.

Jamais, en aucun temps peut-être, le luxe et l'élégance ne se sont aussi étendus à toutes les branches d'industrie. On est loin de ces enseignes bariolées et primitives qui représentaient, tant bien que mal, l'appât destiné au client, soit par son aspect baroque, soit par sa légende burlesque. Maintenant le goût artistique a sa place dans tous les métiers.

C'est à l'enluminure des lettres de toutes grandeurs, moulées en stuc ou en plâtre et prêtes à être fixées :

— des moulures d'ornementation — des sujets en relief et variés, que sont occupées les femmes acceptées dans cette industrie. La colle, les couleurs, la dorure liquide sont les matériaux nécessaires à cette besogne.

Hygiène. — Le travail se fait sur de longues tables devant lesquelles sont assises les femmes entourées de tous leurs accessoires. Quelquefois, cependant, le genre d'objet à enluminer doit s'enduire debout, mais rarement. Rien, d'ailleurs, n'est malsain dans les matériaux employés.

Apprentissage. — Un long apprentissage est indispensable à cause de la variété des travaux et des changements et perfectionnements fréquents qu'ils subissent.

Salaire. — Le salaire journalier, payé aux pièces, est de 2 fr. à 2 fr. 50 ; par exception on atteint 3 fr. 50.

Peu de chômage.

Reliure.

C'est à tort qu'on s'imagine que la reliure est un travail ingrat pour la femme, car les détails les plus fatigants des opérations sont toujours confiés aux hommes.

Dans de vastes ateliers qui leur sont spéciaux, et bien disposés, bien aérés, les femmes sont assises devant une table munie de tous les accessoires qui leur sont utiles pour leur travail respectif. Les unes vernissent au pinceau certaines parties de la couverture de luxe, d'autres dorent les creux de gaufrage ou les reliefs, celles-ci plient les feuilles selon le format de la pagination, enfin celles-là cousent ensemble les cahiers déjà pliés aux dimensions voulues.

Ces différentes opérations sont faites lestement sous l'œil du chef d'atelier qui surveille en conseillant l'une ou l'autre.

Apprentissage. — Dès qu'une jeune fille est dans les conditions exigées par la loi pour être en apprentissage, elle peut se présenter dans les ateliers de reliure. Elle aura, au début, 0 fr. 05 de l'heure, avec une augmentation progressive de 0 fr. 05 tous les six mois pendant les deux ans nécessaires à l'apprentissage complet.

Salaire. — Une relieuse peut gagner 3 fr. par jour régulièrement, à partir de son apprentissage jusqu'à 21 ans, parce qu'elle ne fait alors que strictement ses dix heures de travail effectif. Mais une femme adulte qui peut supporter un peu plus de fatigue arrivera pendant certains mois, octobre, novembre et décembre, par exemple, à se faire 5 et 6 fr. par jour en travaillant 15 ou 16 heures.

Chômage. — Il n'y a jamais de chômage total. Seulement en février et mars, les journées ne commencent qu'à 8 h. du matin et finissent à 6 h. du soir.

MÉTIERS PROFESSIONNELS.

Articles de Paris.

Pendant dix heures de travail effectif, les femmes sont occupées, selon leurs goûts et leurs aptitudes, au brunissage et au polissage léger de la bijouterie dorée ou en acier, de l'encartage des ornements métalliques pour modes et de celui des boutons de fantaisie en métal. Ce sont elles également qui sont chargées de donner à ces différents objets de fantaisie un aspect séduisant et artistique par leur disposition dans les écrins et sur les cartes.

A l'article de Paris se rattache la fabrication des objets rivés en jais et en acier. Ce sont ces mille et un riens de fantaisie pour broches, boucles d'oreilles, ornements quelconques, bijoux de l'ouvrier et répandus aujourd'hui dans le monde entier.

Apprentissage. — Bien que ce travail nécessite une certaine force nerveuse pour le maniement régulier des mignons marteaux et autres outils spéciaux, une jeune fille peut l'apprendre de bonne heure. Elle devra chercher, pour son initiation, une excellente ouvrière de bonne volonté qui, moyennant les petits services qu'elle pourra lui rendre assez vite, en fera une ouvrière adroite en une année au plus.

Salaire. — La manutention simple se paie 0 fr. 30 ou

0 fr. 35 de l'heure et se fait en atelier, tandis que la partie artistique du « métier » est presque toujours exercée à domicile.

L'ouvrière bien au courant et mise en rapport avec une des nombreuses fabriques de ce genre peut gagner chez elle de 3 fr. à 4 fr. par jour presque régulièrement en travaillant activement de 6 à 8 heures. L'outillage est quelquefois fourni par le fabricant.

Chômage. — Les chômages sont assez fréquents, parce que la vente de ces articles est subordonnée aux caprices de la mode.

Aucune saison n'est à l'abri de cette éventualité, et il n'est pas rare d'éprouver un arrêt total d'une durée de 4 à 6 semaines.

Artifices.

Les femmes ne sont guère employées ici qu'aux opérations les plus simples et les moins dangereuses, comme le cartonnage, le chargement des petites pièces inoffensives, l'empaquetage. Le travail effectif varie entre 8 et 10 heures, coupées par une heure de repos. Cela dépend de l'importance de la fabrication.

Sous le rapport des accidents — brûlures et explosions provoquées par la manutention des matières fulminantes — il faut reconnaître que les ouvrières sont souvent cause, par leur imprudence et leur insouciance, de ceux qui leur arrivent. Cependant les accidents répétés forceront probablement la police à interdire aux femmes l'accès des ateliers d'artifices.

Apprentissage. — L'apprentissage est nul, le travail ne demandant qu'une prudente activité. On gagne en débutant, de 0 fr. 50 à 0 fr. 75 par jour. Le chef d'atelier n'est pas longtemps à juger si une novice pourra convenir et être conservée.

Salaire. — Le salaire moyen peut s'estimer pour une bonne ouvrière à 2 fr. ou 2 fr. 50 par jour. Quelques-unes gagnent 3 fr. aux pièces, mais c'est le petit nombre.

Chômage. — Il n'y a pas de chômage complet : seulement il arrive que pendant deux mois, quelquefois trois, les demandes se ralentissant, on élimine les ouvrières les moins au courant.

Attaches parisiennes.

L'ingéniosité parisienne a, depuis 10 à 12 ans, jeté à profusion dans toutes les industries ces commodes petites agrafes qui s'ouvrent, souples et insinuantes, pour attacher les factures, les lettres, les échantillons, les prospectus, etc. Que de services rend cet humble objet dont la création a fait la fortune de son inventeur.

A l'aide d'outils particuliers fabriqués sur les dessins et les indications de son créateur, quantité de femmes, soit en atelier, soit surtout à domicile, coupent, plient, fabriquent ces menus articles dans des bandes étroites et minces comme des rubans qui seraient en cuivre argenté. Ce travail n'est ni ingrat, ni fatigant;

cependant la concurrence a forcé les fabricants à diminuer les salaires.

Apprentissage. — L'apprentissage n'est pas difficile. Au bout de deux mois sacrifiés comme gain, la femme est en mesure de se tirer d'affaire.

Salaire. — Il se donne aux pièces et varie, selon habileté, de 0 fr. 25 à 0 fr. 35 de l'heure. On nous a assuré que certaines ouvrières gagnaient jusqu'à 5 fr. par jour. Ceci est l'exception.

Chômage. — Jusqu'à ce que cet accessoire indispensable de toutes les maisons de commerce soit remplacé par quelque chose d'équivalent comme usage et de plus perfectionné comme forme, on ne notera guère de chômage dans cette fabrication qui se rattache elle-même à la grande fabrication des épingles de tous genres. Les environs de Paris, Courbevoie et Puteaux, ont plusieurs maisons de production.

Bandages herniaires.

Les ouvrières employées dans la fabrication des bandages font surtout les coutures qui entrent dans la confection de tous les appareils orthopédiques.

Les ouvrages sont exécutés à la journée, qui comprend dix heures de travail effectif.

Apprentissage. — Les matières travaillées et leur mise en œuvre ne présentent rien d'insalubre ; les jeunes filles peuvent commencer l'apprentissage dès le certificat d'études.

Au début, elles ne sont pas payées et elles suivent à l'atelier les différentes opérations qui s'y pratiquent. Aussitôt qu'on constate chez elles des aptitudes pour la profession, d'après les services qu'elles commencent à rendre, on leur donne 0 fr. 50 par jour, en augmentant de 0 fr. 50 de 6 mois en 6 mois le prix du travail quotidien, pendant le complément de l'apprentissage qui est au total de trois années.

Salaire. — Une ouvrière faite gagne un salaire quotidien et moyen de 3 fr. 50 à 4 fr. ; quelques-unes, même, d'une incontestable habileté pour certains travaux spéciaux, assez difficiles à exécuter, gagnent 5 fr. et même un peu plus, mais c'est l'exception.

Chômage. — Le besoin de plus en plus impérieux de redresser les infirmités physiques à l'aide de toutes les ressources médicales orthopédiques, assurent à cette profession un avenir durable et aux ouvrières un travail régulier, sans arrêt total ni même partiel.

Ballons-réclames. — Drapeaux.

Les femmes sont employées en assez grand nombre pour la fabrication des ballons-réclames, musettes et autres petits instruments à vent propres à amuser les enfants, jouets fondés sur le bruit que fait l'air comprimé quand on lui ouvre brusquement un passage, — ainsi qu'à la fabrication des drapeaux de toutes les nations servant à pavoiser les maisons et à figurer dans les cortèges. Les mêmes fabriques produisent ordinairement ces deux articles.

Apprentissage. — Il faut environ 18 mois de pratique en moyenne, pendant lesquels on gagne de 1 fr. par jour à 1 fr. 50.

Salaire. — Après ce temps, les ouvrières sont payées aux pièces et gagnent 2 et 3 fr. Les plus habiles atteignent 4 fr. et par exception 5 fr. pour 10 h. 1/2 de travail effectif.

Chômage. — Il n'y a pas de chômage pour les bonnes ouvrières, parce qu'en temps de ralentissement des demandes, on met en magasin l'excédent des marchandises disponibles.

Bleu pulvérisé en sachets.

Mettre en sachet du bleu réduit en poudre et parfumé préalablement avec des racines d'iris n'est ni difficile, ni compliqué — on peut même ajouter ni fatigant.

Apprentissage. — Il est insignifiant ; huit jours d'exercice suffisent, à tout âge, pour être bien au courant.

Salaire. — Dès le début, l'ouvrière gagne 1 fr. 75 par journée de 12 heures, et arrive au bout de 15 jours à 2 fr. et 2 fr. 25, mais sans espérer d'augmentation au delà de ce chiffre.

Chômage. — Il n'y a jamais de chômage ni de ralentissement dans la manutention, cet article pouvant impunément s'emmagasiner en cas de diminution accidentelle dans les commandes. C'est, du reste, d'une vente de toutes les saisons.

Les maisons de production sont généralement dans les environs de Paris, à Levallois notamment.

Bourrelets d'enfants.

Presque généralement ce travail se fait à domicile et à la pièce. Il y a deux sortes d'ouvrières : les *bourreuses* qui ouatent et préparent — et les *couturières* qui cousent à la main ou à la machine.

Les bourreuses gagnent plus que les couturières, parce que leur travail demande plus d'adresse.

Apprentissage. — Rien n'est difficile dans ces deux opérations, il suffit d'être intelligente et de savoir coudre. Avec quelques conseils d'une ouvrière bien au courant, et un peu d'exercice, on est vite en état de pouvoir se présenter dans les maisons qui donnent les fournitures, en ayant soin, bien entendu, de se munir de références (quittance de loyer, etc.). On est payé aux pièces.

Faute d'habitude, on n'est guère habile au début, aussi les premières semaines rapportent fort peu : 2 fr. 70 à 3 fr., quelquefois 4 fr. ; ne pas se décourager.

Salaire. — En vaquant aux soins de son ménage, une ouvrière adroite peut se faire :

9 à 10 fr. par semaine comme *bourreuse*,
6 à 7 fr. — *couturière*.

Chômage. — Cette industrie tend à s'amoindrir d'année en année ; on constate que l'habitude de mettre des bourrelets aux enfants se perd dans les grandes villes surtout, sans avoir d'arrêt complet; il faut donc s'attendre à une diminution progressive dans la fabrication.

Boutons, passementerie et nacre.

Ce bouton se fait à l'aiguille ou au crochet; ce sont de petites calottes faites au crochet avec du cordonnet noir ou de nuances diverses, et brodées de perles ou de soie. On les pose ensuite sur des moules en bois autour desquels on les attache solidement par un petit travail à l'aiguille. Il faut, pour obtenir un résultat appréciable dans cet ouvrage, être douée de beaucoup de patience et d'habileté. Ce n'est pas difficile à exécuter, mais un peu fatigant pour la vue.

Apprentissage. — Une jeune fille sachant faire du crochet ordinaire, et connaissant un peu le dessin, n'aura besoin que de quelques leçons pour être mise au courant. Ce travail lui paraîtra d'abord très peu encourageant.

Soit en atelier, soit à domicile, on est payé à la douzaine, et il n'est pas possible de gagner beaucoup au début : 0 fr. 50 ou 0 fr. 75. Il faut trois mois d'exercice assidu avant d'obtenir un travail rapide, régulier et rémunérateur.

Salaire. — Au bout de trois mois de pratique, soit en atelier, soit à domicile, une femme peut être en état de gagner 2 fr. 50 à 3 fr. par jour, quelquefois 4 fr.

Chômage. — Le chômage est très variable, il est soumis aux fluctuations de la mode.

Nota. — Aussitôt qu'on se sent sûre de la perfection de son ouvrage, chercher à travailler directement pour le fabricant, au lieu de passer par l'intermédiaire de l'entrepreneuse qui prélève un bénéfice relativement assez grand sur les façons du travail qu'elle donne chez elle ou en ville. Il y a d'importantes fabriques de boutons rue d'Aboukir et à Boulogne-sur-Seine.

Observation. — Le bouton de nacre, connu seulement depuis 40 ans, occupe aussi un grand nombre de femmes pour le « triage » et l' « encartage » par grosses. Le découpage se fait par un procédé mécanique inventé par un Anglais.

Le bouton de porcelaine fait un tort considérable au précédent.

L'outillage d'un fabricant de boutons coûte 50 fr.

Il n'y a pas d'apprentissage à faire. Les femmes sont payées aux pièces, soit chez elles, soit en atelier, et peuvent gagner entre 2 et 4 fr. par journée de 11 heures de travail effectif.

Brosserie.

Une grande partie de cette fabrication se fait en province : à Charleville, par exemple, pour la brosserie ordinaire, et à Beauvais, pour la brosserie fine des nécessaires de toilette.

Les départements de l'Oise et de la Haute-Garonne, ainsi que les villes de Niort, Nantes et Poitiers, sont encore des centres de fabrication pour la brosse courante.

Mais la brosserie fine et soignée se fait presque exclusivement à Paris, malgré la concurrence sérieuse que font les prisons centrales et Melun.

Pour la fabrication, on emploie les femmes dans la préparation de la matière première. Ce sont elles aussi qui sont exclusivement chargées de la confection des petits pinceaux à l'usage des artistes.

Les journées sont de 10 heures, coupées par l'heure accordée pour le repas.

Hygiène. — La fabrication de la brosserie commune, celle de Niort principalement, offre de sérieux inconvénients sous le rapport de la santé, à cause de toutes les poussières animales qui s'en dégagent, et surtout à cause de leur teinture dans laquelle il entre de la litharge (protoxyde de plomb).

Mais les soies employées à Paris ont subi d'abord une préparation d'épurage qui leur enlève toutes les parties malsaines. Rien ne présente donc d'inconvénient à ce point de vue intéressant.

Apprentissage. — Il n'est ni long, ni pénible. On admet les jeunes filles dès leur certificat, et elles débutent à 0 fr. 50 par jour, quelquefois même, selon l'habileté qu'elles montrent les premiers jours, on leur donne 0 fr. 75. Au bout d'un an, elles peuvent gagner 1 fr. ou 1 fr. 50.

Salaire. — Après deux ans, elles sont généralement ouvrières faites, et gagnent alors 0 fr. 35 de l'heure.

Chômage. — Cette industrie est une des rares favorisées qui ne subissent guère les fluctuations des circonstances politiques ou autres ; aussi le chômage n'existe pas.

Nota. — Certaines fabriques importantes ont un règlement qui oblige les ouvrières à verser à la caisse de prévoyance de la maison 0 fr. 75 par mois pour avoir le droit de recevoir 1 fr. 50 par journée de maladie dûment constatée.

Brunisseuses.

Indépendamment des orfévreries et bijouteries, d'importantes fabriques de vaisselle plate occupent jusqu'à 100 ouvrières et plus comme brunisseuses.

Le « brunissage » est l'opération qui consiste à faire briller à l'aide d'outils spéciaux et en leur donnant un aspect particulier, les objets d'argenterie destinés à recevoir l'argenture ou la galvanisation. Dans ce cas, il y a nécessité absolue à donner à la surface qui doit être argentée, la plus grande netteté possible, sous peine de faire manquer l'adhérence de l'argent.

Apprentissage. — Malgré la difficulté « apparente » du travail, il est fait de suite à la pièce et sans apprentissage préalable.

Quand une ouvrière nouvelle est mise à l'épreuve (et on lui confie au début une tâche relativement facile), on ne tarde pas à reconnaître si elle témoigne suffisamment d'aptitude pour qu'on soit disposé à la conserver. Elle gagne pour débuter, à la pièce, 1 fr. 50 par jour environ, puis 2 fr.

Salaire. — Pour dix heures de travail effectif, une

bonne ouvrière arrive à gagner successivement 2 fr. 50, 3 fr., jusqu'à 4 fr. 50 et 5 fr. à la pièce, selon son degré d'habileté.

Observation. — Le travail est fatigant parce qu'il exige toujours le même mouvement de va-et-vient du bras droit. Il n'est pas rare de voir une ouvrière l'abandonner assez vite.

Aussi le polissage qui se fait après l'argenture est-il réservé exclusivement aux hommes, parce qu'il est plus fatigant encore que le brunissage.

Parfois, surtout dans l'argenterie de table, le perçage est entièrement fait par les hommes, à cause de la dureté du métal de fond.

Buscs et ressorts en acier.

Les ressorts, buscs, baleines (en acier) pour corsages ou parapluies étant perforés, polis, ajustés, on confie aux femmes le soin de les habiller des différents tissus nécessaires pour les préparer à leur destination.

Le travail ne nécessitant que des matériaux entièrement sains, ne présente aucun danger pour la santé. Il se fait assis, et n'est pas fatigant, à part l'assiduité réclamée d'ailleurs par tous les genres de métier.

Les journées sont de 12 heures coupées par une heure consacrée au repas.

Apprentissage. — Il n'est pas obligatoire, attendu qu'une jeune fille pourvue de son certificat peut débuter par un travail facile à exécuter et qui lui rapportera 1 fr. et 1 fr. 25 par jour, aux pièces.

Salaire. — Une ouvrière faite travaillant aux pièces arrive aisément à gagner 2 fr. 50 et quelquefois 3 fr. par jour.

Chômage. — C'est un des métiers où il y a le moins de morte saison, grâce aux demandes courantes tant pour l'exportation que pour les ventes en France.

Bustes et mannequins.

L'essor considérable qu'a pris depuis quelques années cette fabrication, motive l'article spécial que nous lui consacrons. On fait maintenant les bustes dans les meilleures conditions possibles de prix d'exécution.

Les femmes prennent une part active à deux opérations principales :

1° Au collage ou modelage. Elles garnissent d'un papier grossier et épais (spécial du reste) et par couches superposées jusqu'à épaisseur voulue, l'intérieur d'un moule en plâtre ayant la forme d'un buste, et séparé en deux parties pareilles. Le démoulage donne la moitié du buste en carton ferme et résistant. Il n'y a plus qu'à réunir ces deux parties d'une façon bien adhérente et peu apparente. C'est à l'aide de ce procédé simple et pratique que se font aussi les sphères classiques. 2° Ces demi-formes en carton épais bien solidement soudées l'une à l'autre sont alors habillées d'un tissu de coton écru, confectionné à la machine par les *couseuses* qui terminent ainsi le buste prêt à être livré.

Apprentissage. — L'apprentissage est élémentaire,

et, dès le début, la jeune fille gagne 0 fr. 10, puis 0 fr. 15 l'heure.

Le travail des colleuses peut paraître un peu fatigant tant qu'on n'en a pas l'habitude, parce qu'il faut être debout toute la journée, mais il est très facile à exécuter et 15 jours suffisent à une femme sérieuse et intelligente pour être bien mise au courant par une bonne ouvrière. Pendant ces 15 jours, elle prélèvera sur son salaire (de 1 fr. 50 à 1 fr. 75) une petite rétribution pour dédommager du temps passé l'ouvrière qui l'a initiée.

Salaire. — Les journées ne sont guère de plus de 8 h. 1|2 en moyenne. L'exécution, qui se fait toujours en atelier, est payée aux pièces. Dans ces conditions, on peut évaluer le rapport quotidien à 3 fr. 50 et 4 fr. Dans les moments de presse, il atteint quelquefois 5 fr., en augmentant, bien entendu, les heures de travail.

Chômage. — Deux fois par an, pendant 8 jours, la semaine du 14 juillet et la semaine du jour de l'an, les ouvrières sont presque absolument au repos. Mais, à part ces 15 jours dans l'année, elles peuvent compter sur un travail régulier.

NOTA. — La maison Quiby, de Levallois-Perret, est une des premières fabriques des environs de Paris.

Caoutchouc.

Dans cette fabrication, deux industries existent : 1° les tuyaux de tous diamètres, les rondelles, bourrelets et autres objets à usage industriel, tous articles couants et s'exécutant sans arrêt de production ; 2° les vêtements de caoutchouc sur étoffes, devenus depuis quelques années l'accessoire indispensable de toute toilette masculine ou féminine et ne se confectionnant qu'accidentellement pendant quatre mois de l'année.

Apprentissage. — On ne forme pas d'apprenties proprement dites. Le travail n'étant pas difficile, les jeunes ouvrières en entrant peuvent, après essai satisfaisant, gagner 1 fr. 25 par jour.

Salaire. — Une ouvrière bien au courant ne tarde pas à avoir 2 fr., puis 3 fr. pour 10 heures de travail effectif, coupées par une heure de repos.

Chômage. — Il n'en existe que pour les confections qu'on ne peut pas emmagasiner d'une saison sur l'autre, mais il n'y a jamais de chômage pour les articles de la première catégorie.

Cartonnage fin.

C'est une des nombreuses branches du cartonnage proprement dit, cette industrie si spéciale aux femmes. Ici, en effet, la force musculaire est inutile, il suffit d'avoir du goût et de l'adresse, et, sous ce rapport, nul n'est plus apte que la femme, à quelque classe qu'elle appartienne.

La boîte pour confiserie est, entre toutes, luxueuse, élégante et presque artistique, depuis quelques années surtout. Sortant de certaines et spéciales maisons, il n'est pas rare d'en voir payer le prix d'un bijou.

Les matières premières, carton brut, rubans, papiers glacés, peintures fines, capitonnages de satin, ornements de perles, etc., rien de tout cela n'est malsain pour la femme.

Il s'agit, pour elle, de reproduire, à l'aide de ces matériaux, de clous dorés, de colle et d'outils spéciaux, un des modèles que le patron a créés. En les faisant par quantités, on acquiert assez facilement la dextérité indispensable et on fait une sérieuse économie de temps.

Apprentissage. — Il n'y a pas d'apprentissage proprement dit à faire. Une jeune fille ayant du goût naturel pourra de suite débuter à 0 fr. 20 l'heure dans les ouvrages faciles, et arrivera vite à 0 fr. 30. Au bout d'un an au pair, si elle est adroite et intelligente, elle pourra être ouvrière faite.

Salaire. — Les ouvrières consciencieuses et soigneuses gagnent généralement 0 fr. 50 l'heure.

La durée journalière du travail est de 10 heures coupées par l'heure du repas.

Chômage. — Il y en a deux fois de trois à quatre mois d'arrêt par an. Pour les ouvrières excellentes en atelier, on diminue le nombre d'heures de travail plutôt que de les renvoyer. Cette industrie s'exerce aussi à domicile.

Cartonnage ordinaire.

Beaucoup de femmes sont employées à la fabrication des cartons ordinaires.

Rien n'est moins fatigant ni plus sain. Généralement

des ateliers sont vastes et bien éclairés, les femmes y sont assises pour toutes les phases de la fabrication. Les matières premières qui sont employées sont : le carton de diverses qualités, le papier dans toutes ses variétés de couleur et d'élégance et de la colle spéciale.

Apprentissage. — Il faut être d'un naturel très soigneux et avoir une extrême légèreté de main pour prendre le courant de l'ajustage des pièces et leur assemblage, sans salir les objets. L'apprentissage est peu rémunérateur, attendu qu'il se fait rarement en atelier, mais seulement chez certaines ouvrières qui travaillent chez elles aux pièces et donnent alors une petite rétribution à la débitante, selon l'aide qu'elle lui a apporté. Cet apprentissage est de 2 ans, externe.

Salaire. — Pour 11 heures de travail effectif, et à la pièce, une ouvrière peut gagner de 2 fr. à 3 fr. par jour.

Chômage. — Il est peu d'industries où on connaisse moins le chômage que dans la spécialité des cartonnages, spécialité qui tend à prendre plus d'importance chaque jour, grâce au luxe apporté dans l'aspect donné à tout ce qui sert à envelopper les objets mis en vente. Mais il est évident que si on veut éviter la saison morte, il faut accepter les travaux plus ou moins avantageux qui se présentent.

Celluloïd.

Le celluloïd, si employé actuellement pour la fabrication d'un grand nombre d'objets dits « Articles de

Paris », indépendamment de ses autres applications industrielles, comme « peignes, billes de billard, bracelets, manches de cannes, d'ombrelles, etc. » est un composé récemment inventé. Il a été signalé en 1869 par un Américain, Hyatt, mais il n'y a que quelques années seulement qu'on a compris les ressources nombreuses qu'offraient sa malléabilité, sa facilité de se souder à lui-même et d'être laminé.

C'est une transformation de la cellulose (ou élément ligneux des plantes) par les acides sulfurique et azotique, additionnés d'une certaine quantité de camphre.

Par mesure d'hygiène, les femmes ne sont employées, dans les usines de celluloïd, que pour le triage, épluchage des déchets, mandrinage et embobinage du fil, ainsi qu'à la confection des peignes et de la lingerie (cols, plastrons, manchettes en celluloïd). Dans les ateliers où se manipulent les acides, le travail est fait par les hommes. Les exhalaisons du camphre, que dégage surtout la matière celluloïd, n'ont rien de malsain.

A la Compagnie Française qui, à elle seule, emploie de 350 à 400 femmes, l'installation est faite dans les meilleures conditions d'hygiène : ateliers vastes, aérés, chauffés ou ventilés à volonté, précautions contre l'incendie, etc., etc., etc., tout est de nature à satisfaire les hygiénistes les plus exigeants.

Apprentissage. — Il n'y a pas d'apprentissage proprement dit. Toutes les ouvrières, même les débutantes, sont payées en proportion de ce qu'elles produisent. En général, celles qui sont considérées comme apprenties peuvent se faire 1 fr. 50 par jour.

Salaire. — Une bonne ouvrière consommée, travaillant aux pièces, comme elles travaillent toutes d'ailleurs, quel que soit le degré de leur habileté, peut arriver assez facilement à gagner 3 fr. 50 par jour, 4 fr. par exception. La moyenne est de 3 fr. à 3 fr. 25. La durée maximum du travail est de onze heures.

Chômage. — Il n'y a pas de chômage total. Certains mois de l'année, l'hiver, par exemple, plusieurs ateliers n'allument pas et les heures des journées sont réduites.

Jamais il n'y a de travail de nuit, ni de dimanches et fêtes.

Secours mutuels. — Dans l'usine que nous avons prise pour type (1), une Société de secours mutuels fonctionne régulièrement ; chaque ouvrière est libre d'en faire partie, moyennant une retenue mensuelle de 1 fr. 50. Cette retenue leur donne droit, en cas de maladie, au médecin, aux médicaments et à une allocation journalière de 1 fr. 50 pendant 2 mois, de 1 fr. pendant le mois suivant, de 0 fr. 75 c. pendant 2 mois encore. Aux femmes en couches, il est alloué une indemnité unique de 15 fr.

Chaussons à semelles.

Le chausson est fabriqué en province, mais c'est

(1) Compagnie Française de celluloïd, 11, rue Bailly, et 98, rue Beaubourg. Usine à Stains (Seine).

à Paris que les ouvrières dites « chausonnières » cousent la semelle de cuir. A cet effet, elles mouillent la semelle pour en assouplir le cuir, et retournent le chausson pour faire la couture à l'envers.

Apprentissage. — Rien n'étant fait en atelier, il faut nécessairement, pour apprendre ce travail, connaître une ouvrière au courant et s'initier auprès d'elle, ce qui n'est d'ailleurs ni long ni difficile. Huit jours, dont le produit est abandonné à l'ouvrière obligeante, suffisent généralement.

Salaire. — Une journée de 14 heures de travail assidu peut rapporter 3 fr. à l'ouvrière faite. Ce chausson (lisière ou drap à semelle) se vend aujourd'hui 1 fr. 45 la paire. La douzaine de paires de semelles cousues est payée 2 fr. 60 de façon.

Chômage. — Il n'y en a pour ainsi dire pas.

Chaussures de poupées.

Très peu de maisons s'occupent de cette fabrication qui n'emploie que des femmes, mais en nombre restreint. Ainsi, pour une fabrique faisant 40,000 fr. d'affaires par an (en chaussures de poupées, c'est énorme !) 12 ouvrières suffisent.

C'est dire qu'on ne peut guère compter sur ce genre de profession manuelle.

Cependant, comme cette besogne est propre, relativement facile à apprendre et peu fatigante, et que, de plus, cette fabrication, née à Paris, y progresse chaque année dans d'heureuses proportions, rien n'empêche d'essayer de se mettre en rapport avec les maisons de production. Les conditions d'hygiène dans les ateliers sont en général satisfaisantes ; les ouvrières sont peu nombreuses et sont assises toute la journée devant la table qui leur sert d'établi, ou leur machine, suivant le genre qui leur est dévolu. Des débris de cuir glacé ou de satin, de la colle spéciale et les petits ornements spéciaux, voilà les matériaux très sains dont elles ont à faire usage.

Apprentissage. — Il n'est ni long, ni difficile, il suffit pour l'ouvrière d'apporter à l'exécution de son travail un soin délicat et beaucoup d'attention. Elle peut gagner au début 0 fr. 50 à 0 fr. 75 par jour.

Salaire. — Bientôt elle est ouvrière faite, et la maison lui confie les instruments délicats et perfectionnés nécessaires à la fabrication. Elle peut alors, malgré la minutie de l'ouvrage, et faisant toujours le même travail, gagner assez vite 2 fr. à 3 fr. par jour, en travaillant aux pièces en atelier.

Chômage. — Il y a, les deux premiers mois de l'année, un chômage sinon absolu, du moins partiel, pendant lequel les heures de travail sont diminuées assez sensiblement.

Chenille.

C'est la fabrication de la chenille employée pour les modes.

Les journées commencent à 8 h. du matin et finissent à 7 h. du soir. Une heure, pour le repas à midi, coupe la journée.

Les ouvrières sont employées à la préparation des matières qui doivent passer sur les métiers gouvernés par des hommes.

Apprentissage. — Il n'y a pas d'apprentissage proprement dit : la postulante doit s'enquérir des opérations de la manutention auprès des ouvrières au courant. Aussitôt présentée et acceptée, elle gagne au fur et à mesure du résultat de son travail.

Salaire. — Selon le genre d'ouvrage que son aptitude ou la nécessité du travail lui attribue, une bonne ouvrière gagne depuis 2 fr. jusqu'à 5 fr. par jour.

Chômage. — Il se présente, non périodiquement, des chômages temporaires, ou plutôt des ralentissements plus ou moins sensibles dans les commandes, dépendant entièrement de la mode. Dans ce cas, on diminue la durée des journées, mais non le nombre des auxiliaires.

Chapeaux et Casquettes.

Très peu de femmes sont occupées à la fabrication des chapeaux d'hommes ; elles le sont surtout à celle des chapeaux de feutre pour dames et enfants et des casquettes.

Elles sont employées à garnir l'intérieur des chapeaux, des casquettes, etc.

Elles entrent à l'atelier à 8 h. du matin pour en sortir à 7 h. du soir ; il y a une heure de repos à midi.

Rien n'est nuisible dans l'emploi des matériaux. Il y a des ouvrières pour le même travail à domicile.

Apprentissage. — Presque pas d'apprentissage, parce que lorsqu'une jeune fille sait coudre, il lui suffit de voir faire pour exécuter à son tour. Cependant il faut compter 2 ans avant de devenir une ouvrière consommée, pendant lesquels la débutante gagne, selon son activité, de 15 à 25 fr. par mois.

Salaire. — Les ouvrières travaillant l'article « modes » gagnent en moyenne 1,500 fr. par an au maximum, les ouvrières en casquettes 800 fr., et celles en chapeaux d'homme 1,000 fr. (prix maximum toujours), soit aux pièces, soit à la journée.

Chômage. — Pendant 3 à 4 mois de l'année (2 mois au printemps et 2 mois à peu près à l'arrière-saison) il y a un ralentissement sensible dans la production; mais à l'article « salaire » il a été tenu compte, dans les calculs, de l'influence de ce ralentissement dans les gains.

Cheveux — Ouvrages d'art.

Cette industrie artistique n'est plus guère exercée que par des hommes. Cependant, comme elle n'exige aucune force physique ni aptitude masculine particulière, les femmes s'en occuperaient avec succès, le cas échéant.

Depuis quelques années, il faut le dire, ce travail n'est guère encouragé, car les tableaux en cheveux, bagues, chaînes et autres « souvenirs et regrets » capillaires, sont presque absolument tombés en désuétude.

Notons, pour être aussi complet que possible, les renseignements qui peuvent intéresser les amateurs.

Apprentissage. — Deux années, au minimum, sont nécessaires. Pendant ce temps, la rétribution est modeste et fort irrégulière : 2 à 3 fr. par semaine au plus. Il faut, en outre, être douée de beaucoup de patience et d'une grande adresse naturelle.

Salaire. — Les artistes exercées peuvent alors se faire 4 fr. et 5 fr. et même 6 fr. par jour, selon travail, les ouvrages d'art en cheveux étant généreusement payés par le destinataire pour lequel ils ont un prix inappréciable.

Chômage. — Le chômage est très variable et devient de plus en plus répété par suite de l'abandon, que fait la vogue, de ces ouvrages.

Cheveux. — Perruques. — Implantation.

Voici un métier peu connu et cependant très lucratif, n'offrant aucun inconvénient hygiénique.

Sans avoir de nos jours les monumentales proportions des perruques Louis XIV et Louis XV, les « postiches » font l'objet d'un commerce important.

Le travail de l' « implanteuse » consiste à coudre ou attacher, au moyen d'aiguilles spéciales, les cheveux préparés à cet effet, sur la « coiffe » en gros tulle qui fait le fond de la perruque, — ou assembler sur des fils de métal les mèches de cheveux destinées aux postiches frisés.

Apprentissage. — L'apprentissage demande deux années au moins, pendant lesquelles la rémunération peut s'évaluer ainsi:

Nourriture et logement la première année avec gratification éventuelle, irrégulière, proportionnée d'ailleurs aux services rendus.

La seconde année, indépendamment de la nourriture et du logement, on a une rétribution de 1 fr. par jour environ pendant 6 mois et même assez souvent pendant toute l'année.

Dans certaines maisons, l'apprentissage est de 3 ans avec 1 fr. 25 la 3e année et des gratifications de 20 fr. ou 25 fr. deux fois par an.

Dans d'autres cas et selon le goût et l'intelligence de la débutante (elle peut commencer à 13 ans), elle gagnera 0 fr. 50 d'abord, puis progressivement jusqu'à 1 fr. 50 à l'expiration de son apprentissage.

Salaire. — Une ouvrière ordinaire gagne facilement, payée aux pièces, 2 fr. 50 à 3 fr. par journée de 9 à 10 heures. Il n'est pas rare qu'une ouvrière adroite se fasse des semaines régulières de 25 à 30 fr.

Chômage. — Les maisons qui font l'exportation n'ont pas d'arrêt dans la fabrication. Seules les maisons de deuxième ordre ont un ralentissement qui se produit pendant les mois d'été, par une diminution assez sensible des heures de travail.

Observation. — Une des branches de cette industrie qui pourrait être exploitée avec succès, sinon sans fatigue, par les femmes est la « coiffure en ville ». Un très petit nombre de coiffeuses exerce cette profession et s'en trouve bien. Pour une femme ayant de la légèreté dans la main, et qui est douée de goût et de patience, c'est certainement une occupation lucrative qui lui permettrait d'arriver à l'indépendance dans le travail.

Cheveux — Perruques de poupées.

Cette industrie, une des nombreuses ramifications de l'article « jouets », sans être importante, emploie pourtant une corporation de femmes.

En général, les ouvrières travaillent peu en atelier, cependant quelques fabricants de poupées ont une salle spéciale où les femmes confectionnent avec une sorte de cheveu en soie, appelée Thibet (qu'elles cousent sur des coiffes d'étoffe), les perruques destinées à être collées sur la tête des bébés qui ont maintenant des chevelures blondes et bouclées qui font envie à bien des mères pour leurs enfants.

Apprentissage. — En atelier, on ne prend généralement pas d'apprenties. L'apprentissage se fait plutôt chez les « entrepreneuses » de perruques qui reçoivent du fabricant les matières premières pour l'exécution des ouvrages qu'elles font à leurs risques et périls.

Les rudiments de ce métier sont si simples qu'en quelques semaines une jeune fille peut arriver à gagner quotidiennement 1 fr. 50 ; il ne faut d'ailleurs qu'un peu d'adresse.

Elle s'engage généralement pour un an à travailler chez l'entrepreneuse.

Salaire. — Pour les bonnes ouvrières attachées à des maisons sérieuses, la moyenne du gain journalier, pour 10 à 11 heures de travail effectif, est de 2 fr. 50 à 3 fr. au maximum.

Chômage. — S'il y a quelques mois, au commencement de l'année, pendant lesquels les demandes sont assez restreintes pour nécessiter la diminution des heures de travail, cela est compensé par l'augmentation des journées pendant les moments de presse en octobre, novembre et décembre.

Cigarettes médicinales.

Un petit nombre d'ouvrières suffit à la production relativement importante de cigarettes médicinales, sur commande pour certaines spécialités affectées à une variété de cas pathologiques.

La fabrication de ces cigarettes demande différentes opérations. Les plantes, envoyées à l'état brut au fabricant par des herboristes, des pharmaciens et quelquefois des médecins, sont d'abord triées avec soin, puis séchées à point et travaillées. C'est seulement alors qu'a lieu la mise en train de la confection des cigarettes médicinales (tournées et roulées).

Salaire. — Le travail n'étant qu'une affaire d'habitude, il n'y a pas d'apprentissage proprement dit. Il suffit d'avoir de la dextérité et du soin : tout le monde sait, peu ou prou, rouler une cigarette.

Par exception, ce travail, tout à fait accidentel et accessoire, est traité de gré à gré entre les rares fabricants de cigarettes et les ouvrières qui se présentent.

Chômage. — L'irrégularité de la fabrication force le personnel féminin a chercher fréquemment un autre travail pour le garder, s'il est plus avantageux. Les ouvrières sont toujours prévenues qu'elles ne peuvent compter sur de l'ouvrage assuré pour l'année ; les chômages qui se présentent ont des époques et une durée qui ne peuvent être précisées d'avance.

Cordes à violon.

Ce genre de travail a beaucoup de similitude avec la fabrication des fils électriques (voir cet article), car il ne regarde que les fils d'archal garnis de soie appelés « chanterelles »; — les cordes de boyau font l'objet d'une spécialité masculine.

L'une des opérations est le dévidage mécanique, l'autre est l'enroulage de la soie autour de la tige. Le fil déterminé est mis en bobine tout gommé et prêt pour la vente.

Apprentissage. — Il demande 18 mois environ, mais on a, dès le début, une petite rétribution qui augmente au fur et à mesure des progrès.

Salaire. — Les dévideuses comme les enrouleuses gagnent environ 2 fr. 50 par journée de 11 heures.

Chômage. — Il y a un assez long chômage l'été, la consommation n'étant presque exclusivement active que l'hiver.

Couleurs.

Les femmes ne prennent aucune part à la fabrication des couleurs en tablettes ou en tubes.

Mais elles sont employées à leur manutention : la mise en boîtes, en tubes; garnissage des palettes, etc.

Apprentissage. — Il est très vite fait et d'ailleurs très sommaire, les opérations ne demandant que du soin et de l'activité.

On prend des femmes adultes de préférence aux jeunes filles.

Salaire. — Le salaire moyen est de 3 fr. par journée de 10 h. de travail effectif.

Il n'y a jamais de chômage.

Couronnes funéraires.

La fabrication de couronnes et autres mementos funéraires en perles de verre est un genre de travail assez facile en apparence, mais qui demande une certaine habileté et beaucoup d'exercice pour réussir les détails de la dernière main. Aussi n'est-il pas rare de voir des ouvrières renoncer à cet emploi après quelques semaines d'épreuve.

Il n'y a rien à craindre sous le rapport de l'hygiène, ni comme fatigue, ni comme nature des matériaux employés. C'est plutôt pour les femmes une réminiscence d'un de leurs jeux d'enfance : l'enfilage des perles.

Apprentissage. — Un apprentissage n'est pas nécessaire, précisément en raison de la facilité relative des débuts.

Il s'opère chemin faisant, les ouvrages exécutés étant toujours réglés à la pièce, qu'ils soient faits à l'atelier ou à domicile.

Dans l'atelier, le travail effectif est de 10 heures par jour. Les ouvrages élémentaires faits par les débutantes peuvent donner une rémunération quotidienne variant de 0 fr. 75 à 1 fr. 50.

Salaire. — C'est en atelier que se font les travaux les plus minutieux et les plus chers et, naturellement, les plus avantageux ; les ouvrières peuvent gagner par journée de 10 heures (plus 1 heure de repos) de 3 à 6 fr. très irrégulièrement, bien entendu, selon le plus ou moins de perfection demandée par le travail.

Les ouvrières travaillant chez elles ne font que les articles courants et gagnent de 1 fr. 50 à 2 fr. par jour environ.

Chômage. — Pour les commandes en gros, c'est-à-dire celles destinées à l'exportation, on peut compter à peu près 3 mois de chômage.

Dans ce cas, on suspend d'abord les ouvrières travaillant chez elle.

Pour le débit courant, on évite généralement le

chômage en disposant à l'avance, en atelier, un approvisionnement dont les objets n'ont à craindre aucune détérioration.

Dorure, argenture, nickelage.

Peut-être ces différentes opérations sur les métaux bruts, confiées aux femmes depuis quelques années, sont-elles assez fatigantes, au début surtout, pour les nerfs féminins. Le mouvement de va-et-vient régulier et incessant du bras droit, la position penchée que le corps doit garder pendant plusieurs heures demandent, de la part de l'ouvrière, beaucoup d'énergie et une robuste santé.

La courbature qui se produit dans les commencements cède pourtant petit à petit à l'habitude, et alors la femme qui a pu résister à l'énervement des premiers jours, est certaine d'avoir en mains un métier propre à lui assurer une rétribution suffisante et durable.

Une fois l'habitude prise, il n'y a rien de compromettant pour la santé des femmes, dans les dispositions de leur atelier, ni dans la nature des manipulations qu'elles pratiquent. — Assez souvent, cependant, elles éprouveront, au début surtout, quelque altération. Dans ce cas, presque tous les chefs d'ateliers mettent à leur disposition de la limonade de gentiane ou de réglisse.

Apprentissage. — On forme généralement les apprenties dans ces établissements, dès qu'elles ont satisfait aux prescriptions relatives aux certificats d'études.

Pendant la première année d'apprentissage, elles gagnent environ 6 fr. par semaine,
La 2ᵉ année 8 fr. id.
La 3ᵉ année 12 fr. id.
} selon travail.

Salaire. — Après trois années, elles sont considérées comme ouvrières et gagnent aisément 3 fr. ou 3 fr. 50 par jour. Les plus habiles ont les travaux les plus délicats, mais aussi les plus rémunérateurs, et reçoivent de 4 à 5 fr. Enfin, certaines, à qui sont confiés les ouvrages de prix, ont le maximum du salaire quotidien, c'est-à-dire 6 fr.

Chômage. — Il n'y a pour ainsi dire jamais de chômage, surtout pour les bonnes ouvrières.

Dorure sur cadres.

Au premier abord on est tenté de penser que cette industrie est purement masculine et que les mixtures chimiques employées dans la composition de l'or liquide peuvent être nuisibles à la santé. C'est une erreur ; nous avons vu des ouvrières travaillant assidûment depuis 30 ans dans la dorure sur cadres, et nous avons pu constater que leur aspect était des plus florissants.

Apprentissage. — La durée est de deux ans, pendant lesquels on ne peut s'attendre à gagner plus de 1 fr. par jour et même à n'avoir que 0 fr. 50 (suivant les maisons), pour débuter.

Salaire. — Au bout de deux ans, l'apprentie doit être suffisamment exercée pour pouvoir connaître et appliquer au pinceau toutes les variétés de tons d'or sur tous les cadres, depuis les plus ordinaires jusqu'aux plus riches. Elle gagne alors 0 fr. 50 à 0 fr. 60 l'heure en moyenne, ce qui établit ses journées à 5 et 6 fr.

Chômage. — Certaines années sont très bonnes, d'autres le sont moins à cause du ralentissement dans les demandes pour l'exportation ; mais il n'y a pas de morte saison ni de chômage proprement dit. Une excellente ouvrière peut toujours être assurée d'une moyenne de 1,000 fr. par année.

Éventails. — Monture seule.

L'éventail, que d'ailleurs chacun connaît, est un instrument qui sert à agiter l'air autour du visage pour le rafraîchir : on l'emploie aussi, dans les pays chauds, pour chasser les mouches.

L'usage en est extrêmement ancien, et la forme ainsi que la matière dont on le fabrique, ont subi les variations inhérentes aux époques et aux peuples. Au moyen âge, en France, les jeunes femmes portaient des éventails de plumes, généralement en touffes, plumes de perroquet, d'autruche, de paon, etc. Au XVI° siècle, les manches de ces éventails ou écrans étaient ornés de pierres précieuses et se vendaient jusqu'à mille francs.

Nous sommes toujours restés les maîtres de cette industrie qui occupe un nombre considérable d'ouvriers de toutes corporations. Nous fournissons beaucoup de contrées de l'Europe concurremment avec la Chine, renommée, à juste titre d'ailleurs, pour son genre spécial.

Nous ne parlons ici que de la « monture » des éventails, leur peinture ayant fait l'objet de l'article précédent.

L'éventail est fait d'une « feuille » ou « segment de cercle » de diverses matières. Cette feuille s'applique sur une monture composée de tiges légères appelées « liens », réunies par un bout à l'aide d'une « rivure » de manière à se refermer exactement les unes sur les autres. Cette monture s'appelle *pied* ou *bois*, quelle qu'en soit la matière.

L'exportation seule demande environ 2.000.000 d'éventails par an.

C'est dans l'Oise que se fabriquent les « *bois* », mais les « *feuilles* » sortent toutes des mains parisiennes et sont décorées soit de peintures genre Watteau et Boucher, soit de feuillages ou sujets brodés. Elles sont en fines et rares dentelles de vieux points, voire aussi en papiers ou satins enluminés.

Apprentissage. — L'apprentissage de la monture est d'un an environ, sans rien gagner. Cependant, si la débutante peut payer une somme à forfait (variant de 80 à 150 fr.) à l'entrepreneuse ou à l'ouvrière qui la met au courant, celle-ci s'engage à l'initier au travail le plus rémunérateur dans l'espace maximum de 6 mois. Cela permet à l'apprentie, devenue artiste, de travailler chez elle avec profit, surtout si elle est tombée sur une initiatrice capable de lui enseigner toutes les variétés de montures, principalement les montures de luxe.

Salaire. — La façon d'une monture d'éventail se paie ordinairement de 0 fr. 75 à 2 fr. 50 ou 3 fr. l'une. Avec du goût et de l'habileté, une bonne ouvrière peut aisément gagner de 4 à 6 fr. par journée de 10 heures, soit chez elle, soit en atelier.

NOTA. — Il y a à Paris fort peu d'ateliers de ce genre, presque toutes les montures se font à domicile.

Observations. — Pour trouver de l'ouvrage régulier, il faut, quand on se sent suffisamment apte à travailler seule, chercher à entrer en relations avec une importante maison d'exportation.

Toutes les grandes maisons de fabrication d'éventails occupent des monteuses en dehors et aiment à augmenter le nombre de leurs artistes, afin de varier les façons.

Eventails et écrans (peinture).

Les écrans de cheminée, écrans à mains, écrans à bougies, tambourins, éventails, etc., sont peints soit à la main, soit à l'impression comme des chromos. La concurrence établit aujourd'hui des objets peints à la main presque aussi bon marché que les peintures imprimées; voici comment :

Dans quelques grands ateliers parisiens où se fabriquent, par quantité, des éventails, écrans, etc., un certain nombre de femmes sont assises autour de grandes tables ; elles ont chacune, devant elles, une seule couleur dans un godet d'assez forte capacité, et tiennent à la main un pinceau. Leur travail consiste à « plaquer » la couleur dont elles disposent aux endroits déterminés par le modèle posé en face d'elles. Ainsi l'une fait tous les « ciels bleus », une autre fait tous les blancs, une autre toute la verdure, etc., et ce, sur les 50 et 60 éventails coupés et préparés d'avance, jusqu'à ce qu'ils soient entièrement terminés. Un seul éventail, par exemple, s'il comprend 12 ou 14 couleurs, passe dans les mains de 12 ou 14 ouvrières. On conçoit que les éventails faits ainsi sur une vaste échelle, bien que peints à la main, peuvent être livrés à un prix minime (il y en a depuis 4 fr. tout montés) et font une concurrence sérieuse à l'éventail imprimé, ainsi que nous le disions en commençant.

Ce travail, qui est une des nombreuses branches de la peinture, a pris ici une place spéciale motivée par son importance (principalement les éventails). Beaucoup de femmes faisant la peinture montent elles-mêmes l'éventail avant de le livrer.

Ces deux opérations se font également en atelier ou à domicile, mais surtout à domicile, les fabricants préférant souvent donner leurs commandes au dehors, pour éviter la surveillance d'un nombreux personnel.

Apprentissage. — Il va sans dire que l'apprentissage de la méthode quasi-mécanique dont nous avons parlé plus haut, est presque insignifiant. Il n'en est pas de même pour la peinture véritablement artistique. Celle-là, bien que moins difficile, de beaucoup, que la peinture à l'huile et sur porcelaine, n'en exige pas moins une pratique sérieuse et assidue de 6 à 8 mois pour une jeune fille connaissant déjà le dessin, surtout si, comme cela est indispensable, elle veut créer au lieu de copier. Certains éventails, œuvres d'art, véritables aquarelles exquises, sont les résultats de longues et patientes études.

Evidemment ce travail rapporte assez vite, une artiste de talent arrivant toujours à placer ses productions quand elles ont le mérite d'être originales.

Salaire. — Il serait téméraire d'évaluer la rémunération régulière de cette industrie.

Dans les ateliers dont nous avons parlé au début, les rétributions sont de 4 fr., 5 fr. et quelquefois 6 fr. par jour de onze heures de travail effectif.

Pour les artistes travaillant chez elles, l'essentiel est de trouver des commandes, elles peuvent alors baser leurs bénéfices, en fournissant les couleurs sur un minimum de 0 fr. 70 à 1 fr. 25 de l'heure pour les objets ordinaires.

Les articles de prix dont l'exécution est à la fois parfaite et originale peuvent donner un bénéfice considérable, certains éventails peints se vendant jusqu'à 200 fr. Ce sont alors de véritables objets d'art.

NOTA. — Les éventails se peignent sur plumes, sur soie, sur gaze, sur dentelle, sur écaille.

Les plumassières en éventails constituent une spécialité qui va toute l'année et à laquelle on peut attacher les jeunes filles sortant des écoles.

Elles débutent à 1 fr. par jour, et quand elles sont bien au courant (2 ans environ), elles peuvent gagner jusqu'à 3 fr. 50 par journée de 10 heures.

Fleurs.

Depuis que le premier poëte a cherché une comparaison symbolique au mot « femme », on y a associé le mot « fleur ». Aussi, parler de la profession de « fleuriste », c'est évoquer aussitôt toute la gamme des qualités des doigts féminins.

Pour exceller dans cette industrie, il est nécessaire de commencer jeune, de 12 à 15 ans, pas plus tard, c'est ce qu'on appelle les petites « mains ». Il est de plus indispensable d'avoir, au service d'un goût naturel, *des doigts déliés et agiles*. Un grand avantage pour la fleuriste serait de connaître le dessin ; c'est ce qui lui donnerait une supériorité marquée sur celles qui l'ignorent, pour les créations surtout, où son ingéniosité, alimentée par son talent de dessinateur, aurait ainsi tout son essor.

Apprentissage. — Nous ne saurions trop insister sur la nécessité de commencer de bonne heure l'apprentissage, qui dure 3 ans, pour le « métier » proprement dit, mais qui se prolonge durant toute la carrière de la fleuriste, attendu que le luxe et la mode lui demandent à chaque saison de nouveaux efforts.

Pendant ces trois premières années, si elle n'est ni couchée, ni nourrie, l'apprentie a 1 fr. par jour la première année, 1 fr. 50 la seconde, puis 1 fr. 50 avec quelques gratifications la troisième année.

Les « petites mains » sont des apprenties de première et seconde année.

Salaire et chômage. — Une bonne ouvrière peut compter sur un salaire moyen de 4 fr. par jour pour un travail effectif de 10 à 11 heures. Les mois de décembre, janvier, février, mars et avril, sont les meilleurs, les ouvrières se font alors jusqu'à 40 fr. par semaine. Il faudrait, à l'instar de la fourmi, amasser pour les mois de juillet, août et septembre qui sont à peu près nuls.

Autrefois le « trempage » ou mise en couleur des étoffes destinées aux pétales, était confié à des ouvriers spéciaux appelés « trempeurs ». Aujourd'hui on apprend les ouvrières à « tremper » elles-mêmes, dans les écoles professionnelles.

Toutes les ouvrières ne font pas toutes les fleurs. Il y a des « rosières », des « verdurières » et des « petites fleurs ». Un bon apprentissage doit permettre à l'ouvrière de s'exercer dans toutes les variétés de la fabrication des fleurs.

La mode influe énormément sur l'industrie des fleurs. Certaines années, les fleurs ont une telle vogue qu'elles se portent, même l'hiver, de préférence aux plumes. Le chômage, en ce cas, est insignifiant. Malheureusement, il y a, par intermittence, des séries de 5 à 6 ans pendant lesquelles la fabrication est en souffrance.

Cependant cette profession a autant d'avenir qu'elle a de passé, attendu que tant qu'il y aura des femmes, il y aura aussi des fleurs..... artificielles.

Houppes et fantaisies pour parfumeries.

Nature du travail. — Travail de « petites mains ». C'est une industrie très facile et très agréable à exercer, peu fatigante, fort propre et délicate. Il s'agit de coller sur des ronds d'ivoire ou d'os, préparés à cet effet par des spécialistes, des coussinets de satin de couleurs variées, et sur lesquels il faut appliquer ensuite des touffes de duvet d'oie ou de cygne.

Les houppes rondes, longues, doubles, les boules de neige, les petits sacs de peau, à coulisse, destinés à recevoir discrètement la houppe de poche, et tous ces mignons et élégants accessoires de la toilette féminine sont ainsi confectionnés exclusivement par des femmes qui y trouvent un emploi lucratif de leur temps et de leur activité.

Apprentissage. — Il n'y a pas, au bout de 8 jours, une femme, quel que soit son âge, si elle est intelligente et adroite, qui ne devienne bonne ouvrière. Elle gagne d'ailleurs 1 fr. 50 et même 1 fr. 75 dès le premier jour.

Salaire. — Aussitôt reconnue capable d'exécuter soigneusement le travail qu'on lui confie, l'ouvrière gagne 2.60 par journée de 11 heures coupée par 1 heure, de 7 heures du matin à 7 heures du soir en été et de 8 h. à 8 h. en hiver. Il n'y a pas d'augmentation à espérer.

Chômage. — Cette fabrication comporte une telle variété d'articles de fantaisies que l'ingéniosité de l'industriel met en vogue qu'il n'y a jamais de chômage à craindre, pas plus que la disparition de l'industrie elle-même ; mais les fabricants se plaignent de n'être pas secondés par le nombre, ni la qualité des ouvrières.

Maroquinerie.

Nature du travail. — Les porte-monnaie, calepins, sacs de voyage, trousses, portefeuilles, étuis à cigares, à cigarettes, etc., sont l'objet d'une industrie appelée du nom générique de « maroquinerie ».

C'est un travail fin qui exige du goût du savoir-faire chez l'ouvrier, quel que soit son sexe ; aussi n'est-il pas sans exemple de rencontrer une femme gagnant plus que son mari, quand ils travaillent tous deux dans la maroquinerie.

Les femmes sont occupées principalement, soit en atelier, soit chez elles, à l'assemblage des pièces diverses, tantôt cousues à la machine, tantôt simplement collées et doublées. Il ne faut donc pas d'aptitudes spéciales ; seulement de l'attention et du soin.

Apprentissage. — En termes généraux on peut dire que 2 à 3 ans sont nécessaires pour former une bonne ouvrière capable de gagner 4 à 5 fr. par jour, aux pièces. Pendant la durée de l'apprentissage, le salaire varie de 0 fr. 50 à 2 fr. selon les services rendus par les apprenties, qui dépendent presque toujours des ouvrières faites.

Salaire. — Nous disons plus haut qu'une bonne ouvrière arrive à gagner 3, 4 et même 5 fr. par jour pour 10 à 11 h. effectives. Quelques-unes ne dépassent pas ce chiffre ; d'autres progressent jusqu'à 6 fr. et même au delà. — Il est rare que ce travail se fasse en atelier, aussi est-il toujours payé aux pièces. Le fabricant confie aux ouvrières reconnues bonnes après essai, tous les matériaux nécessaires à l'exécution des articles.

Chômage. — Les excellentes ouvrières ont peu ou point de chômage, cette industrie renfermant dans ses branches variées l'article de Paris et l'article de fumeur si recherchés dans le monde entier.

(Voir aussi l'article « *Porte-monnaie* ».)

Masques.

Nature du travail. — A l'aide de moules plus ou moins grossiers, faits avec une pâte de carton et de farine, des femmes, à Paris, fabriquent ces masques, accessoires obligés et désopilants des bals et des cortèges carnavalesques, — ainsi que les cornets bariolés dont les enfants, dans les fêtes foraines, tirent des sons si horripilants — et certaines figures de cotillons.

Le travail se fait en atelier et il est réglé aux pièces.

Apprentissage, salaire, chômage. — On peut débuter aussitôt le certificat d'études obtenu, rien n'étant nuisible à la santé. 15 jours suffisent presque toujours pour être en état de gagner 1 fr. par jour en travaillant à façon.

Après une année d'exercice, on gagne habituellement 2 fr. par jour, mais rarement plus.

Il n'y a jamais de chômage.

Orfèvrerie d'Eglise.

Cette fabrication emploie beaucoup de femmes comme brunisseuses, repéreuses, émailleuses, ce qui est d'ailleurs du ressort des aptitudes féminines.

Mais, tant pour ces travaux que pour ceux des broderies d'église, il nous a été impossible, malgré notre insistance discrète, d'avoir des fabricants autre chose que des données tellement vagues que nous nous ferions scrupule de les insérer pour l'édification de nos lectrices.

Ouvrages en fil de laiton.

Nature du travail. — On fabrique les carcasses, les cannetilles (fils d'argent et d'or tortillés) et généralement tous les ouvrages de modes nécessitant l'emploi des fils métalliques, et notamment des fils de laiton.

La durée de la journée est de 11 h. coupées par 1 h. de repas.

Apprentissage. — Dans les maisons importantes, on permet aux ouvrières faites, qui d'ailleurs travaillent toutes aux pièces, de s'adjoindre des jeunes filles ayant satisfait aux règlements d'apprentissage, et qui se mettent ainsi petit à petit au courant du métier, tout en leur rendant des services de plus en plus réels au fur et à mesure de leur habileté.

La rétribution, dans ce cas, dépend de l'ouvrière qu'elles aident pendant une année ou à peu près que dure l'apprentissage.

Salaire. — Certaines ouvrières habiles et exercées se font une moyenne de 3 fr. par jour. Pour les ouvrières ordinaires qui travaillent aux pièces aussi comme les autres, elles ne peuvent guère atteindre plus de 2 fr. 50 à 2 fr. 75.

Chômage. — Peu de chômage complet. Si quelque ralentissement survient dans les commandes, on se contente de réduire le nombre d'heures du travail effectif.

Pastilleuses.

Toutes les figurines en pâte amidonnée, les fleurs et papillons posés sur des fils d'archal pour décorer les pièces de pâtisserie, les assiettes garnies de hors-d'œuvre indécollables, certains accessoires de cotillons, certains œufs de Pâques s'ouvrant en deux, et nombre de « surprises », sont fabriqués par une catégorie d'artisans qu'on nomme « pastilleurs ». — C'est le patron (généralement un ouvrier modeleur) qui fait les moules, dans lesquels les ouvrières de son atelier coulent par quantités illimitées cette pâte de gélatine et d'amidon qui affecte ainsi toutes les formes possibles. Les « petites mariées » qui faisaient jadis la joie enthousiaste des jeunes, à un repas de famille, ne sont plus de mode aujourd'hui; mais les pastilleuses ont fait subir à leurs productions les transformations demandées par le goût actuel et font encore de jolis objets, presque artistiques.

Apprentissage et salaire. — L'apprentissage ne demande que quelques jours d'attention et de soin. Petit

petit on sait couler, démouler, et aussi enluminer selon les besoins : quelques décorations élégantes, qui n'ont plus rien de la grossière enluminure primitive dont « s'esclaffaient » nos pères, en famille, demandent maintenant des couleurs fines, une main légère et un véritable talent.

Les ouvrières travaillent toujours en atelier. Elles gagnaient autrefois de 1 fr. 25 à 2 fr. 50 par jour ; actuellement elles sont payées « aux pièces » sur la base de 2 fr. 75 à 3 fr. par jour. Le travail n'est pas fatigant.

Plumes fantaisie-Marabouts.

Nature du travail. — Toutes les jolies plumes qui servent à orner les chapeaux, les éventails, les écrans, voire même les robes (les plumes sont alors collées en galons), sont arrangées, collées et montées par des femmes. Le travail demande beaucoup de patience, de goût et d'activité. — Les poussières qui se détachent des duvets et plumages ne sont pas malsaines à absorber ; cependant, les ouvrières plumassières feraient bien d'être d'une rigoureuse propreté, et de boire aussi souvent que possible de l'eau aromatisée de café ou de citron.

Apprentissage. — Deux années au moins sont indispensables pour devenir une ouvrière suffisante. Tous les chefs d'atelier donnent une gratification de 0 fr. 50 par jour aux débutantes pour la première année et de 1 fr. pour la seconde.

Les parents soucieux de l'avenir de leurs jeunes filles

doivent ici se méfier des patrons qui offrent davantage à leurs apprenties, attendu qu'en général, au lieu de les initier aux secrets du métier, ils les occupent à faire des courses ou toute autre besogne étrangère à l'apprentissage. Il en résulte qu'au bout de deux ans, la jeune fille est incapable de gagner le salaire d'une ouvrière exercée.

Salaire. — Une femme intelligente et adroite devient bonne « *monteuse* ». C'est la meilleure partie du métier. Si elle est industrieuse, elle crée des modèles qui lui sont payés assez chers pour mettre ses journées à 5 fr. Les montures courantes lui procurent un gain journalier de 4 fr. en moyenne, à l'atelier, aux pièces ou non.

La « colleuse », à l'atelier également, est payée à la journée ; c'est habituellement 2 fr. 50. — Les fabricants donnent aussi de l'ouvrage à domicile, mais pour les colleuses seulement. Les semaines de celles-ci peuvent s'évaluer à 9 ou 10 fr. Le travail le plus avantageux est la parure fantaisie. (Voir aussi « *Eventails* » et la note du même article.)

Chômage. — Il y a fort peu de chômage dans la plume, parce que l'exportation donne ses commandes dans la saison où les demandes se ralentissent pour la commission.

Polisseuses.

L'industrie du bijou fut créée par la femme, dans ses instincts de coquetterie, dès qu'elle sentit s'éveiller en elle le désir de plaire.

Les coquillages, les cailloux brillants qui forment encore le dernier mot de la parure, chez la femme sauvage, ont été d'abord les seuls bijoux qui ornaient les oreilles, le cou, les bras... ou le nez des premières élégantes.

C'est d'Egypte, ce poétique pays des grands Pharaons, des lotus bleus, des ibis roses, que nous viennent les premiers émaux, les filigranes et les mosaïques. C'est là que de bonne heure les hommes se servaient de l'or avant que d'employer le bronze pour leur usage quotidien, parce qu'il était plus facile à trouver. Il y a déjà près de quarante siècles que ce bijou classique par excellence, le camée, fit son apparition sous Sémiramis, reine d'Assyrie, qui donna au luxe un essor si légendaire.

La plupart des opérations qui concourent à la fabrication de la *bijouterie* sont faites par des femmes, ainsi que nous le verrons tout à l'heure. Pour la *joaillerie* où la force nerveuse de l'homme est nécessaire, l'intervention féminine est presque nulle.

Nature du travail. — On n'emploie les femmes qu'au polissage des pièces fabriquées, ce qui, d'ailleurs, leur est exclusivement réservé. Dans le *doublé*, le polissage est l'opération la plus délicate, parce qu'il faut bien se garder d'enlever le métal en le polissant.

Apprentissage. — Il faut deux ans au moins d'apprentissage sérieux pour faire une bonne ouvrière. On peut commencer aussitôt après l'obtention du certificat d'études; le plus tôt est le mieux, attendu que s'il faut, il est vrai, assez de force physique, le travail pour devenir aisé demande beaucoup d'habitude et de régularité.

Ordinairement les apprenties ne gagnent que ce que veut bien leur donner leur patronne selon sa satisfaction du travail de la semaine ; c'est 3 fr. par semaine au début. Souvent aussi on leur demande un engagement de deux ans sans rémunération régulière. — Pour bien apprendre, il vaut mieux être placée chez une ouvrière qu'en atelier.

Salaire. — Une bonne ouvrière peut gagner 3, 4 et même 5 fr. par jour selon son habileté, mais surtout selon le genre d'objet qui lui est confié. Plus les objets sont minutieux, plus leur prix est élevé et plus ils sont avantageux pour l'ouvrière.

Ce travail se fait presque toujours en atelier, à cause de la valeur des objets.

Chômage. — Il y a malheureusement, comme pour tous les articles de luxe, des occasions assez fréquentes de chômage, lesquelles, il faut le reconnaître se multiplient chaque jour davantage.

Pour trouver du travail, on s'adresse habituellement aux fabricants d'outils de polissage ; on est mise par eux en rapport avec les orfèvres qui cherchent des ouvrières.

Nota. — Pour polir on se sert de pierre ponce, de rouge anglais, de charbon et d'huile. Il est donc nécessaire, pour préserver ses vêtements, de porter une longue blouse.

Porte-monnaie.

Nature du travail. — De l'industrie des porte-monnaie procèdent deux opérations confiées aux femmes :

1° La confection à la machine de la bourse en chevreau ou cuir russe ;

2° Le montage de cette bourse aux garnitures en métal.

La confection à la machine se fait en atelier ou à domicile. Si c'est en atelier, la machine et les accessoires sont fournis par la maison : ainsi en est-il pour tous les fabricants importants. Si c'est à domicile, la machine appartient à l'ouvrière, qui est tenue aussi de fournir le cordonnet nécessaire à la confection des poches. A l'atelier comme à domicile, les poches sont toutes préparées avant d'être confiées aux ouvrières chargées de les coudre. Le collage, s'il y a lieu, est fait par les mêmes ouvrières couseuses.

Apprentissage. — Très simple et très facile pour le montage qui consiste à coudre les poches aux montures de la façon la moins apparente et la plus régulière possible. — Trois mois sont nécessaires pour l'apprentissage des poches cousues à la machine.

Pour l'une et l'autre opération, on est réglée aux pièces, par conséquent le salaire est de suite en proportion avec la production. L'apprentissage se fait en atelier et rapporte au début de 1 fr. 50 à 2 fr. par jour.

Salaire. — Au montage, une excellente ouvrière peut atteindre 3 fr. 50 par jour, jamais plus.

Le cousage, qui comprend la préparation des doublures et collage, donne, aux pièces, une moyenne de 4 à 5 fr. à l'ouvrière, soit en atelier, soit à domicile.

Tous les règlements se font assez souvent à la semaine.

Chômage. — Quand il y a ralentissement, ce qui arrive 2 fois par an pendant 1 mois ou 6 semaines, ce sont les ouvrières à domicile qui en souffrent le plus. On réserve toujours l'ouvrage pour les ouvrières en atelier qui n'ont guère alors qu'une réduction d'heures de travail, tandis que les autres subissent un arrêt total.

Nota. — Plusieurs grands fabricants s'attachent des entrepreneuses qui prennent la responsabilité du travail et des fournitures. Naturellement, si on est occupée par ces intermédiaires, le gain journalier est sensiblement réduit.

Rideaux et couvre-lits. Guipure.

Nature du travail. — Les guipures sortant de fabrique, surtout les guipures vendues bon marché, ont toujours des défauts plus ou moins apparents qui diminuent considérablement leur valeur. C'est à visiter les pièces de rideaux, etc., que sont occupées les femmes acceptées dans ces établissements spéciaux. Le travail n'est pas difficile, et on est assise ou debout;

à volonté, soit qu'on visite, soit qu'on reprenne les fils manqués des dessins.

Apprentissage, salaire, chômage. — C'est une affaire d'habitude et d'attention, afin de ne rien laisser échapper des manqués. Une fillette de 13 ou 14 ans peut gagner 1 franc par jour pour commencer, puis 1 fr. 50.

La journée de 10 h. d'une ouvrière faite peut être évaluée à 3 fr.

Il n'y a qu'un petit nombre d'ateliers (1) de ce genre ; ils n'ont pas à souffrir de chômage.

Vannerie fine garnie.

Ce travail ne peut être considéré que comme un intermède de rapport pendant le chômage d'une profession plus spéciale. Il se rattache à la couture.

Les garnisseuses de vannerie fine sont le plus souvent des couturières ou des modistes ayant du temps disponible pendant le mois d'octobre, et qui se mettent à la disposition des maisons de cristallerie ou vannerie, pour enrubanner les paniers de luxe, les cornets, les corbeilles, etc.

Elles sont payées l'heure de 0 fr. 40 à 0 fr. 50 c. et travaillent pendant tout le mois 10 à 11 h. par jour.

Vannerie artistique.

Toute la vannerie proprement dite se fait en pro-

(1) Environs de Paris. — Neuilly, Levallois, Asnières.

vince ; il n'est donc question sous ce nom que de l'ornementation des objets en paille.

Les entrepreneuses sont généralement les seules auxquelles les maisons importantes confient les objets à enjoliver. Elles ont alors des ouvrières qui travaillent à domicile ou en atelier, et auxquelles elles fournissent les garnitures et accessoires nécessaires. Comme elles ont la responsabilité de l'ouvrage, elles sont généralement fort difficiles.

Une femme de goût ayant assez de loisirs dans son ménage peut s'adjoindre une fillette qui l'aidera moyennant une menue rétribution, et chercher à se mettre en relations avec une maison de vannerie artistique ou une confiserie de luxe, maisons qui recherchent les originalités élégantes, si l'on peut, bien entendu, avancer la valeur des fournitures nécessaires, parce qu'on est payé généralement sur relevé, le mois qui suit la livraison. Elle gagnera ainsi plus qu'en travaillant pour une entrepreneuse.

Apprentissage. — C'est une affaire d'intuition plus que d'étude ; par conséquent, il ne peut être question d'apprentissage proprement dit, d'autant plus qu'il faut s'ingénier à trouver toujours du nouveau. Une jeune fille qui a « aidé » une personne bien au courant, peut travailler à son compte quand elle offrira suffisamment de garanties, par son âge et par ses références, pour donner toute sécurité aux personnes qui lui confieront leur marchandise.

Salaire. — Une bonne garnisseuse de sacs de bonbons,

paniers, corbeilles, ridicules pour lorgnettes, etc., peut, à son compte, sans intermédiaire, gagner plus de 6 à 10 fr. par jour dans la plus forte saison (du 15 octobre au 15 décembre). Par une entrepreneuse elle ne devra pas s'attendre à gagner plus de 2 fr. 75 ou 3 fr., payée aux pièces. L'avantage qu'il y a pourtant à travailler pour une entrepreneuse, c'est qu'on s'évite ainsi des démarches quelquefois pénibles et des pertes de temps, une seule maison directe pouvant difficilement suffire à procurer une occupation suivie et régulière.

MÉTIERS INDUSTRIELS

1° ALIMENTATION.

Biscuits.

Nature du travail. — C'est surtout à l'empaquetage et au glaçage des biscuits qu'on emploie les femmes, en assez grand nombre d'ailleurs. Certaines fabriques de Paris en occupent jusqu'à 200 régulièrement (1).

Apprentissage. — Il concerne surtout le glaçage, opération qui exige beaucoup d'adresse et d'attention, et pour cela quelques mois d'habitude (2 ou 3 mois au moins). — Pour l'empaquetage, 8 jours d'exercice suffisent.

Le bénéfice durant l'apprentissage est très variable, parce que toutes les ouvrières, qu'elles soient novices, ou reconnues excellentes, sont payées à la pièce proportionnellement à leur production quotidienne.

Salaire. — Les ouvrières parvenues au degré voulu d'habileté peuvent se faire 2 fr. 50 à 3 fr. par jour. Très peu dépassent ce chiffre.

Chômage. — Il ne se présente pas, dans cet article, de chômage complet. Quand il y a un ralentissement dans les commandes, comme on ne peut emmagasiner

---

(1) Maisons Guillou, Potin, etc.

trop d'avance, on réduit le nombre des heures de travail.

Observation. — Dans les fabriques importantes, s'il n'y a pas de caisse de secours mutuels pour maladies ou accidents, on fait, en ce cas, le jour de la paie, une quête de soulagement. Quelquefois même, certaines maisons font assurer leur personnel et paient les primes d'assurance.

Cafés torréfiés.

Dans les environs de Paris, il y a plusieurs établissements ayant la spécialité du brûlage des cafés. Ces maisons emploient des femmes en certaine quantité pour le triage des cafés verts. Mais ce n'est là que de la manutention.

Il n'y a donc pas d'apprentissage, mais seulement l'habitude à prendre.

On est payé à la journée, les 8 premiers jours, 1 fr. 75, puis définitivement à 2 fr. 25.

Il n'y a jamais de chômage, le travail est régulièrement assuré au personnel.

Chicorée.

La chicorée n'est guère fabriquée à Paris, et à peine dans les environs. Les rares fabriques n'emploient les femmes qu'à l'empaquetage (1).

Il n'y a pas d'apprentissage.

---

(1) Cambrai, Douai et Lille ont la spécialité des chicorées.

Pour une journée de 11 h. effectives dont 1 h. de repas, les ouvrières reçoivent, travaillant aux pièces, de 2 fr. 50 à 2 fr. 75.

Peu de chômage pour cet article courant de consommation, sauf partiellement.

Confiturerie.

La cuisson des confitures dans les familles est naturellement l'objet de la surveillance spéciale et de la sollicitude des ménagères, pour lesquelles cette opération a une importance primordiale. Mais dans la fabrication, faite dans de grandes proportions, des confitures livrées aux marchands, toute cette partie, la plus fatigante, est dévolue aux hommes.

Nature du travail. — Le travail des femmes occupées dans les confitureries consiste dans le nettoyage, l'épluchage et l'émondage des fruits, — puis dans leur emballage, celui des marrons glacés principalement. Ce dernier produit nécessite, du 1er octobre au 15 janvier, une augmentation sensible du personnel féminin.

11 h. de travail, y compris l'heure consacrée au repas. On commence à 6 h. en été jusqu'à 6 h. du soir ; l'hiver, de 7 h. à 7 h.

Salaire. — Il n'y a pas, on le comprend, d'apprentissage à faire. Toute femme qui se présente pour travailler a vite fait d'imiter ses compagnes. — Les ouvrières gagnent de 20 c. à 25 c. l'heure.

Chômage. — Pour le nombre strictement établi des

uvrières attitrées, il n'y a jamais de chômage, les contures étant un objet de consommation à peu près régulère, et d'une fabrication variée permettant d'utiliser es fruits de chaque saison.

NOTA. — Dans les grands établissements, en cas de aladie d'une ouvrière, un médecin attaché à la maison ii donne des soins gratuits.

Confiserie de marrons.

Cette modeste industrie n'est guère exercée à Paris ue par 1 ou 2 fabricants.

Marrons bouillis, épluchés et glacés, à la vanille ou on, puis mis en boîtes ou en sacs. Cette fabrication ne ure que du 1er octobre au 1er mars. Les ouvrières, our lesquelles aucun apprentissage n'est nécessaire, nt ordinairement une autre occupation pour les mois 'arrêt complet, et reviennent volontiers dès le 1er octore à la fabrication du marron glacé.

Elles travaillent aux pièces de 10 à 11 heures par our. En décembre et janvier les journées sont quelquefois de 14 h. Pour les journées de 10 à 11 h., on eut compter 3 fr. 50 environ.

Denrées alimentaires.

Nous pouvons comprendre sous cette unique appelation :

1° La fabrication du chocolat qui occupe des femmes our la mise en papier argenté et l'empaquetage.

2° La pâtisserie, glaçage et empaquetage.

3° L'épluchage des fruits et des légumes de chaque saison.

Pendant les mois de juin, juillet et août, certains établissements en renom cherchent un supplément de 4 à 500 ouvrières pour le triage et la préparation des légumes destinés à la fabrication des conserves alimentaires.

Apprentissage. — Il suffit d'être active et consciencieuse pour être admise, s'il y a lieu.

Salaire. — Les ouvrières sont payées à l'heure 0 fr. 20 ou 0 fr. 25, pour les denrées alimentaires. — Les auxiliaires temporaires pour l'épluchage reçoivent 2 fr. par jour au minimum, réglé aux pièces. Quelques-unes ont une telle habileté qu'elles atteignent 3 fr. à 3 fr. 50 pour une journée de 10 h. 3|4.

Les ouvrières occupées au chocolat et à la pâtisserie sont payées aux pièces. Leurs semaines sont de 15 fr. au moins et de 20 fr. au plus.

Sauf pour les auxiliaires, le chômage est inconnu dans les établissements de ce genre.

2° MANUFACTURES.

Châles, apprêt et foulon.

Il ne s'agit ici que de la manipulation des tissus de laine et du déchiquetage. C'est un travail qui n'est ni difficile ni long à apprendre et qui n'exige de la femme que des forces physiques suffisantes pour lui permettre impunément de stationner debout, et de manier des pièces parfois un peu lourdes.

Apprentissage. — Il dure deux mois à peine, mais c'est plutôt une habitude à prendre qu'un apprentissage sérieux à faire.

On gagne 0 fr. 15 et 0 fr. 20 de l'heure dès le début.

Salaire. — Pour les ouvrières faites comme pour les apprenties, le travail se paie à l'heure. Le maximum est de 0 fr. 30 de l'heure, et plus généralement la moyenne est de 0 fr. 25.

Les journées sont de 12 heures, réduites à 11 pour le temps d'arrêt à midi.

Chômage. — Il n'y a pas de chômage, et dans beaucoup d'établissements le personnel est assuré contre les accidents.

Chiffons.

Nous ne nous occupons pas ici de la chiffonnière qui erre par les rues, sa hotte sur le dos, son crochet à la main, à la recherche des épaves des ménages parisiens.

C'est du commerce de chiffons que nous parlons. Cette industrie, déplorable pour les femmes, hygiéniquement parlant, les tient penchées toute la journée sur d'énormes tas de chiffons que les hommes employés au « coltin » viennent grossir sans interruption.

Elles assortissent les morceaux selon l'espèce et la

couleur et les mettent dans des paniers séparés, disposés à cet effet.

On comprend qu'il n'est point question d'apprentissage, mais seulement d'habitude et d'habileté, parce qu'on est payé à la tâche et que la rétribution n'est appréciable qu'autant qu'on a acquis, par l'exercice, une grande dextérité.

Pour une semaine de 6 jours à 10 heures par jour, on reçoit 12 fr. à 15 fr. tous les samedis.

Il n'y a jamais de chômage.

Colles fortes. Gélatines (1).

Les femmes sont dans un atelier spacieux et bien éclairé, occupées à couper la pâte en morceaux carrés pour la colle forte, et rectangulaires pour la gélatine, après l'avoir étendue, pour la refroidir, sur des châssis superposés. Il faut, pour ce genre de besogne, une certaine dextérité et de l'activité, attendu que le travail est réglé aux pièces.

Apprentissage. — Aucun apprentissage n'est nécessaire, les outils spéciaux simplifiant toute complication dans la régularité du coupage.

Salaire. — Les journées commencent à 7 h. du matin en hiver, jusqu'à 7 h. du soir, et en été vont de 6 h. à 6 h.

Payées aux pièces, les femmes se font une moyenne de 2 fr. 25 à 2 fr. 50 par jour.

Chômage. — Il n'y en a jamais.

(1) Cette industrie s'exerce surtout aux environs de Paris, principalement à Asnières et Boulogne-sur-Seine.

Cuirs en relief.

Le relief des cuirs de Cordoue et autres cuirs de luxe est donné par « l'impression » des « machines-presses » conduites par des hommes.

Les femmes, ici, ne sont chargées que du triage et de la préparation des cuirs destinés à recevoir les dessins en relief.

Salaire. — Le travail se règle à l'heure ; la journée se compose de 10 heures de travail effectif.

En moyenne, le salaire peut être évalué quotidiennement à 3 fr. 50 et 4 fr.

Chômage. — Il n'y en a jamais, dit-on.

Equipements militaires.

Cette fabrication concerne les vêtements de draps, jointures de chaussures, équipements, havres-sacs, etc.

Les travaux se font soit en atelier, soit à domicile.

Dans les ateliers, les machines à coudre dirigées par les femmes sont généralement mises en mouvement par des arbres de transmission mus par la vapeur, ce qui diminue la fatigue des ouvrières.

Apprentissage. — Les quelques maisons importantes qui ont le monopole des équipements militaires, ne font pas d'apprenties. Avant de s'y présenter, il est bon d'être préalablement mise au courant par des « entrepreneuses » ou des ouvrières exercées auxquelles on laisse, à titre gracieux, la portion de salaire à laquelle on a droit pendant 4 ou 5 mois.

Salaire. — On peut évaluer le gain quotidien des ouvrières travaillant à la pièce, comme il suit : à domicile, 2 fr.; à l'atelier, 2 fr. 50 à 3 fr., pour tous les ouvrages confectionnés sans le concours de la machine à coudre.

Les mécaniciennes peuvent gagner de 3 fr. 50 à 4 fr.

Chômage. — Il dépend naturellement des commandes régulières ou non de l'Etat, mais, dans tous les cas, il n'est que partiel et accidentel.

Filatures de laines (1).

Les femmes sont employées pour les manipulations qu'exige la laine soit avant, soit après son filage. La durée du travail effectif est de dix heures, coupées par une heure de repas.

Apprentissage. — On admet des jeunes filles ayant satisfait aux prescriptions de la loi scolaire, comme apprenties, mais, dès leur entrée, elles travaillent aux pièces et gagnent en proportion de l'exécution.

Salaire. — Après 2 mois 1|2 à 3 mois, elles commencent à gagner 2 fr. à 2 fr. 25, pour arriver à 3 fr., bonne moyenne.

Chômage. — Il n'y a jamais de chômage absolu,

---

(1) Voir, même article, *Province.*

mais quelquefois réduction de la durée du travail journalier. Réduction compensée par les heures supplémentaires qu'on fait dans les moments de presse en août, septembre et octobre ; on prend même alors des auxiliaires dont la plupart restent ensuite aux ateliers si on est satisfait de leur travail.

Fils électriques.

Les fils électriques sont des fils de métal, habillés de soies excessivement délicates et de différentes nuances (orange ou vert). Ils servent à l'installation des téléphones, des sonneries électriques, etc. Ces fils de métal sont de grosseurs variées, certains sont d'une ténuité comparable à celles des cheveux. L'opération de l'habillage, fait à l'aide de machines et de dévidoirs spéciaux, constitue le travail des femmes employées dans les établissements de fils électriques.

Sans être ni compliqué ni fatigant, ce travail nécessite beaucoup d'habileté et surtout une attention soutenue puisque le fil de soie qui s'enroule mathématiquement autour du fil de cuivre est destiné à « isoler » ce conducteur d'électricité. Il est donc urgent qu'il ne se produise pas, dans le développement de l'opération, de solution de continuité.

Une ouvrière peut conduire plusieurs « métiers » ou dévidoirs qui fonctionnent seuls, mus par la vapeur. Elle surveille, rattache les soies qui se cassent, remplacent par d'autres les bobines épuisées. D'ingénieux ressorts mènent régulièrement le dévidage et l'enroulage des fils.

Apprentissage. — Quinze jours ou trois semaines suffisent à une femme intelligente pour retenir tous les noms des différentes pièces des « métiers » qu'elle doit conduire, et pour en connaître l'usage. Elle débute à 1 fr. 75 et même 2 fr. si elle paraît témoigner quelques dispositions.

Salaire. — Qu'elle surveille les « devidoirs » mécaniques pour la soie et le coton, ou qu'elle conduise les « métiers », une ouvrière exercée peut être assurée d'un salaire quotidien de 3 fr. 50 à 4 fr. pour onze heures de travail effectif.

La tenue n'est pas coûteuse, puisque, à cause de l'huile qui jaillit en éclaboussures des machines en mouvement, elle doit protéger, par un large tablier de toile, la partie la plus exposée de son vêtement.

Chômage. — L'électricité, et toutes ses applications, tend à prendre chaque jour plus d'importance.

Déjà les télégraphes, téléphones, sonneries, éclairages sont en voie de progrès constants. On prévoit même que, dans un temps donné, on arrivera à créer des piles qui tiendront condensées, en un très petit volume, des charges considérables d'électricité et grâce auxquelles les ballons dirigeables pourront lutter contre le vent. Il est donc présumable que tout ce qui se rattachera à cette partie moderne de la physique se développera avec un succès croissant à l'abri du chômage.

Nota. — Il n'existe que 2 ou 3 fabriques de fils

électriques. La plus importante est celle de Levallois-Perret.

Jouets.

Cette industrie comprend, on le sait, une quantité de branches. Jouets en fer blanc et mécaniques, poupées, jouets en bois, boîtes de carton renfermant des nécessaires, des trousseaux, des jeux, des découpures, etc.

Dans ces différents genres, les femmes sont plus ou moins employées en nombre assez considérable. Comme il nous a été possible de visiter presque tous les fabricants de jouets de ces différentes natures, nous avons pu établir une sorte de prototype pour chacun des trois caractères distincts de cette fabrication. Jouets de fer et mécanique, jouets en boîtes, poupées et bébés.

En général, pour éviter les frais généraux qui augmenteraient forcément le prix d'objets destinés à être vendus très bon marché, puisqu'ils comprennent tout ce qui se fait de jouets variés en bois, étoffes, carton, etc., sauf la poupée articulée et le jouet mécanique ; en général, disons-nous, les fabricants font faire les jouets par des entrepreneuses des environs qui se chargent d'installer chez eux un atelier, et leur en donnent les éléments constitutifs dont on contrôle sérieusement l'emploi au retour.

Apprentissage. — L'apprentissage se fait naturellement chez les susdites entrepreneuses ; les apprenties sont, au début, payées 50 c. par jour, mais elle arrivent assez vite, lorsqu'elles sont intelligentes, à travailler aux pièces comme ouvrières faites.

Salaire. — Les femmes exercées et habiles peuvent gagner assez facilement, aux pièces, de 3 à 4 fr. par jour, soit chez elles, soit en atelier.

Poupées et Bébés (1).

L'industrie de la poupée s'est étendue en France d'une façon colossale depuis une trentaine d'années ; c'est une des branches les plus florissantes de notre commerce.

Des hommes et des femmes sont chargés, indistinctement, de cette fabrication.

La fabrication des yeux est une des plus minutieuses. Il faut la main délicate d'une femme, sa légèreté, son adresse, pour mener à bien cet important travail, un des plus curieux que nous connaissions.

Il faut de 3 à 5 ans d'apprentissage pour former parfaitement une ouvrière ; ce n'est qu'après ce temps qu'elle « rapporte ».

Pour l'opération du moulage, en atelier, on n'emploie que des apprenties ; les ouvrières faites travaillent chez elles.

Par exemple, une femme veut devenir mouleuse, elle entre à l'usine, où sous la surveillance d'un ouvrier elle apprend son état ; là elle peut gâcher autant de papier qu'il lui plaît. Elle ne quitte l'atelier que quand elle possède suffisamment le « coup de pouce »,

---

(1) La maison Jumeau, que nous avons prise pour type, a une réputation universelle justement méritée.

c'est-à-dire une habileté suffisante pour bien appliquer sur le moule les couches de papier.

Alors, elle est ouvrière. On lui donne un moule en fonte, du papier, de la colle et elle fabrique chez elle des jambes ou des bras, car chaque ouvrière a sa spécialité : les unes font seulement les bras, les autres les jambes, d'autres encore les troncs.

La peinture des corps et des têtes est également faite par des femmes.

Elles commencent par les enduire d'une épaisse couche de blanc ; quand toutes les pièces sont blanchies, on les fait sécher au bout de bâtons, plantés sur des planches percées, absolument comme des planches à bouteilles.

Ensuite on les ponce, c'est-à-dire qu'on les frotte au papier de verre pour les rendre lisses, et enlever, aux endroits où c'est inutile, les couches de peinture trop épaisses.

De là ces fractions passent dans d'autres ateliers, où des ouvrières les recouvrent d'une couche de rose. Cinq couches sont ainsi superposées. Puis la peinture est terminée par une couche de vernis et le séchage a lieu comme à l'atelier précédent.

Des femmes sont chargées de la coiffure ; ensuite, elles leur mettent un ruban clair dans les cheveux, un mignon collier de perles, une chemise brodée garnie de dentelles et voilà les bébés sous les armes avec toutes les séductions de leurs jolis sourires.

Apprentissage. — Aux différentes opérations de cette fabrication, un apprentissage de 2 à 5 ans est indispensable ; les journées sont de 7 h. à 7 h. coupées par une heure pour le repas. Au début, les apprenties sont au pair, puis elle sont payées selon leur capacité, au fur et à mesure de leurs progrès.

Salaire. — Une excellente ouvrière, qui a fait consciencieusement 3 ans d'apprentissage, peut compter sur un rapport régulier de 3 fr. 50 à 4 fr. par jour.

L'avenir est assuré aux bonnes ouvrières.

Il n'y a jamais de chômage.

Laine et canevas.

La mise en écheveaux, le pelotage, l'empaquetage et l'étiquetage sont les opérations réservées aux femmes. Les laines sont le plus souvent fort bien apprêtées et exemptes des poussières malsaines des laines brutes.

Apprentissage. — On comprend que cette besogne presque élémentaire ne demande que de l'habitude; aussi les ouvrières qui se présentent pour débuter commencent par le travail le moins rémunérateur, mais aussi le plus facile : l'empaquetage et l'étiquetage, et gagnent 1 fr. 25 par jour aux pièces.

Salaire. — Quand, après avoir suivi quotidiennement les autres opérations de la fabrique, elles sont suffisamment édifiées pour les exercer à leur tour, elles prennent les vacances d'ouvrières faites au fur et à mesure qu'elles se produisent et arrivent à gagner au maximum 4 fr. par journée de travail de 10 h. et toujours aux pièces.

Chômage. — Il y a beaucoup d'irrégularités dans ce genre de travail, aussi les heures de travail varient-elles souvent. Cela peut aller jusqu'au chômage absolu sans fixation de saison.

Si l'on manque d'ouvrage, on s'arrête. Ces ouvrières vont à la fabrique de temps en temps pour s'informer du moment où l'on compte reprendre les travaux.

Papier à lettre et enveloppes (1).

Beaucoup de femmes des environs de Paris sont employées dans la plus grande partie des opérations qui concourent à mettre du papier spécial au format voulu pour du papier à lettres, et à la confection des enveloppes. Ce sont aussi les femmes qui entourent d'un encadrement noir le papier de deuil.

Le travail, très simple d'ailleurs, en général, ne demande aucune aptitude particulière. Les femmes sont presque constamment assises et se fatiguent peu. Elles ne sont droites que pour fabriquer les enveloppes, à l'aide de machines très ingénieuses qui prennent les enveloppes ouvertes et enduites préalablement de colle, les plient à dimension voulue et les rangent par mille à l'heure. Les procédés perfectionnés permettent aux fabricants de fournir, par facture de cent mille, des enveloppes à 2 fr. 25 du mille.

Le « bordage » est l'opération la plus difficile ; elle consiste à faire glisser avec dextérité une certaine

(1) Courbevoie possède une importante fabrique de papier.

quantité à la fois de papier ou d'enveloppes, à distance régulière les unes des autres et à enduire ces bords préparés de la teinture noire qui leur est destinée.

Apprentissage. — La « bordeuse » a un apprentissage à faire de deux années au moins pour arriver au degré de perfection voulue pour ne gâcher aucun des matériaux mis à sa disposition. Elle débute à 0 fr. 10 de l'heure et va progressivement jusqu'à 0 fr. 25 et 0 fr. 30 l'heure, jusqu'à l'expiration des deux années. L'apprentissage se fait en atelier.

Quinze jours suffisent aux autres auxiliaires pour être au courant de leur besogne respective; elles gagnent, pendant ce temps, 1 fr. 50 par jour.

Salaire. — Comprise dans la catégorie des ouvrières, une femme mineure ou adulte gagne 2 fr. 75 ou 3 fr. par jour. La bordeuse gagne environ 4 par jour.

Pour les unes comme pour les autres, la durée journalière est de 10 h. 1|2 de travail effectif.

Chômage. — Un mois de suspension totale, réparti sur toute l'année pour les réparations industrielles, constitue tout le chômage des ouvrières en papier. En décembre, au contraire, le travail est pressé; les heures supplémentaires augmentent le salaire de 1 fr. par jour.

Parfumeries.

L'usage des parfums était connu des anciens; ainsi Pline en fait remonter l'apparition au règne de Darius. Naturellement, comme ils étaient fort rares, c'était un objet de luxe excessivement cher : sous les empereurs romains, certains parfums coûtaient jusqu'à 400 deniers la livre. Pour honorer les morts, nos aïeux brûlaient des parfums sur leurs tombeaux. On conviendra pourtant que cette cérémonie coûteuse était plutôt un hommage rendu à l'assistance.

Les parfums sont simples ou composés, — simples, ils sont seulement, en quelque sorte, essence d'aromates, c'est-à-dire la production subtile d'un végétal odorant.

Composés, ils sont obtenus par le mélange de plusieurs parfums simples ou naturels.

On en fait des poudres odorantes lorsqu'ils sont secs et friables, — ou des liquides comme des huiles, essences, etc.

Ils jouent un grand rôle dans la composition des savons.

Le mot savon vient du latin *sapo* ou de *sepum* « suif », parce qu'au début on se servait de suif pour le préparer. D'après une autre opinion, on attribue l'origine du savon à la découverte que fit une femme de Savone, près de Gênes. Elle avait, paraît-il, fait chauffer de la lessive de soude dans un vase qui contenait encore de l'huile d'olives, et en avait tiré une matière mousseuse et onctueuse qui servit de base à la préparation des savons.

Les savons sont des composés salins, résultant de la combinaison des principes élémentaires des corps gras devenus acides, avec des bases solidifiables très puissantes, telles que : la soude, la potasse, l'ammoniaque.

Plus les savons sont mous, plus ils renferment de

potasse ; s'ils sont durs, l'élément principal est la soude. Ces derniers sont de qualité supérieure, car les huiles qu'on emploie pour les combiner avec la soude sont des huiles fraîches et fines. Les savons communs à base de potasse sont faits, au contraire, avec des suifs et des graisses.

Les savons tout parfumés sont délicatement enfouis dans les fins papiers de soie et papiers aux couleurs vives, puis enfermés dans des cartons glacés, illustrés, enrubannés ; ils ont l'attrait du fruit appétissant et.... défendu, et, par cela même, n'en sont que plus recherchés.

Aussi les fabricants, ces psychologues par excellence, appellent-ils à leur aide toutes les ressources de l'élégance pour parer leurs produits. C'est à ces délicates opérations qu'ils emploient un assez grand nombre de femmes.

Les fabriques de ce genre, ou parfumeries et savonneries, sont très nombreuses aux environs de Paris. Pour y entrer, il ne faut posséder que des qualités de goût et de propreté ; en peu de temps et sans apprentissage on devient aisément assez habile pour avoir la rémunération régulière de 2 fr. 50 à 2 fr. 75 par jour. Les ateliers sont généralement très vastes et très aérés ; aucun danger, par conséquent, de malaises provenant de la concentration des parfums.

Sans doute, le salaire n'est pas suffisant à une femme pour subvenir aux soins de sa famille, mais si l'on considère qu'il n'y a pas de chômage, que l'on peut demeurer à proximité de son travail, et que ce travail par lui-même n'est ni fatigant ni malpropre, ni difficile, on trouvera que ce métier en vaut d'autres.

Dans la parfumerie, les femmes sont occupées au rinçage des flacons, ainsi qu'à leur coiffage et à leur empaquetage. Elles sont payées à la journée.

La plupart des établissements de parfumerie sont très importants. Les ateliers sont vastes, aérés ou chauffés selon les saisons, éclairés, disposés de manière à faciliter le travail. Les femmes sont dans des locaux spéciaux et presque toujours assises. En général, elles sont traitées très paternellement par les chefs qui considèrent comme tous leurs ouvriers une grande famille qu'ils s'attachent par leurs procédés humanitaires (1).

Toutes les parfumeries ont leur maison de production aux environs de Paris (Neuilly et Levallois-Perret, principalement).

Apprentissage. — Dès son entrée dans l'usine, la jeune fille gagne 1 fr. ou 1 fr. 25 pour onze heures de travail, le dimanche excepté. Il n'y a jamais de travail de nuit, l'apprentissage est très court ; sa durée dépend d'ailleurs de la bonne volonté et de l'activité de la débutante.

Salaire. — On peut l'estimer en moyenne à 2 fr. 50 par jour ; rarement et seulement pour les plus anciennes, promues au grade de surveillantes, il atteint 3 fr.

Au prix principal de la journée, s'ajoute, dans plusieurs établissements, un appoint mensuel au prorata

---

(1) Cette réflexion nous est inspirée par ce que nous savons des procédés de M. Reynaud, de Levallois, pour ses auxiliaires.

des années de présence comme encouragement à la persévérance et à la bonne conduite.

Ainsi, à partir de la troisième année, on alloue aux ouvrières 5 fr. par mois en sus. Au bout de cinq ans, 10 fr., etc., etc.

S'il n'y a pas de Société de secours mutuels ni de retraites, assez souvent on aide les ouvrières en cas de maladie et on leur octroie la gratification mensuelle à laquelle leurs années de présence leur donnerait droit en bonne santé.

Chômage. — C'est un des heureux, mais rares métiers, où il n'est pas à craindre.

Pharmacie.

Dans ce chapitre, nous comprenons toutes les fabriques (quelques-unes emploient jusqu'à 300 femmes) de produits pharmaceutiques, tels que: dragées ferrugineuses, pilules purgatives, poudres, élixirs, eaux de Cologne, de menthe, de mélisse, etc. Dans les opérations que nécessite cette fabrication, les femmes ne manipulent aucun produit chimique, ni aucune des matières premières ; elles sont occupées à la mise en boîtes ou en bouteilles, l'étiquetage et l'emballage. Quelques parfumeries fabriquent aussi ces produits.

Elles travaillent onze heures par jour.

Apprentissage. — Il n'y a pas d'apprentissage à faire, mais on n'accepte généralement dans ces fabriques que des femmes faites, vite au courant, lesquelles habitant dans les environs peuvent être fort régulières.

Salaire. — Le salaire invariable partout est de 2, 50 ou 2 fr. 75 au plus par jour.

Il n'y a jamais de chômage.

Produits chimiques.

Mettre en moules, puis en boîtes les indigos, mines de plomb, pâtes à nettoyer les cuivres, les marbres, etc.; voilà ce qui fait l'objet d'une industrie qui emploie tout spécialement des femmes. Travail comme on le voit peu compliqué et peu fatigant (1).

Apprentissage. — Il faut environ 2 mois pour être bien au courant des différentes opérations. La débutante gagnera d'abord 1 fr. par jour, puis 1 fr. 50 et finira par être, comme les autres, payée aux pièces.

Salaire. — Il varie alors entre 3 fr. et 3 fr. 50 par jour pour les ouvrières exercées.

Chômage. — La journée de travail effectif est de onze heures ; quand, par hasard, il y a une diminution sensible de commandes, on réduit le nombre d'heures de travail, mais les ouvrières ne sont jamais au repos complet.

Stores et jalousies.

Cette fabrication ne se termine, en atelier, que par des hommes. Mais, comme elle se compose essentiellement de baguettes et de lamelles en bois, — telles

(1) Ces fabriques sont sur les boulevards extérieurs et aux environs de Paris.

qu'on en emploie pour recouvrir la partie supérieure des serres, par exemple, — les patrons autorisent les ouvriers à emporter chez eux des lots d'ouvrages préparés pour recevoir les agrafes qui établissent la solidarité de tous les éléments constitutifs du store.

C'est donc à ces ouvriers que les femmes s'adressent quelquefois pour obtenir la pose de ces agrafes, opération extrêmement simple d'ailleurs et dont le rapport assez maigre est toujours relatif au nombre posé.

Cette petite industrie n'est signalée ici, du reste, que pour mémoire est ne peut être exercée avec profit qu'en faisant le travail complet dans la même famille, c'est-à-dire une femme aidant son mari ou son père.

Tabacs.

Il y a en France 20 manufactures de tabacs, appartenant à l'Etat. Elles dépendent toutes de l'administration centrale du quai d'Orsay, à Paris, et occupent des femmes en nombre relativement considérable. Celle du quai d'Orsay seule, sur un personnel de 1,800 ouvriers, a 1500 femmes.

A Reuilly et à Pantin existent 2 autres manufactures, succursales de celle du quai d'Orsay.

Les ouvrières sont employées au triage des feuilles, à la mise en paquets et en boîtes, à la fabrication des cigares et des cigarettes.

Pour se présenter, elles doivent faire une demande *bien appuyée* à l'Administration centrale en l'accompagnant d'un certificat du médecin constatant qu'elles sont robustes, certaines opérations les obligeant à rester droites une partie de la journée.

Apprentissage. — Six mois d'exercice, sans rétribution aucune, sont indispensables pour être au courant du travail, de quelque nature qu'il soit.

Salaire. — Au bout de six mois d'essai, on travaille à façon, ce qui rapporte environ 0 fr. 70 par jour en augmentant progressivement jusqu'à 3 fr. et même 3 fr. 50.

Outre les ouvrières ci-dessus, il y a des surveillantes et des contre-maîtresses recrutées, quand besoin en est, parmi les ouvrières qui se sont fait remarquer par leur intelligence et leur bonne conduite. Il est indispenpensable qu'elles aient passé un certain temps dans la manufacture, à la manutention, afin d'en connaître bien toutes les opérations.

Elles subissent alors un examen spécial mais sommaire, portant sur l'écriture, l'orthographe et le calcul et qui permet de juger de leurs aptitudes à tenir exactement les feuilles de paye et de contrôle. La bonne tenue de leur extérieur et une grande dignité dans le caractère sont pour elles des éléments sérieux de succès à leur candidature de contre-maîtresses ou de surveillantes. L'administration attache, à ces qualités, et avec raison, beaucoup d'importance.

Traitements. — Les surveillantes ont un traitement fixe de 1,200 fr.

Les contre-maîtresses, choisies parmi les surveillantes, ont un traitement de 1450 fr.

Les surveillantes et les contre-maîtresses reçoivent de plus, au jour de l'an, et à titre de gratification, 1 % de leur traitement annuel.

Observations. — 1° En cas d'accident arrivé dans l'intérieur de l'établissement, il est alloué par l'administration, sans retenue préalable sur les salaires, la paye à l'ouvrière intéressée ; les accouchements ont droit aux mêmes privilèges;

2° Sous le rapport de l'hygiène, nous avons pu constater que les ouvrières paraissaient être dans d'excellentes conditions, à en juger par les exemples de longévité qui nous ont été signalés. Ainsi une ouvrière est entrée en 1811 à la manufacture et y est encore ; une autre est occupée depuis 60 ans au triage des feuilles, etc., etc.

Elles ont été comprises dans les 19 ouvriers et ouvrières qui ont été décorés par M. le Président Carnot, lors de sa visite à l'Etablissement au mois de février 1889.

Talons et cuirs factices.

A l'aide de « moules à patrons » spéciaux, les ouvrières préparent, à la main, les talons élégants pour souliers, pantoufles, bottines légères. La composition du cuir, débris, tan, résine, etc., est faite par des hommes.

Les femmes n'ont pas à se fatiguer plus qu'à n'importe quelle occupation. Il n'est pas demandé d'aptitudes spéciales. La journée de travail effectif est de dix heures, coupées par une heure pour le repas (1).

Apprentissage. — Il est insignifiant et permet à la débutante de gagner dès les premiers jours 0 fr. 15 de l'heure.

Salaire. — Une femme habile arrivera en quelques jours à être suffisamment exercée pour gagner régulièrement 3 fr. 25 soit à façon, soit à la journée.

Chômage. — Pas de chômage total. Trois fois par an, pourtant, il y a suspension de travail pendant 8 jours pour procéder au nettoyage de l'outillage et des ateliers.

Teintureries.

Les femmes ne concourent à aucune des opérations chimiques de la teinture. Elles ne sont employées qu'à l'apprêt des étoffes et vêtements sortant des séchoirs, triage, étirage et repassage. Les journées sont de dix heures.

Apprentissage. — Les jeunes filles de 13 ans peuvent débuter. On leur fera faire d'abord ce qu'il y a de plus facile pour les mettre au courant, et leurs services seront payés de suite 0 fr. 10 de l'heure, et ce, jusqu'à 0 fr. 15 pendant un an environ.

Salaire. — Elles gagnent alors 0 fr. 20 puis 0 fr. 25, le tarif ordinaire. Les plus anciennes, très exercées, ont 0 fr. 30 et 0 fr. 35. Enfin, celles qui, tout en travaillant

---

(1) La principale fabrique se trouve à Courbevoie.

elles-mêmes, sont aptes à diriger les autres, ont une rétribution hebdomadaire de 22 fr. à 25 fr.

Chômage. — Il n'y a qu'une diminution d'une heure de travail par jour, accidentellement, quand les commandes se ralentissent.

Tissages pour ameublement.

Les belles tentures à fleurs sur fond de soie, les tissus brochés, les satinés pour rideaux, meubles, etc., se font aujourd'hui en province où les frais généraux sont moins lourds et permettent de lutter avec succès contre la concurrence étrangère (1).

Cependant d'importantes fabriques de tissus riches existent encore aux environs de Paris et emploient beaucoup de femmes, non pour la fabrication au « métier » qui est faite par les hommes, mais pour les services dont l'énumération suit :

1° Les « trameuses » qui préparent la trame avec les fils spéciaux.

2° Les « dévideuses » au rouet et à la mécanique, qui mettent les fils ou soies sur les bobines.

3° Les « épinceteuses » qui visitent les pièces d'étoffe terminées et coupent les nœuds et déchets de matières qui se produisent au tissage sur la surface de l'étoffe et nuisent à la régularité de l'aspect.

4° Les « repriseuses » qui visitent une seconde fois les pièces déjà épincetées, pour réparer à l'aiguille les

(1) Voir même chapitre, *Province*.

erreurs de dessin qui ont pu se produire dans la trame.

Pour ces deux opérations, une excellente vue est indispensable.

5° Les « ourdisseuses » qui préparent, sur de grands dévidoirs appelés moulins, les fils de la chaîne.

6° Les « tordeuses » chargées de rattacher, en les tordant, les fils qui se cassent dans le dévidage mécanique.

Les moulins sont dirigés à la main assez ordinairement, mais les dévidoirs sont par rangées de 20 environ, mus par des transmissions, ce qui permet à une seule ouvrière d'en conduire un certain nombre sans autre fatigue qu'une surveillance assidue.

Apprentissage. — Toutes les débutantes commencent par se familiariser avec toutes les opérations préparatoires au tissage, et gagnent indistinctement 0 fr. 10 l'heure. D'après les aptitudes ou les goûts qu'elles témoignent, on les place, au fur et à mesure des besoins, dans les différents services.

Il faut 2 ans pour devenir bonne « ourdisseuse », bonne « repriseuse » ou bonne « épinceteuse ».

Les fabricants se plaignent de ne plus trouver de « repriseuses », ni « d'épinceteuses », les apprenties se refusant aujourd'hui à l'initiation de ces travaux.

Salaire. — Toutes les ouvrières sont payées à l'heure:

1° Les trameuses	0 fr.	25	l'heure	
2° Les dévideuses	0	30	—	
3° Les épinceteuses	0	35	—	deviennent aussi
4° Les repriseuses	0	35	—	contre-maîtresses
5° Les ourdisseuses	0	40	—	avec une rétribution
6° Les tordeuses	0	40	—	de 4 fr. par jour.

Observations. — Le tissage des grosses toiles pour bâches se fait aussi aux environs de Paris. Les femmes qui y sont employées n'ont qu'un service de surveillance des machines. Elles débutent à 0 fr. 10 de l'heure. Au bout de 6 mois elles ont 0 fr. 20. L'année révolue, elles sont ouvrières et gagnent indistinctement 3 fr. par jour.

Chômage. — Il se produit, à l'occasion, une simple diminution d'une heure de travail par journée.

Tissage. — Galons et passements pour voitures.

Cette fabrication, qui a quelque rapport avec celle des garnitures pour ameublement, emploie beaucoup plus d'hommes que de femmes: la solidité étant une des conditions essentielles des produits ; cette industrie demande des machines très fortes et des bras robustes pour les conduire.

Cependant, certaines fabriques occupent près d'une centaines de femmes, aux machines légères ainsi qu'au triage des fils et à la mise en pièces des galons fabriqués.

Apprentissage. — On accepte, à la rigueur, des mineures de 13 ou 14 ans, mais en général on leur préfère des femmes adultes ou des jeunes filles ayant 18 ans au moins. Elles gagnent 1 fr. par jour la première année, pour un travail de 11 heures ; elles ont 1 fr. 50 la seconde année.

Les deux années d'apprentissage ne sont pas indispensables : les aptitudes et l'activité de la débutante peuvent en faire une bonne ouvrière au bout de 18 mois, toute la difficulté de travail étant surtout dans la célérité obtenue par l'habitude.

Salaire. — Le salaire étant payé aux pièces, une ouvrière faite gagnera 3 fr. à 4 fr. par jour, selon son habileté. Dans certains moments de presse, une excellente ouvrière peut arriver à 5 fr. et 6 fr.

Chômâge. — Les galons pour voitures ont peu de chômage partiel et jamais de chômage absolu. A part les fléchissements que ce commerce peut subir par suite d'une diminution temporaire dans la fabrication des voitures de luxe, c'est une des industries privilégiées auxquelles on peut prédire un avenir certain, attendu qu'elle ne pourra pas, comme tant d'autres plus fantaisistes, disparaître selon les caprices de la mode.

Tissage. — Rubans pour décorations.

Cette fabrication est du domaine du tissage. Elle se fait pourtant par des femmes parce que les métiers, qui lui sont exclusifs, sont beaucoup plus légers à conduire que les autres. Ils appartiennent soit à l'ouvrière, et se transmettent de mère en fille, soit au fabricant qui, connaissant l'ouvrière, lui confie métier et soie.

Il faut beaucoup de patience, de soin, pour diriger son métier et surtout pour rattacher d'une manière régulière et peu apparente les fils ténus qui passent sur la trame.

Certaines ouvrières travaillent encore à 75 et 77 ans.

Apprentissage. — Deux ans d'apprentissage sont nécessaires. Ils se font chez l'ouvrière, qui consent à mettre au courant, et qui donne une gratification volontaire, proportionnée aux services rendus. Presque toujours, les apprenties sont filles ou parentes de l'ouvrière.

Cette fabrication ne demande pas, on le comprend, une production considérable et, par conséquent, un nombre considérable d'ouvrières. Elle est d'ailleurs peu connue.

Salaire. — Dès qu'elle est habile à diriger son métier, et à nuancer, une femme est bonne ouvrière et gagne alors régulièrement 20 fr. à 25 fr. par semaine.

Chômage. — Ce ruban est un tissage particulier. Un ouvrier de Saint-Étienne très habile à fabriquer des rubans au métier ne saurait pas, de suite, conduire les métiers spéciaux pour décorations. Cette industrie est donc à l'abri de la concurrence, et par conséquent du chômage, puisqu'il n'y a pas de saison privilégiée pour les décorations qui sont maintenant un objet de...... consommation progressive.

MÉTIERS ARTISTIQUES

Céramique (1).

Depuis les « cérames » grecs, les luxueuses poteries du quartier céramique d'Athènes, — que de progrès cette industrie a faits ! Ici le goût naturel à la femme, sa délicatesse de doigts, en un mot toutes ses aptitudes spéciales, pourraient être fort utilement employées.

Mais, nous disait le très obligeant industriel de ces mille et un objets d'art dont nous suivions avec intérêt la fabrication dans toutes ses phases, une chose essentielle s'oppose à l'occupation régulière des femmes dans cette industrie. Il faut, pour ce genre de travail, savoir avant tout dessiner avec précision, netteté, vigueur et célérité ! Or, une femme ayant eu une autre femme pour professeur ne pourra jamais, assurait-il, acquérir le nerf et l'habileté nécessaires pour produire un travail équivalant à celui de l'homme. Elle a dans la main plus de douceur, plus d'harmonie, mais aussi plus de mollesse, et elle a généralement l'habitude de se complaire dans les détails qui retardent inutilement l'accomplissement de sa tâche.

« Cependant, ajoutait notre aimable cicerone (2),

---
(1) Voir même article, *Province.*
(2) M. Georges Mortreux, propriétaire du merveilleux musée céramique, 2, boulevard Jourdan ; chargé à l'Exposition universelle de 1889 des principales décorations : pavillon de la Presse, porte d'entrée de la section de la céramique, etc., etc.

« j'occupe volontiers, chez elles, des femmes qui, se
« présentant pour obtenir de l'ouvrage, m'apportent un
« specimen satisfaisant de leur talent. »

Dans les ateliers, les femmes sont employées seulement à l'émaillage des faïences et porcelaines artistiques et des majoliques.

L'émailleuse étend sur chaque objet une couche d'une mixture chimique d'aspect terne, et qui, se vitrifiant après une cuisson, devient ensuite brillante, transparente et inaltérable.

Bien que l'oxyde de plomb entre forcément dans la composition de l'émail, on est arrivé maintenant à en réduire assez la quantité pour que cette besogne n'offre dans son accomplissement aucun inconvénient hygiénique. Les émailleuses que nous avons vues et qui, nous a-t-on assuré, travaillent depuis 10 ans au même métier, étaient d'ailleurs les preuves très convaincantes de cette affirmation. Il n'y a qu'une précaution indispensable à prendre, c'est celle de se laver soigneusement les mains avant de manger.

Apprentissage. — Un long apprentissage est nécessaire pour cette profession et généralement cet apprentissage n'est pas fait à Paris, ce dont se plaignent les industriels. Il y aurait là, il nous semble, matière à réflexion.

Salaire. — L'émailleuse gagne, aux pièces, ce qui est maintenant d'un usage adopté, de 3 fr. à 3 fr. 50 par jour pour dix heures de travail.

Chômage. — Il y en a peu en général, c'est-à-dire

que durant la morte saison, les journées sont moins longues, mais comme durant les moments de presse on fait des heures supplémentaires, l'équilibre s'établit naturellement.

Observation. — Les artistes peignant chez elles peuvent se faire un rapport quotidien de 3 fr. à 4 fr.

* **

Le genre dit « barbotine » qui, depuis quelques années, est devenue si fort à la mode, peut offrir encore une ressource à la femme adroite et intelligente.

Nous voulons parler du modelage, cette sorte d'ornements en relief, figures, feuillages ou fleurs, ajoutés sur les vases avant la première couche d'émail et la première cuisson, de manière à former corps inséparable de l'objet ainsi agrémenté.

Apprentissage. — Nous avons vu une femme, ayant la spécialité de ce modelage, douée d'une dextérité tellement remarquable que les fleurs en terre glaise naissaient sous ses doigts comme par enchantement. Une motte de terre, une éponge mouillée et ses doigts fuselés au service d'un merveilleux talent, voilà, avec l'habitude, ce qui suffit pour créer des fleurs en toute saison, sur n'importe quelle poterie et en faire un objet d'art.

On comprend que l'apprentissage de ce « métier » est chose tellement difficile qu'il faut le commencer de très bonne heure. La personne que nous citons plus haut avait 8 ans quand elle commença à aider son père, modeleur lui-même.

Salaire. — A ce travail et aux pièces, une femme peut gagner jusqu'à 10 fr. par jour.

Coloriage pour modes.

Les gravures de modes, coloriées, occupent un certain nombre de femmes qu'on appelle coloristes à patrons, parce que leur travail consiste à poser, sur la gravure noire à colorier, un patron en zinc découpé de manière à ne laisser découverte que la partie de l'image destinée à recevoir une seule couleur. Il y a, pour une gravure, autant de patrons qu'elle exige de couleurs différentes. L'ouvrière est assise devant une table où sont placées en piles les gravures à colorier et, à l'aide d'un gros pinceau ou brosse, trempé dans la couleur voulue, elle barbouille la partie découverte de la gravure. Une grande dextérité est nécessaire pour faire vite, sans bavure.

Apprentissage. — Il faut un apprentissage, ou plutôt une mise au point de plusieurs mois, pendant lesquels le gain est de peu de chose, étant donné le manque d'habitude et les défections des gravures manquées.

Salaire. — Une bonne ouvrière a un nombre déterminé de gravures à colorier par jour de dix heures environ, et gagne, sa tâche faite, de 2 fr. 50 à 2 fr. 75. Il est nécessaire pour cela qu'elle fasse une quantité des mêmes « patrons » afin de ne pas perdre de temps dans le changement de « patron » et des couleurs.

Chômage. — A cause de la concurrence et des prix

sans cesse réduits de ce travail, il y a un chômage, sinon absolu, du moins partiel, de deux ou quelquefois trois mois par an : juin, juillet et août.

Coloriage pour lithographies (1).

Outre le coloriage des gravures de modes qui est à lui seul une spécialité féminine, il y a encore : le coloriage de *lithographies, gravures de tous genres et photographies*, qui occupe aussi un bon nombre de femmes. Ce coloriage se fait au moyen d'un pinceau délicat et non d'une brosse, et à la main, sans « patrons » de métal. Il est plus artistique que l'autre.

Apprentissage. — Si la débutante n'a aucune idée de la peinture, il faut qu'elle consente à un apprentissage de 3 ans pendant lequel elle sera nourrie, mais ne touchera aucune rétribution autre que celle que le chef d'établissement jugera à propos de lui donner dès qu'elle sera apte à rendre quelques réels services.

Salaire. — Avant 3 ans révolus, cependant, une jeune fille adroite et possédant du goût naturel peut se sentir de force à réclamer sa place parmi les ouvrières exercées. Elle gagnera alors régulièrement de 2 fr. 50 à 3 fr. par journée de 10 à 11 heures de travail.

Chômage. — Le coloriage, se rattachant au domaine de la fantaisie, subit naturellement un chômage irrégulier, suivant les caprices de l'engoûment. Mais les ouvrières ne sont jamais totalement privées d'ouvrage.

(1) Voir même article, *Province.*

Colariage. — Images religieuses.

Ce métier, exclusivement réservé aux dames, paraît, au premier coup d'œil, très attrayant et peu fatigant. Il faut cependant beaucoup d'assiduité et d'attention.

La nature du travail comprend :

1° Le coloriage des images en gélatine ou en parchemin avec des pinceaux délicats et des tubes de couleurs à l'huile : Fleurs, emblêmes, sujets religieux.

2° Le découpage à l'emporte-pièces des images de papier, dentelle et le collage.

3° La façon de filets dorés d'encadrement.

Apprentissage. — Il faut d'abord s'adresser à une *entrepreneuse* parce qu'il est difficile, sans avoir fait ses preuves, d'obtenir des commandes directes. L'entrepreneuse fait faire des essais qui tiennent lieu d'apprentissage et finit par confier du travail payé qui permet de gagner d'abord 1 fr. par jour, puis progressivement jusqu'à 2 fr. et 2 fr. 50 selon habileté, aux pièces.

Salaire. — Une personne très adroite et très l'habituée, qui sait créer les sujets et non les copier, dont l'imagination est fertile, et qui a les doigts exercés, peut arriver, si elle est entrée en rapport avec d'excellentes maisons, à gagner chez elle 4 fr., 5 fr., 6 fr. et jusqu'à 7 fr. par jour. Malheureusement beaucoup d'artistes, qui ne dédaignent pas les petits profits courants, se sont mis depuis quelque temps à faire la concurrence aux jeunes personnes qui cherchaient dans ce travail leurs moyens d'existence.

En général, les fabriques d'objets de piété, ainsi que les magasins de détail des mêmes articles, ont leur rayon circonscrit dans la place Saint-Sulpice et ses environs.

Chômage. — On ne peut guère compter sur un travail régulier à l'année, pour ces objets dont le débit est une question de faveur et d'époque.

Composition de dessins industriels. — Ameublements. — Vitraux. — Papiers peints. — Dessins sur lave, sur tissus et pour reliures.

Les combinaisons d'arabesques, de fleurs, d'oiseaux, d'ornements de tous styles, dessinés sur les étoffes pour broderies riches, d'ameublement, papiers peints, toiles pour stores, etc., seraient pour des femmes de goût, connaissant le dessin, une précieuse ressource. Ce travail n'est pas fatigant, il est malheureusement presque accaparé par les hommes qui sont très largement rétribués. Tous les ateliers de broderies, toutes les industries se rapportant à l'art décoratif, tissages divers, ont leurs dessinateurs spéciaux, auxquels il faut du goût et de l'habitude, et les chefs d'établissements sont en général hostiles aux essais que font les femmes pour prendre place dans cette corporation.

Que nos lectrices ne se découragent point ; on reproche en général, au talent féminin, d'être trop mou et trop mièvre. Puissent nos jeunes artistes prouver qu'elles ont, elles aussi, l'ingéniosité créatrice, la main ferme, le talent souple et large, et puissent-elles, après un an ou deux d'exercice préalable, trouver dans cette voie, encore presque inexplorée, les ressources auxquelles ont droit leur intelligence et leur adresse.

Il est nécessaire, pour réussir, d'être au courant de tous les progrès industriels et des engoûments de la mode, de connaître tous les styles et tous les genres de décoration.

Salaire. — Le dessinateur, entrant dans une maison qui réclame son concours régulier, s'engage ordinairement à ne travailler que pour elle, et reçoit des appointements de 6 à 7,000 fr. au minimum.

Le difficile, pour la femme, c'est de faire les études appropriées à ce genre spécial qui ne s'apprend que dans certaines écoles ouvertes seulement aux hommes. Il faut connaître les procédés techniques de tous les genres de peinture, et leurs effets, selon les lois du contraste simultané et de l'harmonie des couleurs. L'École nationale des arts décoratifs, et les cours d'architecture donnent, dans ce but, les meilleures leçons. Une femme n'a d'autre moyen que de travailler les différents caractères de cet art, avec un dessinateur industriel de bonne volonté.

Elle gagnera ensuite aisément 8 à 10 fr. par jour chez elle.

Dessins pour tapisseries.

C'est la création de dessins à l'encre, sur canevas ou sur toile, selon la destination du travail. C'est une spécialité artistique facilement abordable par les femmes de talent et de goût.

Apprentissage. — Une jeune fille intelligente, dans les conditions légales, devrait compter sur 3 années au moins d'initiation avant de pouvoir être en mesure de créer elle-même avec succès les dessins sur canevas, toiles, etc. Si elle a déjà quelques notions artistiques, 18 mois, un peu plus, un peu moins, lui suffiront, et même, dès qu'elle sera parvenue à reproduire seule certains modèles faciles, elle commencera à se faire quelques bénéfices, variables et irréguliers, il est vrai, mais qui l'encourageront, et lui seront pris et payés soit par la personne qui s'est chargée de la mettre au courant, soit dans des magasins de gros ou de détail avec lesquels elle se mettra en rapport.

Salaire. — Quand on est parvenu à une exécution irréprochable et qu'on est capable d'imaginer personnellement des dessins nouveaux, on peut espérer, en travaillant chez soi avec assiduité, avoir une moyenne de bénéfice quotidien de 3 fr. à 3 fr. 50.

Écritures. — Enluminures.

Une femme possédant une belle écriture anglaise, bâtarde, petite ronde, peut penser à l'utiliser chez elle, lucrativement.

Il ne faut pas qu'elle se fasse illusion, pourtant! Pour ce travail, comme pour tous les travaux de femme à domicile, il faut s'astreindre à une assiduité rigoureuse, si on veut obtenir un résultat appréciable. La bonne écriture ne suffit pas, d'ailleurs ; il est nécessaire d'avoir en outre une excellente vue sur laquelle le miroitement continu du noir sur le blanc n'a aucune prise. Nous ne parlons pas de l'orthographe indispensable, bien entendu.

Plusieurs sortes de travaux d'écritures sont à la portée des aptitudes féminines, et confiées aux dames, soit par des maisons spéciales, telles que la maison Rurance, boulevard Malesherbes, 4, qui se chargent de distribuer la besogne en acceptant la responsabilité de l'exécution, — soit par les auteurs eux-mêmes, pour les manuscrits, — soit par les éditeurs pour les autographies, — soit enfin par les commerçants pour les mémoires.

Adresses. — Le travail d'écriture le plus élémentaire et le plus facile à trouver, est la confection d'adresses.

1000 adresses à la main sont payées 2 et 5 fr. au plus. Une personne écrivant très vite doit s'attendre à travailler assidûment 12 heures pour faire un mille dans la journée.

Manuscrits. — Les manuscrits d'auteurs sont ordinairement confiés à des hommes, parce que ceux-ci ont le travail plus tenace et qu'ils supportent mieux la fatigue. En effet, il faut quelquefois rendre un manuscrit en 2 ou 3 jours, et y travailler jour et nuit, ce que toute l'énergique volonté d'une femme ne saurait accomplir sans préjudice grave pour sa santé.

Cependant, quand certains manuscrits ne sont pas trop pressés et demandent au contraire à être recopiés avec soin, on s'adresse aux dames de préférence.

On paie le rôle de 2 pages 0 fr. 60 et 0 fr. 75. La page a ordinairement 35 à 40 lignes.

Musique. — Pour copier la musique avec exactitude, point essentiel, il est indispensable d'être musicien soi-même ; il faut aussi y être exercé d'ores et déjà si on veut donner un travail satisfaisant et avoir une rémunération appréciable.

Les éditeurs, ou des maisons spéciales, procurent généralement de la musique à copier, sur vu de spécimen.

C'est un travail peu avantageux, guère plus que les adresses. Il est payé à raison de 0 fr. 30 ou 0 fr. 35 la page. Avec une très grande habitude, on peut arriver à se faire 2 fr. 50 à 3 fr. par jour.

Autographies. — Ceci est une spécialité : c'est la reproduction exacte de l'écriture. Il faut se munir d'abord de papier dit « autographique » et d'une encre particulière appelée hygrométrique. Comme accessoires indispensables : un peu de poudre de talc et un flacon d'eau distillée. L'encre en bâton se délaie dans une tasse de porcelaine avec quelques gouttes d'eau distillée. Comme il est indispensable que cette encre soit toujours pure, il est bon de n'en préparer qu'une petite quantité au fur et à mesure de son épuisement et de tenir le bâton et la tasse à l'abri de la poussière.

Si on a une belle écriture, souple et nette de n'importe quel genre (la petite ronde est celle qui est préférée), un exercice de quelques heures suffira pour arriver à faire un spécimen satisfaisant qu'on portera chez un imprimeur ou un éditeur. Après examen de celui-ci, on saura de suite quel parti on pourra tirer de cet essai.

Nota. — Les éditeurs de cours spéciaux, professés dans les quartiers d'études : droit, médecine, chimie, physique, etc., sont généralement en situation de donner du travail régulier.

La rémunération des autographistes dépend naturellement de l'habileté et de l'habitude qu'ils ont. La plume est souvent embarrassée d'un duvet qu'elle prend au papier, il faut fréquemment l'en nettoyer, et le soin à apporter aux détails empêche d'aller bien vite ; le travail est fatigant et ne peut guère être fait assidûment plus de 5 à 6 heures par jour.

Le rôle de deux pages est payé ordinairement 1 fr. et demande à peu près 1 h. 1/2 de travail.

Mémoires. — C'est ce qu'on appelle les « expéditions ». Rarement ces écritures sont données aux femmes parce qu'elles demandent, de la part du copiste, la connaissance des mots et termes techniques des corps de métiers principaux. Ce sont les « métreurs » qui relèvent les travaux au brouillon, ou « minute », leur écriture est parfois presque illisible, et indéchiffrable par conséquent pour les dames qui, en général, ignorent les locutions spéciales.

Cependant, avec de l'intelligence et de la patience, une femme peut s'initier à ce genre d'écritures et fournir un travail aussi satisfaisant que celui fait par les hommes.

Le rôle de 2 pages de 25 lignes environ se paie 0 fr. 50 et 0 fr. 60.

Aquarelles. — Au nombre des travaux confiés à domicile par certains entrepreneurs d'écritures, se trouvent les aquarelles pour illustration, des manuscrits de pièces de théâtre, ou de morceaux de musique.

Les personnes, ayant appris le dessin suffisamment pour créer des sujets fantaisistes et qui ont d'ailleurs l'habitude de l'aquarelle, sont seules capables d'exécuter ce genre de travaux. Il faut, en général, avoir beaucoup de hardiesse dans la conception et l'exécution d'autant plus que le dessin doit représenter l'idée générale du livre, sous une forme allégorique.

Ces aquarelles sont payées 5 fr. et 6 fr. l'une et ne demandent pas une journée de travail.

Observation. — Les travaux d'écriture sont, de tous les travaux, ce qu'il y a de plus irrégulier comme commandes, en ce sens qu'ils subissent les aléas de presque toutes les branches d'industrie, d'art et de commerce.

Gravure de Musique.

Cette profession est un art auquel les jeunes filles aimant la vie de famille et possédant quelques ressources pourraient s'adonner avec succès.

Il est nécessaire d'abord de connaître l'harmonie afin de ne pas faire de fautes dans la transcription de la copie du compositeur.

Apprentissage. — Pour apprendre à bien graver la musique, il faut 3 ans ; le travail consiste en 3 opérations successives et difficiles : dessiner, frapper, et couper. On ne gagne rien durant le noviciat.

Salaire. — Il est facile alors de gagner 5 fr. par jour en moyenne, quelquefois plus, mais il faut être en mesure de faire une dépense de 1,200 fr. pour les poinçons qui forment l'outillage indispensable de la gravure sur bois.

Nota. — Ce travail est peu connu ; en s'adressant aux éditeurs de musique et aux patrons d'apprentissage, il est toujours facile d'avoir de l'ouvrage.

GRAVURE.

La gravure se rapproche de « l'art » plus que du « métier ».—Le maniement de la pointe et du burin n'a rien d'excessif comme fatigue, et les femmes qui disposent de loisirs réguliers, et qui ont un goût manifeste pour le dessin, pourraient chercher dans cette voie à utiliser très lucrativement leurs aptitudes.

C'est Rubens qui doit être considéré comme le fondateur de l'école flamande de gravure. Son génie inspirait les graveurs qui commençaient à employer les procédés des maîtres italiens. — Rubens guidait lui-même les burins qui reproduisaient ses tableaux, et travaillait personnellement parfois. Jegher, graveur sur bois, obtint, dit-on, du maître une composition originale sur planche, pour une estampe qui ne fut reproduite qu'à un très petit nombre d'exemplaires devenus aujourd'hui presque introuvables (apothéose de sainte Catherine). — La gravure à l'eau-forte parut ensuite avec les estampes d'après le peintre de portraits Van Dyck. — Un des graveurs français qui a laissé le plus de traces de la gravure sur bois du XVIe siècle s'appelait Petit Bernard. Ses estampes très recherchées donnèrent l'essor aux « illustrations élégantes » des livres de luxe de ce temps. C'est à cette époque que les éditeurs inaugurèrent les gravures allégoriques qui embellirent leurs publications.

Les estampes signées Geoffroy Tory sont de véritables chefs-d'œuvre et d'une valeur inestimable.

Au XVIᵉ siècle, la gravure prit une grande extension : l'école de Fontainebleau compta parmi ses artistes une pléiade de maîtres éminents dont Antonio Fantuzzi et Guido Ruggieri furent les principaux et laissèrent à la postérité des eaux-fortes inimitables.

Le XVIIᵉ siècle fut illustré par Jacques Callot, qui fit entrer l'art de la gravure dans une ère nouvelle ; ses eaux-fortes font encore l'objet de l'admiration universelle. — Claude Gellée, dit le Lorrain, célèbre peintre paysagiste, était aussi, paraît-il, un excellent graveur à la pointe. — N'omettons pas, dans ce siècle si fécond pour l'art, une femme graveuse habile nommée Claudine Stella, nièce du peintre Jacques Stella ; ses estampes gravées d'après Nicolas Poussin sont d'une supériorité d'exécution qui a fait dire d'elle : « Aucun homme n'a saisi comme Claudine Stella le véritable caractère et la couleur des œuvres de N. Poussin. »

Le XVIIIᵉ siècle donna à la gravure Honoré Fragonard, graveur aussi adroit qu'artiste délicat et spirituel, Antoine Rivalz, Jacques Gay, et même... la marquise de Pompadour, si on peut en croire la signature mise au bas d'estampes remarquables. C'est au XVIIIᵉ siècle qu'apparut pour la première fois la « vignette » qui orna bientôt tous les livres de luxe, et qu'une phalange de graveurs : Plipart, J., G. Ville-Levasseur, Massard, s'attacha à reproduire les œuvres du peintre Greuze.

A la fin du XVIII siècle un graveur, Quenedey, inventa un instrument qui reproduisait mécaniquement sur cuivre des portraits assez réussis. C'est de là que datent les premières estampes à bas prix : on appelait cette machine : physionotrace.

Boucher-Desnoyers est un des premiers graveurs de ce siècle ; il reproduisait surtout les peintures de Raphaël. Citons dans les graveurs contemporains : MM. Henriquel-Dupont, Forster, Martinet, Salmon, Levasseur, Bertinot, Danguin, Didier et Gaillard. Le maître des graveurs à l'eau-forte est peut-être M. Charles Jaque, dont le talent fécond produit depuis vingt ans des estampes si recherchées.

Une découverte due à M. Niepce de Saint-Victor permet aujourd'hui d'imprimer comme une estampe en taille-douce une épreuve photographique. C'est l'héliographie qui fait une si grande concurrence à la gravure dans la partie du « métier » ; mais quant au domaine de l'art, il restera toujours la propriété des hommes spécialement doués et qu'aucun procédé perfectionné ne pourra détrôner.

Gravure sur bois.

Il serait avantageux pour une femme bien douée et suffisamment exercée de pratiquer cette profession très bien rétribuée.

Malheureusement les progrès grandissants de la photographie ont réduit une quantité de travaux se rattachant à la gravure. Il y avait jadis des ateliers entiers de gravure où les femmes tenaient une large place; mais le cliché photographique reproduit si bien aujourd'hui, et le dessin, et la vue prise sur nature, que la carrière du graveur sur bois est singulièrement étranglée.

Même pour les gravures de modes ou illustrations de livrets-réclames, on recourt de préférence aux procédés de la lumière.

Apprentissage. — Il est de 3 ans environ pendant lesquels on ne peut s'attendre à aucune rétribution.

Salaire. — Une fois mise au courant et mise en rapport avec les éditeurs, les libraires, etc., on peut espérer gagner assez régulièrement chez soi 5 fr. à 6 fr. par jour.

L'outillage nécessaire coûte de 25 à 30 fr.

Peinture sur porcelaine.

Dans les manufactures de porcelaine on emploie les hommes peintres de préférence aux femmes. A Sèvres, par exemple, il n'y a guère plus de 12 à 15 femmes attachées spécialement à l'établissement; on prétend que le travail des hommes est plus sérieux.

Il est vrai que tous ceux qui décorent les produits céramiques sont des artistes d'élite qui suffisent à la fabrication et chez lesquels les vacances se produisent rarement.

Mais si une femme de talent n'a guère d'espoir d'obtenir des commandes pour les manufactures de ce genre, elle peut tirer parti de son art et de son imagination dans la décoration de la porcelaine commerciale, dès qu'elle aura acquis les notions indispensables des procédés employés (1).

Apprentissage. — L'effet des couleurs, la composition des tons, et les résultats produits par la cuisson, les dessins en reliefs, etc., ne peuvent s'apprendre, quand on sait déjà dessiner, que par une pratique d'un an ou deux. Encore faut-il près de quatre années pour pouvoir aborder autre chose que les articles courants, et peindre la « figure » ou sujets Boucher et Watteau, partie du « métier » la plus avantageuse.

Salaire. — Si une artiste parvient à gagner la confiance d'un marchand de porcelaines qui lui accorde du travail régulier, elle peut compter sur une rétribution de 4 fr. en moyenne par jour chez elle, sinon, elle sera obligée de s'adresser aux entrepreneurs qui occupent, soit en atelier, soit à domicile, un grand nombre de peintres et d'apprentis, et ne pourra guère atteindre plus de 2 fr. par jour environ.

La peinture au vernis Martin a été l'objet, pendant quelque temps, d'une grande variété de travaux pour les meubles, et donnait une rémunération, selon la valeur de l'artiste, de 5 fr. à 15 fr. par jour. Malheureusement ce travail a subi le sort de tout ce qui est plus fantaisiste que classique et on l'a presque délaissé aujourd'hui.

Les peintures sur porcelaine, pour bijoux, sont en

---

(1) Toutes les écoles professionnelles de la Ville ont des cours de peinture sur porcelaine.

faveur depuis plusieurs années. Une peinture pour broche, sur porcelaine, se paie 2 fr. 50 ; sur ivoire, une miniature fine est payée 80 à 100 fr. Le tout est d'en avoir des commandes.

Photographie ; ses applications.

Dans les ateliers de photographes importants, on occupe des dames, en certain nombre, à retoucher les portraits à l'aide d'une loupe et de menus pinceaux, et à la retouche des clichés en noir sur les épreuves positives.

Pour ce travail, il est indispensable de connaître un peu de dessin, et, de plus, afin de ne pas déformer les têtes par des retouches faites sans direction, il est bon d'avoir quelques notions sur l'anatomie de la tête.

Apprentissage. — Une jeune fille intelligente et possédant ces connaissances, peut débuter vers l'âge de 14 à 15 ans. Elle aura tout de suite 30 à 35 fr. par mois, pendant la première année.

Salaire. — Elle sera ensuite payée aux pièces. Le travail de « retouche » une fois l'apprentissage fait peut être exécuté indifféremment en atelier ou à domicile ; on est alors « retoucheuse ».

Le prix de façon varie : de 0 fr. 20 à 0 fr. 25 la pièce pour les clichés cartes ; de 0 fr. 75 à 1 fr. 50 à pièce pour les clichés albums.

La journée de 9 à 10 heures de travail effectif peut produire assez régulièrement 4 fr. à 5 fr.

Dans certains ateliers, on emploie des femmes au « montage », au « collage » des épreuves, puis à leur « repiquage ». Ce travail nécessite moins de connaissances que le précédent et ne se fait guère qu'en atelier.

Observation. — Pour les reproductions photographiques de gravures de modes et de catalogues illustrés on commence aussi à employer les femmes.

Ce genre de travaux étant purement mécanique, s'apprend en quelques jours et rapporte environ 3 fr. à 3 fr. 50 par journée de 9 heures.

Vitraux d'art.

Le verre, découvert selon Pline par les Phéniciens, était surtout colorié, dès les premiers temps de sa fabrication, en pourpre, bleu foncé et vert. On a imaginé peu à peu d'y reproduire à l'aide de couleurs plus variées et de tons sombres et clairs des peintures naïves. Cette profession a brillé, en France, d'un vif éclat aux XIIIe, XIV et XVe siècles, si on en juge par les admirables vitraux retrouvés dans les chapelles et salles seigneuriales, et les églises de ces époques.

Bien que ce travail soit difficile et relativement fatigant, les femmes grandes, fortes, adroites et ingénieuses pourraient s'y exercer avec succès. On leur enseigne déjà depuis quelques années la peinture sur vitraux dans quelques cours des écoles professionnelles ; il est bon d'encourager cet enseignement qui aiderait nombre de jeunes filles à trouver une application productive de leur talent. La taille élevée et la force musculaire sont des aptitudes physiques indispensables, parce qu'il faut souvent travailler droite à des panneaux de grandes dimensions et manier des brosses, prendre et poser les châssis garnis de plomb, etc.

La mosaïque et la grisaille sont dans l'espèce les peintures les plus faciles à apprendre et à exécuter. Salaire moyen 5 fr. à 6 fr. par jour.

PROVINCE

PROVINCE

Malgré le profond intérêt que nous inspirent les jeunes filles qui habitent la province, et notre vif désir de leur être utile, il nous est impossible d'aborder pour elles un programme aussi détaillé que celui que nous venons de développer pour nos Parisiennes. D'ailleurs, la plus grande partie de nos renseignements précédents peut être consultée avec profit par nos lectrices de province.

***

Les industries départementales s'exercent dans leurs centres repectifs avec des variations de salaires dérivant des conditions locales. Ces salaires sont généralement inférieurs aux salaires correspondants payés à Paris où le gîte est plus cher, les courses pour se rendre à l'atelier plus longues et plus onéreuses, et où la fièvre des affaires et la concurrence rendent les « patrons » plus difficiles. Les différences de salaire se remarquent surtout dans les industries que le luxe alimente. Cela se justifie par l'infériorité d'exécution des ouvrières provinciales que l'enseignement professionnel n'a pas préparées suffisamment (1), et qui manquent de cette émulation indispensable même aux artistes pour faire éclore leurs chefs-d'œuvre. Depuis quelques années, la concurrence étrangère, devenant plus âpre, a forcé les fabricants de Paris, pour réduire leurs frais généraux, à transporter leurs ateliers en province, pour la production courante qu'ils font alors répéter, par quantité dans de meilleures conditions de prix, et sur des modèles qu'ils font créer par leurs ouvrières parisiennes. C'est ainsi que tous les objets de fantaisie dits : « articles de Paris » la lingerie, la confection d'homme, et pour lesquels la France est sans rivale, se fabriquent aujourd'hui en grande partie dans les départements.

**

En réalité, les salaires féminins ne sont nulle part en rapport avec les exigences de la vie matérielle. Le simple travail manuel qui n'exige ni force, ni aptitudes spéciales, ni études préalables, donne un résultat dérisoire. Bien des femmes qui fréquentent les ateliers, plutôt peut-être par habitude de jeunesse que par intérêt sérieux, pourraient faire la balance des profits qu'elles y font, et des pertes qui résultent de leur dé-

(1) En province, les femmes vont peu en apprentissage, et les écoles professionnelles, encore rares, sont surtout des écoles de garçons. Les ouvroirs, les écoles primaires, les écoles libres, forment bien d'excellents ateliers préparatoires ; mais on n'y enseigne guère d'autres « métiers » que ceux de la couture, de la broderie et du dessin d'ornement, et plus encore au point de vue des services à rendre dans les familles qu'au point de vue professionnel. A Bleneau, dans l'Yonne, il s'est créé une école professionnelle qui rend de grands services à la classe ouvrière ; cette école a été fondée par actions.

sertion du foyer, et constater que leur présence chez elles, qui ne se traduirait pas, sans doute, par un gain monnayé, rapporterait au ménage l'ordre, la propreté, l'économie, le bien-être intérieur, bienfaits qui seraient une large compensation à l'absence de salaire. Le travail à domicile tend, heureusement, à remplacer le travail en atelier. L'habitude de payer « aux pièces » se généralisant, le producteur donne volontiers l'ouvrage à emporter, ce qui simplifie à la fois et ses frais, et les soucis de la surveillance.

Nous ne devons point, cependant, méconnaître les avantages des grandes manufactures qui emploient les femmes dans de si larges proportions, et leur donnent, par un travail assuré et des rétributions suffisantes, des ressources contre la misère. Notre vœu serait de ne voir, dans ces ateliers, les mères de famille que par exception. Mais il est rare que les circonstances ne forcent pas l'exception à devenir la règle : les jeunes filles, habituées au travail de l'atelier et à la « paye » de la semaine, continuent après le mariage, tantôt par la tyrannie de la routine, tantôt par besoin. Félicitons-nous encore de la situation faite à nos ouvrières françaises comparée à celle des ouvrières étrangères (1), et rendons hommage aux sentiments d'humanité qui animent les producteurs de notre pays.

(1) A Londres, par exemple, l'ouvrière est si exploitée que telle besogne payée aux hommes 7 schillings (8 fr. 40) ne lui est payée que 4 schillings et lui demande 20 heures de travail ! — Dans les environs de Londres, les confectionneuses de boîtes de carton vert glacé (destinées aux cols, manchettes, etc.) fournissent le fil d'attache et reçoivent 0 fr. 35 c. pour 144 boîtes !... Or, une excellente ouvrière

Le talent réel, l'exécution parfaite, et, plus encore, l'invention, sont des qualités qui donnent en France, au travail de la femme, une élévation de gain proportionnée à son mérite. Il est indispensable de se pénétrer de cette vérité très encourageante pour toutes celles qui sont disposées à mettre du goût et de la persévérance dans le travail qu'elles désirent entreprendre.

*_**

Nous allons donner les renseignements généraux qui pourront aider aux recherches de nos lectrices de province :

1° Sur les manufactures-types qui emploient les femmes. Les intéressées pourront s'enquérir, autour d'elles, du parti, approprié à leur situation, qu'elles peuvent tirer de nos indications.

2° Sur les travaux manuels à exécuter chez soi dans le but louable d'augmenter ses ressources, en utilisant lucrativement ses loisirs dans le calme de la vie familiale, et sans délaisser les devoirs qu'elle impose.

Quant aux emplois énumérés dans la première partie du livre (Postes, — Enseignement, — etc.), toutes nos lectrices indistinctement peuvent en tenter l'abord, si elles remplissent les conditions exigées.

---

en fait trois grosses par journée de 12 heures ! — En Allemagne, où se font les franges de toilette et autres menus articles, jouets, etc., le salaire féminin ne s'élève guère au delà de 1 fr. 25; il est bien souvent de 0. 85 c.

GRANDES INDUSTRIES.

Céramique (1).

Les spécialités artistiques, dans cette industrie, ne sont exercées qu'à Paris, qui a la renommée de posséder des modeleurs et des peintres plus habiles et plus complets que partout ailleurs.

Limoges a cependant une école professionnelle pour la céramique et d'où sortent des artistes excellents, principalement pour la décoration de la porcelaine. C'est la seule ville rivale de Paris dans cette industrie.

Les faïences, poteries, porcelaines ordinaires sont fabriquées en province dans les villes ci-après, et demandent le concours des femmes, pour les opérations manutentionnaires principalement :

Creil, Choisy-le-Roy et d'autres centres de terrains argileux produisent les poteries et les faïences ordinaires. Les femmes y sont occupées : 1° au triage des pièces fêlées ou cassées et au rangement. Elles sont payées à la journée ou à l'heure, sur la base de 0 fr. 15 à 0 fr. 20 l'heure. — La cuisson et le vernissage ou glaçage, quoique simples, sont toujours faits par les hommes, à cause des matières chimiques qui

---

(1) Voir aussi même article Paris.

entrent dans la composition. Le vernis des poteries communes fabriquées aux environs de Paris contient : oxyde de plomb, — argile de Vanves — sable de Belleville, — oxyde de manganèse, — et oxyde ou battiture de cuivre.

2° Au choix. — Celles-ci sont payées un peu plus cher, 2,50 ou 2.75 la journée de 11 heures. Elles sont chargées de classer les pièces selon les défauts constatés au « défournement » : 1° les *fentes en cru*; 2° les *fentes au feu*; 3° les *déformations*; 4° le *vissage*; 5° *les taches, trous* ou *cloques*; 6° les *pouillons*; 7° l'*écaillage*.

Les écarts faits sont encore les objets d'opérations lucratives pour une certaine catégorie de femmes qui achètent aux fabriques les articles réformés pour les vendre à bas prix sur les marchés. La différence souvent énorme consentie par le manufacturier sur le prix courant permet à ces marchandes de réaliser en moyenne un très appréciable bénéfice.

Limoges est la première ville de France pour la porcelaine fine et dure. L'argile blanche ou kaolin, un des deux éléments de la pâte dure, est extraite des carrières de Saint-Yrieix, à 26 k. de Limoges. Rouen dès 1673 avait une fabrique de porcelaine tendre, puis Lille (1711), puis Chantilly (1725), Mennecy (1735) et enfin Sèvres (1744) en eurent à leur tour ; mais ce ne fut qu'en 1748 que le kaolin, découvert par hasard, permit d'établir à Limoges une fabrique de porcelaine dure, semblable à celle fabriquée en Saxe depuis 1712.

Limoges emploie donc, non seulement des femmes peintres pour la décoration de ses produits, mais aussi des manutentionnaires, en assez grand nombre.

On peut compter aussi comme employant les femmes aux diverses opérations précitées, les villes principales d'où se tirent les plus jolies de nos faïences artistiques.

La faïence était fabriquée dès le XIV⁰ siècle en Espagne. La majolique ou faïence à ornements en relief nous vient d'Italie. L'invention en est due à un sculpteur italien nommé Lucca della Robbia (1). Les premières faïences parurent seulement sous François Ier. — Bernard Palissy (2) a donné son nom aux merveilleuses faïences couvertes d'émaux jaspés qui sont de fort belles imitations de ses chefs-d'œuvre ; mais il a emporté avec lui le secret de ses meilleurs procédés.

Nevers avait dès 1632 quatre importantes faïenceries fondées en vue de fabrication artistique, mais dont les produits ne furent bientôt plus décorés que par des enluminures grossières.

Rouen en 1647 avait le renom pour la peinture délicate et originale de ses faïences d'une seule couleur et d'un caractère symétrique.

Elle créa aussi, vers le XVIII⁰ siècle, le décor à la ferronnerie (imitation de fer forgé), le genre rocaille et le décor à la corne, qui jouit d'une très grande vogue (3).

Sinceny (Aisne), Quimper, environs de Paris, Saint-

---

(1) 1425.
(2) 1545.
(3) Nous avons cru devoir donner ces indications pour les artistes qui voudraient s'essayer aux imitations d'anciennes faïences, afin qu'ils aient quelques notions des styles des divers modèles.

Cloud, Meudon, Poissy, Lunéville, ont des fabriques de faïence, imitations fort réussies de celle de Rouen.

Moustier, petite ville du département des Basses-Alpes, produit des faïences remarquables, dont l'émail est d'un blanc laiteux très pur et dont les décorations en camaïeu bleu sont tirées des sujets empruntés aux meilleurs albums de Bérain et de Boulle, et faites par des peintres de talent, hommes ou femmes.

Les faïences de Strasbourg étaient décorées après la première cuisson par les mêmes procédés que ceux pour la peinture sur porcelaine ; mais les dessins et les couleurs en étaient plus ordinaires. On employait pour cette décoration un certain nombre de femmes payées aux pièces. Le travail est à peu près remplacé aujourd'hui par l'impression chromo pour les faïences communes. Niderviller, Lunéville et Saint-Clément, qui ont la spécialité des objets de faïence de fantaisie, ont cependant toujours attaché à leurs fabriques des artistes qui exécutent au pinceau des dessins originaux et des modeleurs qui reproduisent en statuettes des types populaires très en vogue. Les femmes aussi bien que les hommes sont admises à travailler, soit à domicile, soit en atelier.

La rémunération est très variable : elle dépend et du talent de l'artiste, et de la valeur de l'objet décoré. Les artistes en majolique sont habituellement très bien payés.

Indépendamment des artistes, toutes les fabriques de faïence ou de porcelaine occupent des femmes à la manutention.

Conseils pratiques. — La jeune fille qui veut se faire une spécialité de décorations de porcelaine ne doit pas se dissimuler qu'il est presque impossible, — fût-elle déjà d'une certaine force en peinture, — d'apprendre seule ce « métier ». C'est le « métier artistique » le plus difficile à pratiquer sans un apprentissage suffisant. Il faut compter quatre années d'études, pendant lesquelles les rémunérations sont aléatoires et dépendent de la bonne volonté du professeur. Il est bon de connaître tous les procédés de décoration, depuis la manière de tracer un filet sur le marli d'un plat, jusqu'à la pratique des peintures dorées les plus merveilleuses des meilleurs styles ; car la dorure et la peinture s'exécutent de façons différentes. Il faut connaître aussi leurs résultats respectifs après les divers modes de travail et de cuisson, si l'on veut réussir à se créer un genre apprécié et productif.

Ces études, en province où il existe peu d'ateliers, ne peuvent se faire que chez un entrepreneur ou « chambrelan » ; mais il est utile de changer plusieurs fois de direction pendant l'apprentissage, afin d'être mise au courant de toutes les « manières de faire ».

Coloriage, images, cartes, etc.

La chromolithographie a réduit partout dans d'énormes proportions la plupart des coloriages à la main.

Cependant, les femmes sont encore employées aux enluminures dans quelques branches de cette industrie :

1° A Metz, Toul, Épinal, Pont-à-Mousson, dans les fabriques d'images. Les bas prix de ces articles résultent en partie du mode « d'impression » pour le coloriage : aussi les enluminures qui s'y font encore à la main donnent une rétribution si modeste que, seules, des personnes infirmes ou des fillettes peuvent s'en contenter.

2° Les planches d'histoire naturelle et les cartes de géographie ont leurs éditeurs principaux à Paris ; cependant beaucoup de chefs-lieux d'académie s'en font aussi une spécialité ; leur coloriage est très rémunérateur pour les femmes, soit qu'il s'exécute au pinceau, soit qu'il se « brosse » à l'aide de « patrons ». L'anatomie seule, qui se fait presque toujours à domicile, rapporte facilement 3 à 3 fr. 50 par jour. Mais l'apprentissage est ordinairement un contrat de 5 ans au pair, c'est-à-dire pour la nourriture et le logement.

Les gravures de mode s'éditent peu en province, et l'entrepreneur préfère y employer des hommes pour le coloriage « au patron ». Les femmes ne sont acceptées que pour aviver d'un coup de pinceau au vernis les ornements saillants des gravures. Elles sont alors payées aux pièces, et ne peuvent guère espérer plus de 1 fr. 50 à 2 fr. en atelier par journée de 10 heures.

Confiserie, confiturerie, etc.

La confiserie consiste dans la fabrication des desserts et bonbons dont la forme et la composition sont très variables. Dans toutes les grandes villes il y a des confiseries qui réclament le concours des femmes, mais plus spécialement pour la mise en boîtes et l'emballage.

Ces ouvrières sont payées à la journée ou aux pièces, sur un taux moyen de 1 fr. 75 à 2 fr. par jour.

Montélimar (nougats) et Verdun (dragées) ont une renommée justifiée et occupent beaucoup de femmes.

Les confitureries en emploient également dans de grandes proportions, pour l'épluchage des fruits, la mise en pots des confitures, et la surveillance des ateliers. Les salaires varient en raison de l'importance du travail.

Bar-le-Duc fabrique ces délicieuses confitures qui ont une si universelle réputation. Nombre de dames de la ville font, à l'époque de la fabrication, assaut de patience et d'activité. Vers le mois de juillet presque tous les magasins de mode se transforment en ateliers d'épluchage. Autour de la table ronde, les apprenties, munies de fins ciseaux, détachent de la grappe les baies une par une pour les livrer ensuite aux « épépineuses ». Celles-ci, à l'aide d'une plume à bec arrondi, enlèvent délicatement les pépins sans endommager la pulpe.

Nous pouvons ranger dans la catégorie des confiseries les fabriques de chocolat, qui fournissent à la consommation annuelle plus de douze millions de kilogrammes. Les femmes y sont employées pour le pliage et la mise en papier argenté.

Salaire moyen, selon emploi, de 1 fr. 50 à 2 fr. 25.

Conserves alimentaires.

La fabrication des conserves alimentaires se fait (outre à Paris et environs) à Nantes, Bordeaux, le Mans et Pithiviers (pâtés).

On emploie le procédé Appert pour les légumes auxquels on veut garder l'aspect frais, et la méthode de dessiccation pour les pruneaux, figues, poires tapées et légumes secs. Certains légumes servis sur la table comme hors-d'œuvre sont conservés dans le vinaigre à l'aide de procédés spéciaux ; ils se fabriquent principalement en Angleterre.

Les femmes sont employées, dans tous les établissements de conserves, au triage, à l'épluchage des légumes, et trouvent, de mai à août, une besogne assurée qui leur rapporte, à la tâche, de 1 fr. 50 à 2 fr. 50 par journée de 12 h. Le reste de l'année, on n'occupe qu'une petite quantité d'ouvrières pour les morilles, champignons, truffes, crêtes de coq, etc.

Corsets.

Indépendamment des fabricantes de corsets qui ont la spécialité des corsets sur mesure, et occupent des ouvrières dans des conditions variables, il existe, dans beaucoup de villes, principalement dans celles des départements septentrionaux, de grandes manufactures de corsets de tous les prix et d'étoffes diverses, depuis le coutil écru jusqu'au satin garni de dentelle ou de peluche.

L'étoffe devant servir à la fabrication arrive dans l'atelier des mécaniciennes, toute préparée par des « coupeurs ». Chaque machine demande deux ouvrières, une « prépareuse » et une « piqueuse ».

On procède alors, dans un autre atelier, à la pose des œillets qui est faite également par des femmes.

De là, le corset passe dans un troisième atelier, celui des « brodeuses », qui font les enjolivements divers et fixent les baleines.

Rien n'est fait hors des ateliers. Pour les piqueuses l'apprentissage dure un an, avec maigre rétribution. Pour les brodeuses, 4 à 5 semaines suffisent.

Les ouvrières sont toutes payées à la tâche, et gagnent, au minimum, 2 fr. par jour. Chaque atelier a une directrice ou première maîtresse qui perçoit un bénéfice sur la production de ses ouvrières, indépendamment d'une rémunération fixe. On nous a assuré que les plus anciennes directrices se faisaient (exceptionnellement, en forte saison) jusqu'à 200 fr. par semaine. La moyenne est de 200 à 300 fr. par mois. Chômage partiel en janvier et première quinzaine de février.

Épingles et aiguilles.

Le premier marchand d'épingles, connu en France, était établi à Paris au commencement du XV° siècle, et s'appelait Jean Parquin.

Aujourd'hui, la plus importante des fabriques d'épingles, en France, est celle de Laigle (Orne). Cependant Paris et plusieurs villes de province ont aussi des fabriques d'épingles d'une certaine importance.

Les femmes y sont employées en grand nombre à diriger les machines Jecker, qui donnent 80 épingles toutes finies à la minute, puis au triage, empaquetage, etc.

Il n'y a pas d'apprentissage à faire ; mais le salaire, basé sur la production, n'est guère supérieur à 1 fr. 50 par jour.

A Orléans on fabrique les épingles à cheveux ; mais on n'occupe les femmes que pour l'empaquetage et le triage, et elles gagnent à la tâche de 1 fr. à 1 fr. 75 par jour.

Aiguilles. — La première fabrique d'aiguilles françaises fut établie à Laigle ; mais l'Angleterre garda longtemps le monopole des meilleurs procédés de fabrication dus à Christophe Greening vers 1555.

La confection d'une aiguille nécessite 43 opérations, dont celles du perçage, de l'évidage, du drillage et de la mise en paquets sont faites par des femmes.

L'apprentissage ne coûte à la débutante que les deux premiers mois de son travail, après quoi elle gagne de 0,75 à 1,25 par jour.

Confection de vêtements de travail pour hommes — salopettes — cottes — caleçons — chemises — blouses — gilets-vestons.

(Voir aussi l'article suivant.)

Dans les campagnes des environs de Lille et de quantité d'autres villes du Nord, un grand nombre de femmes travaillent à domicile, à la confection des vêtements de travail pour hommes. Elles forment deux catégories :

1° Les mécaniciennes, qui doivent posséder une machine et être très habiles à s'en servir ;

2° Les finisseuses, qui font, à la main, les ourlets, arrêts, boutonnières, et posent les pattes et les boutons.

Les ouvrières, quel que soit leur travail, sont payées aux pièces.

Nous allons donner quelques prix des façons de ces articles, répandus dans le commerce à des conditions incroyables de bon marché. Ils donneront une idée de l'habileté de la femme qui parvient, avec d'aussi minces rétributions, à gagner 2 fr., 2 fr. 50 et même 2 fr. 75 par jour, sauf les finisseuses ne faisant pas les boutonnières. Ce sont, en général, de vieilles femmes qui gagnent 1 fr. 25 par jour.

Les mécaniciennes et les finisseuses achètent leur fil au confectionneur, qui évite ainsi le gaspillage et la mauvaise qualité du fil.

Salopette (sorte de pantalon en toile que les ouvriers mettent par-dessus le leur pour travailler).

La *mécanicienne* monte complètement le vêtement à la machine à coudre et gagne 0,12 cent. la pièce.

La *finisseuse*, faisant les boutonnières, est payée 0.08 par objet fini ; elle a 0,10 lorsque les coutures de côté sont à baguette.

Caleçon.—Façon complète, coutures rabattues, 0,17.

Chemise d'hommes. — Façon simple 0,15, avec empiècement 0,20, coutures rabattues 0,10 en plus.

Blouse. — La blouse de peintre, 1 mètre de longueur, a ses façons décomposées ainsi :

Pour la mécanicienne 0,12 ;

Pour la finisseuse 0,23.

Ces prix varient cependant d'après la qualité du tissu et selon le soin demandé à l'ouvrière.

Gilet. — Toile ou coton, non doublé, se fait complètement à la machine et donne 0,50 de façon, dont 0,15 c. pour la spécialité en boutonnière et pose de boutons.

Veston. — La piqueuse gagne 0,25 de façon par pièce ; la finisseuse faisant 4 boutonnières et posant 4 boutons gagne 0,10.

Le pressage ou coup de fer donné au gilet et au veston est payé 0,04 pour les deux pièces.

Confection en drap pour hommes.

Il se fait, en province, toute la confection ordinaire qui se vend à Paris.

En général, les « confectionneurs » des départements n'ont chez eux qu'un atelier très restreint relativement à l'importance de leurs affaires. Cet atelier est réservé aux « coupeurs » qui débitent les étoffes, et à un certain nombre de « *mécaniciennes* » qui sont chargées d'exécuter les commandes pressées. Tout le reste de la « confection » est fait à domicile par les ouvriers de la région.

Lorsqu'il s'agit d'un petit nombre de pièces semblables à couper en même temps, les « coupeurs » placent sur des tables spéciales autant d'épaisseurs d'étoffes qu'ils ont de pièces à débiter, puis ayant tracé, au moyen d'un patron en carton, ou en bois mince, la forme de la pièce, ils la découpent avec un sabre qu'ils font mouvoir verticalement en l'engageant dans des rainures pratiquées dans la table.

Quand, au contraire, le nombre des vêtements semblables à couper est considérable, on se sert, pour les débiter, d'une scie à ruban qui reçoit son mouvement d'un moteur à vapeur ou au gaz. Ce moteur actionne en même temps les machines à coudre de l'atelier.

Le débit fait, le confectionneur fait transporter les vêtements coupés dans les villages des environs par ses voitures appelées « calendres » et sous la conduite d'un employé. Au lieu indiqué, les ouvrières ayant chez elles une machine viennent chercher l'ouvrage en rapportant celui qu'elles ont terminé. (Ces voyages se font à jours fixes.) L'employé qui accompagne la voiture examine le travail, accepte ou refuse suivant le cas, et paie, d'après le tarif adopté, proportionnel à celui que nous avons donné ci-dessus.

L'ouvrière confectionneuse pour vêtements de drap a un salaire moyen de 2 fr. 60 par jour.

FILATURES.

Laine — soie — coton.

C'est pour filer la laine qu'on a inventé les premiers rouets, dont l'origine remonte aux temps anciens. La laine est aujourd'hui travaillée presque partout en France dans des établissements spéciaux ou « filatures de laine », mais principalement à Reims, Fourmies, Roubaix, Saint-Quentin, Tourcoing, le Cateau, Amiens, Rethel et Guise pour les laines peignées ; Elbeuf, Sedan, Reims, Louviers, Lisieux, Tourcoing, Vienne, Mazamet, Castres, Châteauroux et Vire, pour les laines cardées : ces deux catégories de laines sont les deux divisions de la filature de laine.

Après la laine on a filé une autre matière animale, la soie, puis les matières textiles, le coton, le lin et le jute.

La soie est tirée en partie du Lyonnais et du Dauphiné (1), en partie de la Chine, du Japon et du Bengale. De ces trois pays seuls, l'Europe reçoit annuellement 5 millions de kilogrammes de cocons ; mais ces produits sont de beaucoup inférieurs, comme qualité, aux nôtres.

---

(1) On fait aussi l'élevage des vers à soie, quoique sur une échelle modeste, dans les départements du Gard, de l'Ardèche, du Vaucluse, des Pyrénées-Orientales, des Alpes-Maritimes et de la Savoie.

Il y a en France 500 établissements qui dévident le cocon, et 25 peignages travaillent l'ouate de soie dans l'Ain et les Hautes-Alpes, et enfin 7 manufactures importantes qui repeignent et cardent les déchets de bourre de soie. La soie filée en France avec les productions indigènes et les productions étrangères dépasse 10 millions de kilogrammes. Toutes ces filatures emploient des femmes en assez grand nombre. Un seul fabricant de Lyon, qui possède tant en France qu'au Bengale 19 filatures travaillant pour son compte, occupe 8,000 ouvriers dont les 2/3 sont des femmes.

Les filatures de coton se fournissent exclusivement de produits étrangers, puisque la France ne cultive pas le cotonnier. La plus grande partie des cotons vient des États-Unis, des Indes-Orientales, du Brésil, de l'Égypte, etc.

Les centres de l'industrie cotonnière française sont les départements du Nord, de l'Est, et surtout le département de la Seine-Inférieure. L'importation fait une concurrence désastreuse à cette vaste branche commerciale, depuis quelques années surtout.

Il n'y a qu'une vingtaine d'années qu'on file le jute, matière textile originaire des Indes-Orientales. On le file aujourd'hui pour en faire des tissus de belle apparence et à très bon marché, à Dunkerque, à Lille, et surtout à Amiens.

Le lin et le chanvre cultivés en France produisent des matières employées dans des filatures spéciales dont le département du Nord a presque le monopole, ou du moins la grande majorité. On y relève 150 filatures environ ; le seul qui en possède ensuite est le département de la Somme qui en a 13.

Outre les matières indigènes, on emploie dans ces filatures une quantité importante de lins de Russie qui les expédie en France dans des conditions déplorables pour les intérêts des agriculteurs français, lesquels, ne pouvant lutter avec cette concurrence, circonscrivent la culture de cette plante textile.

Tous les métiers à filer reposent sur les mêmes principes de mécanique, et les opérations diffèrent peu. Dans toutes les filatures, on emploie des femmes dans les proportions que nous avons dites plus haut.

C'est à Philippe de Girard qu'on doit la meilleure machine à filer le lin. Il naquit en 1775 à Lourmarin, dans le Vaucluse, et monta sa première filature, d'après ses plans, avec 2,000 broches, rue Meslay, à Paris, en 1811.

Ses métiers à filer ont été pendant plus d'un demi-siècle de puissants agents de prospérité pour la grande industrie linière à laquelle l'importation fait aujourd'hui un tort si considérable.

Les femmes occupées dans les filatures sont :

1° Les étaleuses (lin et coton), salaire 2 fr. par jour.

2° Les étirayeuses, salaire 1 fr. 50 à 2 fr. par jour.

3° Les bambrocheuses ou ouvrières des bacs à broches, salaire 2 fr. par jour.

4° Les fileuses qui conduisent les métiers à filer, salaire 2 fr. 25 par jour. Elles sont aidées par des fillettes de 13, 14 et 15 ans qui démontent les bobines pleines de fil et s'appellent « varouleuses », auxquelles on donne 0 fr. 50 à 1 fr. 25 par jour.

5° Les dévideuses qui gagnent 3 fr. et 1 fr. 25 par jour.

Il y a aussi des filatures d'étoupes qui remplacent la « table à étaler » par la « carde » avec des ouvrières « cardeuses ».

Le filage de la laine, du coton et du lin est malsain pour les éplucheuses qui contractent facilement des maladies de poitrine causées par les poussières. En outre, les ouvrières des filatures de lin sont obligées de travailler dans des ateliers à température très élevée, ce qui les expose, à la sortie des ateliers, à des refroidissements fort dangereux.

Ganterie.

Les gants ne sont pas d'invention récente. Les Grecs en faisaient usage, puisque Homère dit dans son *Odyssée* que « Laerte arracha les épines avec ses mains couvertes de gants de cuir ». Chez les Romains, les agriculteurs en portaient.

Les premiers gants parurent en France à la cour de Henri III et étaient en tissu souple de soie. Sous Louis XIV les dames inaugurèrent les gants de peau pour les courses et les voyages, et l'Angleterre introduisit définitivement cette mode en France sous Louis XVI.

Cette industrie a pris une grande extension. Le centre seul de la ganterie (le département de l'Isère) produit chaque année pour 16 à 17 millions de gants, c'est-à-dire près de 50 mille douzaines de paires. C'est dire quelle quantité de femmes travaillent toute l'année à cette fabrication.

Les gantières sont « couseuses » — « brodeuses » — ou « piqueuses » —(à domicile plus qu'en atelier).

Les gants, une fois coupés par des « coupeurs », sont distribués aux « brodeuses » dont les grands métiers peuvent contenir plusieurs paires de gants tendus.

L'apprentissage est complet en quelques mois dont on abandonne le produit à la maîtresse ou à l'ouvrière qui a donné des leçons.

Au bout de ce temps, on peut gagner aux pièces 2 fr. 25 par jour, chez soi ou en atelier.

Les gants passent alors entre les mains de la « couseuse », qui mène son aiguille enfilée de fine soie dans toutes les piqûres préparées par la machine à tracer les coutures (1). Dans les environs de Grenoble, les femmes ont une telle habitude de ce travail qu'elles exécutent même des gants de nuance très claire, tout en vaquant à leurs occupations ménagères et en soignant leurs bambins.— La couseuse borde et pose les boutons. Son salaire, rétribué aux pièces, est de 1 fr. 50 à 2 fr. moyenne par jour.

Certains gants ont différents détails qui ne se piquent qu'à la main ; c'est un ouvrage spécial payé 1 fr. par paire et qui rapporte près de 2 fr. 25 par jour.

---

(1) Beaucoup de gants bon marché sont cousus entièrement avec cette machine; la soie se tire avec le premier point décousu.

Horlogerie.

Les cadrans solaires, les clepsydres (horloges à eau) et les sabliers furent, jusqu'au XIe siècle, les seuls indicateurs de l'écoulement du temps.

Vers cette époque, un moine français imagina la première horloge, machine lourde et grossière, mise en mouvement par un poids.

On pourrait dire que le véritable créateur de la pendule fut Galilée, puisque les résultats de ses observations sur les oscillations du pendule furent utilisés, d'abord en Hollande, pour inventer le régulateur de l'horloge, vers la fin du XVIIe siècle.

La grosse horlogerie, — la pendulerie, avec toutes les applications et perfectionnements dus à l'électricité, — la fabrication des petites montres de poche, ces différentes branches de la grande industrie qui nous occupe, font vivre un grand nombre de Français à Paris, Besançon, Montbéliard, Cluzes et Morey.

Mais Besançon seul, le centre principal, emploie des femmes.

Son école, dont la réputation professionnelle est connue du monde entier, ne donne accès qu'aux apprentis masculins; mais dans les usines du département du Doubs, et de Besançon même, les essais de travail faits par des femmes ont donné de très satisfaisants résultats. Leur apprentissage se fait à l'atelier ; on les emploie d'ailleurs aux ouvrages les plus faciles ; elles gagnent de 1 fr. 25 à 2 fr. par jour. Il est nécessaire qu'elles possèdent une excellente vue, et qu'elles soient douées de délicatesse et d'habileté de doigts.

Magnanerie.

La France doit sa grande industrie séricicole à Olivier de Serres, qui encouragea l'élevage du bombyx du mûrier, importé de Chine sous Philippe III par deux moines français.

Dans le Midi, les Cévennes, la Provence et les vallées du Rhône, il y a un grand nombre d'établissements affectés spécialement à l'élevage ; on les appelle magnaneries, du mot « magnan », nom du ver à soie en patois provençal. Les femmes surveillent l'éclosion dans « l'étuve » à partir de la fin d'avril au commencement de mai ; des ouvrières, femmes ou filles des cultivateurs, procèdent à la cueillette du mûrier, seule nourriture du ver pendant la durée de son existence qui comprend cinq âges. Les « magnanières » *lèvent* les vers, c'est-à-dire qu'elles les classent selon leur grosseur dans les espaces séparés dans la magnanerie, et les soignent jusqu'au jour de la « montée » ou filage, qui a lieu vers le 30e ou 40e jour.

Après la transformation du « fileur » en chrysalide, les « coconnières » sont chargées de placer la plus grande quantité des cocons dont on a prélevé les plus beaux pour la reproduction, sur des tablettes disposées dans des armoires où on injecte de la vapeur d'eau bouillante pour étouffer les individus et éviter ainsi qu'ils percent le cocon avant le dévidage. Quand les cocons sont enlevés et séchés, ils sont livrés à des « trieuses » (1).

Viennent alors les opérations suivantes confiées également aux femmes :

1° Le dévidage ou tirage de la soie, qui se fait aujourd'hui par des dévideuses ou fileuses à l'aide de dévidoirs ingénieux permettant de dévider 5 et 6 cocons à la fois après que le « frizon » ou bourre a été détaché.

2° Le moulinage ou opération pour polir et assouplir la soie.

3° Le doublage, pour réunir 2 à 4 brins sur la même bobine.

4° Le flottage, qui consiste à disposer la soie par écheveaux réguliers.

Le salaire de ces différentes ouvrières est extrêmement variable ; il dépend non seulement du genre de besogne qu'elles font, mais aussi de la production de la magnanerie à laquelle elles sont attachées. Ce sont les dévideuses qui gagnent le plus, environ 2 fr. par jour.

Tissage.

Le tissage, c'est-à-dire la fabrication des tissus par l'enchevêtrement des fils, était déjà connu du temps de Virgile. — En France même, les étoffes façonnées datent du XII° siècle et, si on en juge par les échantillons conservés dans nos musées, elles étaient

---

(1) M. Pasteur a fait un travail et des expériences remarquables sur les fréquentes maladies des vers à soie.

déjà d'une richesse de tissu et de dessin fort remarquable.

Dès le XVIIe siècle, nous voyons le tissage des vêtements devenir une source de prospérité pour la ville de Lyon, qui fabriquait de superbes étoffes à « ramage » avec des métiers appelés « Dangon », du nom de leur inventeur en 1606. — Chacun de ces métiers nécessitait le concours de 2 ouvriers, le « tisseur » et le « tireur ». — Falcon, Vaucanson et La Salle apportèrent de sérieux perfectionnements à ces métiers primitifs, les seuls en usage jusqu'en 1800. A cette époque un modeste ouvrier tisseur de Lyon, Jacquard, né rue de la Pêcherie en 1752, inventa l'ingénieux métier à façonner les soies, qui porte son nom. Il prit en 1801 son premier brevet et fit sa machine à fabriquer le filet de pêche et le bastingage des navires.

On sait qu'après des déceptions et des chagrins de toutes sortes, Jacquard eut la satisfaction de jouir, avant sa mort, du succès de son invention. En 1812, Lyon comptait déjà 18,000 de ses métiers. Il mourut en 1834 riche et honoré (1).

De l'industrie de luxe pour lequel il avait été inventé, le métier passa bientôt dans toutes les fabrications de tissus. C'est ainsi que le Nord en possède en grand nombre pour tous ses tissages de fil, de coton et de jute. Lille et Armentières ont la spécialité du tis-

(1) Détail original : les Chinois, si rebelles légendairement au progrès venu d'Occident, ont cependant depuis quelques années remplacé leur métier semblable à l'ancien métier égyptien par le métier Jacquard.

sage du lin pour les toiles écrues, coutils fantaisie, linge ouvré, toiles pour matelas, pour stores, pour draps de lit, pour voiles, etc.

A Rancy et à Halluin on tisse les toiles crémées fines à teindre, à Roubaix les coutils et les satins blancs, à Valenciennes et à Cambrai les batistes, à Bapaume les toiles à sacs, à Comines les cordons de fil, à Estaires le linge de table damassé, à Abbeville et à Amiens le linge pour l'armée.

En Bretagne et en Normandie on fabrique des toiles blanches et fines très estimées, et dans les Vosges les coutils écrus et les toiles de ménage. Dans toute la France d'ailleurs, il y a des tissages de tous les genres de produits, où les femmes sont employées en majorité. L'Orne a la spécialité des tissus de coton, et Amiens celle des velours de coton unis ou à côtes.

Le tissage de la soie a aussi en France une importance considérable. Tours et Nîmes, mais plus spécialement Lyon, tissent les soieries(1). — Saint-Étienne fabrique les rubans, et Roubaix, la Somme, Paris et Lyon fabriquent les tissus de matières textiles mélangés de soie.

Le tissage de laine, vêtement, et le tissage d'ameublement sont répandus dans toute la France; mais les villes les plus industrielles en ce genre sont Elbeuf, Louviers, Sedan, Amiens, Roubaix, Aubusson, Tourcoing, Beauvais, Nîmes, Marseille, Tours, Orléans et Lisieux. — Les tissages variés tant pour les étoffes de

---

(1) Les tisseuses à Lyon s'appellent canuses.

coton que celles de laine et les tapisseries tiennent une place considérable dans l'industrie de Roubaix et de Tourcoing. Les fabricants de ces villes du Nord ont une activité intelligente toujours à l'affût du progrès, et contribuent dans une large mesure à la prospérité de cette contrée.

Le tissage d'ameublement qui se fait à Roubaix, Tourcoing, Asq, Lille et Armentières, occupe des femmes, tant à domicile qu'en ateliers. Dans les campagnes des environs, il est peu de famille qui n'ait son métier, et 1 ou 2 « tisserandes ».

Le bobinage mécanique se fait en atelier; il est conduit par des jeunes filles de 16 à 18 ans qui ont de 15 à 20 broches à surveiller. Elles gagnent 1 fr. 50 par jour.

Le bobinage de la laine pour la préparation des moquettes est fait au rouet par de vieilles femmes qui se contentent de 0,60 à 0,75 centimes par jour.

La pratique du dévidage au rouet a donné à la plupart de ces femmes des attitudes courbées, forcées et contournées qui en font des types originaux précieux pour les peintres qui aiment à reproduire le pittoresque partout où il se trouve. C'est une catégorie d'ouvrières qui disparaît, car le rouet n'est guère plus appris par la nouvelle génération. Il est pourtant indispensable jusqu'à présent pour certains dévidages spéciaux.

Les franges pour les tapis de table sont faites par des jeunes filles qui gagnent 0,06, par mètre de franges à 3 nœuds, distants de 0^m03. Leur gain est de 1 fr. 25 à 1 fr. 50 par jour.

Les tisserandes à domicile travaillent le jute qui leur est payé 0,06 le mètre sur 0™90 de large, et leur rapporte environ 1 fr. 75 par jour.

Le métier Jacquard pour les brochés de laine et les tapis est beaucoup plus lourd à conduire et est réservé aux hommes.

Le tissage des toiles, linge damassé, est une grande ressource pour les femmes que n'effraie pas le travail en atelier. Elles commencent vers l'âge de 13 ou 14 ans et deviennent assez vite ouvrières dans les appellations suivantes :

1° Bobineuses gagnant 2 fr. 50 à 3 fr. par jour.

2° Ourdisseuses chargées de réunir sur un ratelier, pour être transmis sur un rouleau, les fils formant le huitième de la largeur de la toile. Elles gagnent 2 fr.75 par jour.

3° Tisserandes qui gagnent 2,75 à 3 fr. par jour.

4° Canetières qui dévident les écheveaux de fil sur des fuseaux. Salaire 2 à 3 fr. par jour.

Outres ces différentes catégories d'ouvrières, les tissages de soie ont des plieuses et des maîtresses d'atelier qui sont logées dans les manufactures. Ces dernières prélèvent sur le salaire de leurs ouvrières une dîme qui vient s'ajouter à leur fixe et leur donne une rémunération de 6 à 7 fr. par jour.

A Amiens où se fabriquent, comme nous l'avons dit, les velours de coton, des ouvrières spéciales, appelées ressarcisseuses, réparent les étoffes qui sortent des mains des tisserands. Ceux-ci en façonnant le velours avec des ciseaux, les passent avec précipitation parfois au travers de l'étoffe. L'ouvrière visite chaque pièce et reprise d'une façon invisible tous les endroits ainsi endommagés. Ce travail ni fatigant ni difficile est payé à raison de 0 fr. 03 ou 0 fr. 04, même 0 fr. 05 par réparation et leur rapporte 2 fr. 75 à 3 fr. par jour. Il y a très peu d'apprentissage.

Tulles brodés et façonnés.

L'industrie des tulles, en France, occupe à elle seule, pour la fabrication, près de 40.000 ouvriers dont bon nombre de femmes; ses centres principaux sont Calais et Saint-Pierre-lez-Calais ; Lyon, Lille et Saint-Quentin fabriquent aussi des tulles, mais sur une échelle beaucoup plus modeste (1).

La broderie sur tulle se fait principalement à Tarare, Saint-Quentin et Lyon. Cette dernière ville a la spécialité des tulles façonnés artistiques dont la fabrication occupe une quantité de femmes et de jeunes filles du pays, soit en ateliers, soit à domicile (2).

1° Les *metteuses en main* choisissent les soies destinées à la teinture.

2° Les *dévideuses* mettent la soie sur les raquettes.

3° Les *ourdisseuses* préparent les chaînes.

Salaire moyen pour ces trois catégories 2 fr. 50 par jour.

---

(1) Calais et Saint-Pierre ont à eux seuls 2,000 métiers Jacquard et occupent 25,000 ouvriers et ouvrières.
(2) Ceci se rapporte aussi au tissage de la soie à Lyon.

Les pièces de tulle sortant des métiers vont alors à domicile, chez les

Raccommodeuses de brut. Le raccommodage consiste à visiter les pièces de tulle et réparer les négligences ou les omissions de fabrication. Ce travail demande un apprentissage d'un an sans rien gagner. On commence à 15 ans. Au bout de ce temps on peut, soit à domicile, soit en atelier, gagner 1 fr. 25 à 1 fr. 50 jusqu'au moment où, parvenu au dernier degré d'habileté, on se fait des journées régulières de 2 fr. 50.

Le tulle visité et raccommodé est passé ensuite à la teinture et au 1er apprêt, opérations faites par les hommes.

Les pièces de tulle qui reviennent chez le fabricant après le 1er apprêt, sont alors détaillées, c'est-à-dire que tous les objets (fichus ou volants) sont séparés pour être distribués aux

Brodeuses. — La broderie courante se fait peu à Lyon, elle s'exécute surtout dans les campagnes des environs, où les mères apprennent de bonne heure à leurs filles à les aider et gagnent environ 1 fr. 25 à 1 fr. 50 par jour. Les broderies à très bon marché sur tulle se font dans l'Isère et rapportent 0 fr. 75 en moyenne par jour. Les riches broderies à la machine se font à Lyon même, et les journées des ouvrières atteignent parfois 3 fr. 50 ; elles ne sont jamais au-dessous de 2 fr. 25.

Les belles pièces échantillonnées à la main pour être expédiées et terminées dans les campagnes sont faites par des dames et des demoiselles lyonnaises qui gagnent ainsi de 2 fr. 50 à 3 fr. par jour.

Les objets brodés rentrant à l'atelier sont de nouveau visités par des ouvrières appelées « ressuiveuses » ou raccommodeuses, qui en corrigent les défauts trop apparents, et gagnent 2 fr. 50 par jour.

Enfin, chaque pièce est mise entre les mains d'une *pointonneuse* qui travaille chez elle à poser le picot sur le contour de l'objet et le reporte définitivement à la fabrique, où il est plié et prêt à être livré.

Ces pointonneuses gagnent, chez elles, 1 fr. 25 par jour. Le chômage dans cette industrie est très capricieux; en général la forte saison dure de novembre en mai.

Plumes métalliques.

Les plumes d'oie qui avaient, vers le xe siècle, remplacé, pour écrire, le roseau effilé (calamus) qui nous venait des Romains, ne sont plus employées aujourd'hui qu'au théâtre comme accessoires de mise en scène quand le « tabellion » demande « tout ce qu'il faut pour écrire. »

En 1740, un mécanicien nommé Arnoux, tenta différents essais de plumes en métal, mais sans succès. Vers l'an X, Berthelot imagina une plume en argent qui ne réussit pas davantage, surtout à cause de son prix.

C'est seulement depuis 50 ans qu'on a repris, en la perfectionnant, la première idée des plumes de fer dont l'usage s'est répandu si rapidement.

La plus importante fabrique de plumes est à Boulogne-sur-Mer; elle occupe une quantité d'ouvrières à la taille, au bombage, au perçage et à la fente des plumes.

Trois mois d'apprentissage suffisent pour gagner ensuite 1 fr. par jour, puis 2 fr., 2 fr. 50 et 3 fr. progressivement. Le travail le plus difficile est la fente et le bombage. L'Angleterre fait à la fabrication française une redoutable concurrence.

Fabriques de papier.

Les feuilles de palmier, les tablettes de cire, l'ivoire, la pierre, le plomb, les toiles de lin, coton, voire même les intestins d'animaux, les écorces d'arbres, tinrent lieu de papier dès l'origine des temps. Puis on inventa le parchemin et le papyrus fabriqué avec l'écorce d'une plante aquatique d'Égypte de 9 ou 10 coudées de haut, à tige triangulaire et très ligneuse. Pline nous apprend que les Romains en faisaient des lames très minces qu'ils enduisaient d'une colle (farine et eau) additionnée de quelques gouttes de vinaigre ; ils battaient ensuite ces feuilles, les faisaient sécher et répétaient ces opérations jusqu'à ce que le papyrus fût de l'épaisseur désirée. Sous Alexandre, l'usage du papyrus était très répandu, paraît-il ;— quand on fouilla les villes incendiées par le Vésuve 50 ans avant notre ère, on découvrit à Herculanum la fameuse villa d'Aristide ou des Papyrus, qui renfermait une collection de 3,000 rouleaux de papyrus, écrits en partie.

Au Xe siècle, on imagina de faire bouillir des débris de coton pour en fabriquer une sorte de papier connu depuis longtemps des Chinois. On obtint ainsi des feuilles d'énormes dimensions. On voit encore aux archives des documents des IX⁰ et X⁰ siècles dont les pages ont plus d'un mètre et demi de hauteur. — Le parchemin était réservé pour les actes officiels (1).

Le papier bombycien apparait au XIII⁰ siècle. Il est fait de chiffons à peu près comme celui qui nous sert aujourd'hui. Le premier titre écrit sur ce papier fut une lettre de Joinville à Louis IX ou saint Louis.

La première et la plus importante fabrique de papier de France (on pourrait dire d'Europe), est la fabrique d'Essonne. Ce magnifique établissement produit à lui seul presque autant que les quelques centaines d'autres fabriques secondaires, et occupe une population d'ouvriers et d'ouvrières qui doivent à la direction paternelle qui les gouverne, la meilleure part de leur bien-être.

Le papier se fabrique mécaniquement, sauf le papier spécial du papier timbré et des billets de banque.

Plusieurs opérations sont entièrement faites par les femmes, qui s'appellent, selon leur travail :

1° Les *délisseuses*, qui trient les chiffons et éliminent du linge les bouts de dentelle, de broderie, qui sont revendus aux compagnies de chemins de fer pour le nettoyage des pièces graissées, à raison de 0 fr. 60 les cent kilog. Au fur et à mesure du triage, la délisseuse met chaque débris dans un coffre muni d'une faux mécanique qui déchiquette ce qui y tombe.

---

(1) Le procès des Templiers, conservé à travers les siècles (1312), est écrit sur un rouleau de parchemin de 13 mètres de longueur.

2° *Les reviseuses* contrôlent soigneusement toutes les parties de cette opération, la première et la plus importante.

Les chiffons hachés menu sont ensuite livrés successivement aux différentes machines qui font l'effilochage — le défilage — le raffinage et le collage, et qui, dirigées par des ouvriers, transforment ces débris en papier parfait.

3° Pour constituer les rames de papier, il faut assembler les feuilles en 20 paquets de vingt-cinq feuilles qu'on appelle « mains ». Cette opération est faite par des ouvrières « classeuses ». Elles élaguent tout ce qui est défectueux et classent méticuleusement le papier par épaisseur et par nuance. Ce travail est très fatigant pour la vue, qui s'affaiblit fort en quelques années.

4° Quand le papier a été satiné au laminoir il passe dans les mains d'ouvrières qui le rognent et l'assemblent définitivement en ballots pour les expéditions.

L'apprentissage et le salaire varient en raison des difficultés que les opérations comportent. — Pourtant les apprenties ne tardent pas à gagner 0 fr. 65 par jour.

Les ouvrières sont payées aux pièces et peuvent compter sur une moyenne de 2 fr. par jour.

Ouvrages de dames.

Les journées sont longues, en province, et la vie, pour beaucoup de ménages peu aisés, y est devenue presque aussi difficile qu'à Paris. Il est donc naturel que nombre de dames, et de jeunes filles tirent parti de leur habileté dans les travaux manuels pour augmenter leurs ressources.

Qu'elles nous permettent de leur dire que, si elles ont l'esprit droit et la raison large, elles feront bon marché de ces petites questions d'amour-propre qui font souvent tenir pour humiliantes les démarches nécessaires pour trouver du travail. Quoi de plus respectable que les efforts d'une fille, d'une femme, d'une mère pour « gagner », à l'aide de ses doigts laborieux, un peu de bien-être à ceux qui lui sont chers ? C'est surtout dans les petites villes que ce travers de la fausse honte existe. A Paris, à Lyon surtout, cette grande fourmilière active, presque toutes les femmes, de n'importe quelle condition, occupent à un *travail manuel lucratif*, une partie de leurs loisirs, les unes pour augmenter l'aisance de la famille, les autres pour grossir le budget de leur charité ou... faut-il le dire ?... de leur toilette. Quel que soit le but, les mères qui enseignent ainsi par l'exemple même que le travail est la grande loi de l'humanité, et la meilleure sauvegarde de la morale, font preuve d'une sage prévoyance.

Que la femme qui veut se livrer à un travail productif fasse donc le nécessaire pour obtenir ce travail à proximité de chez elle, en surmontant sa timidité, et en cherchant dans les magasins qui sont à sa portée. Elle évitera ainsi les envois d'échantillons et les frais de retour, de port de lettres, etc., et sera plus à même d'avoir et d'exécuter les commandes pressées. Si le succès ne répondait pas à ses désirs, qu'elle se mette en rapport avec une maison de Paris ou d'une grande ville plus proche de chez elle, et fasse présenter ses modèles par un intermédiaire de ses amis, honorablement établi et connu dans ladite ville. Habituellement, avant de confier de l'ouvrage à une personne habitant la province, l'industriel auquel on s'adresse exige que l'intermédiaire accepte la responsabilité des transactions, présente les modèles aux époques voulues et réponde des fournitures quand la somme représentée par les matériaux confiés a une certaine importance, bien entendu. On peut encore s'adresser aux « entrepreneuses » qui travaillent et font travailler pour diverses maisons parisiennes; mais la rémunération est naturellement réduite de leur prélèvement personnel.

En première ligne, une femme qui travaille dans l'intention de « gagner » doit être douée de goût, de patience, de persévérance, et surtout d'originalité d'imagination pour les ouvrages de fantaisie. En général, toutes les dames justifient cet axiome un peu modifié, « le style, c'est la femme » et en l'appliquant au style, du mobilier. En effet, l'arrangement du « home » est le véritable livre de la vie féminine. Toutes nous transformons, selon nos goûts et nos préférences, le nid où se passe notre existence, et toutes nous sommes fières d'ajouter à peu de frais, et par le seul miracle de nos mains, une broderie à la layette, un rien élégant au salon, une coquetterie confortable à la chambre à coucher...; mais combien de ces objets dont nous réclamons avec quelque orgueil les droits d'auteur, combien feraient piteuse mine à l'étalage d'une grande

« maison de blanc » ou d'une « spécialité de meubles de luxe. »

Il faut, pour la vente, beaucoup plus de fini et de fraîcheur dans l'exécution que pour les articles destinés à son usage personnel. Il est indispensable que les objets offerts au public aient de l'œil, — du cachet artistique qui attirent et retiennent l'attention. Tous les détails doivent en être soignés et exécutés avec tant de légèreté et de délicatesse que l'ensemble des matériaux ait gardé le lustre du neuf. — Ceci est une affaire d'habitude et de soin : un coup de fer donné à propos, un nœud de ruban, un peu de colle, un cache-point, tous ces petits secrets professionnels s'acquièrent d'eux-mêmes au fur et à mesure de l'exercice intelligent.

Les articles riches dans tous les genres de travaux manuels, donnent *toujours* les résultats pécuniaires les plus satisfaisants; mais là, surtout, il faut savoir créer avec ingéniosité et talent. On vend alors très cher les modèles, parce qu'il faut s'attendre à les voir répéter ensuite en qualités inférieures comme exécution et matériaux, et tomber dans le domaine des articles à bas prix qui ne laissent plus rien pour la « façon ».

Les articles courants, qui ne produisent qu'une rétribution illusoire, ont pourtant ceci d'avantageux : c'est qu'ils sont plus faciles à se procurer régulièrement, et aussi qu'on n'a aucun tâtonnement ni frais imaginatifs à faire pour les exécuter ; un peu d'habitude, chez les personnes qui ont beaucoup de temps pour travailler, peut leur donner l'habileté nécessaire pour retirer, de ces façons, un gain satisfaisant.

Nous donnons ci-dessous un aperçu des quelques ouvrages de dames, les plus avantageux à placer.

Lingerie, nouveauté.

Longtemps, les femmes habitant Cambrai et les environs, ont eu la spécialité des mouchoirs, draps, taies à ourlets à jours. Elles gagnaient à ce travail 0 fr. 75 quotidiennement. Mais aujourd'hui que tous ces articles se confectionnent dans tous les ouvroirs qui ont le monopole des façons, il est inutile de s'exercer à ce travail improductif. Les bonnes lingères, sachant faire tous les points anglais, rivières, points d'échelles, etc., peuvent utiliser leur talent à la lingerie de luxe.

En France on aime le beau linge, et les doigts de fée qui savent transformer les fines toiles et les batistes en objets d'art seront toujours sûrs de placer leurs ouvrages. Les trousseaux riches font vivre beaucoup de femmes. Il est essentiel de connaître tous les points d'enjolivements, tels que les jours à deux rangs de faisceaux, les rivières à triples rangs de points de reprises à faisceaux contrariés, les rivières persanes, à colonnes, à roues, à œillets, à rosaces, etc. — On établit alors un modèle bien soigné, en faisant un compte minutieux du temps passé, distinct de la valeur des matériaux employés, afin de pouvoir faire des conditions de façon seule, ou de l'objet complet au fabricant auquel on fait ses offres. Cette marche est la même à suivre pour tous les genres de travaux manuels qu'on va présenter.

Tulle (Jours et broderies de luxe).

Pour imiter la dentelle irlandaise on peut, sur du tulle grec, teinté crème ou vieux rose, faire de ravissants voiles de fauteuils, rideaux, ornements d'église, etc., voire aussi des garnitures de berceaux. En cousant des galons assortis en or demi-fin et en substituant aux jours, si longs à exécuter, une broderie orientale au point de devant, on obtiendra des effets merveilleux. Tous les objets qu'on peut en faire sont bien payés. Pour obtenir des commandes, voir les maisons d'ameublement.

Broderie Renaissance — Richelieu — monogrammes — points Gobelins, etc.

Blanche. — A moins d'être d'une habileté exceptionnelle dans ce travail, il sera bon de ne pas rechercher les articles courants, bandes, entre-deux (la plus désavantageuse des broderies), etc.

Cependant les broderies sur trousseau de luxe, les chiffres, les armoiries peuvent donner un gain de 2 fr. 50 à 4 fr. par jour.

A Nancy, à Tarare, à Paris, la broderie blanche (plumetis) qui se fait pour commandes sur une grande échelle peut rapporter quelque bénéfice, mais seulement par entreprise. Il est essentiel alors d'être confortablement installée pour inspirer confiance aux maisons qui vous occupent et de payer ses ouvrières au fur et à mesure de leur travail et avant d'avoir reçu. Une petite avance de 100 fr. suffit amplement pour être entrepreneuse avec 8 ou 10 ouvrières.

Tapisserie sur toile. — Canevas, etc.

Le canevas uni (c'est-à-dire à fils simples et réguliers), et le canevas Pénélope (à fils réunis deux par deux) constituent, avec des laines et des soies spéciales, les éléments matériels des beaux travaux de tapisserie au point. — Il y a aussi le canevas à fils serrés, de couleur et mêlés d'or formant fond, sur lequel on brode des semis ou sujets mignons. Aujourd'hui on brode beaucoup sur du velours, de la peluche, du drap ou même du linge damassé. Si l'on veut broder à points comptés, on applique sur l'étoffe choisie du canevas Pénélope ou de la grosse étamine dont les fils souples et lâches sont ensuite tirés facilement dès que le travail est terminé. Avoir soin, en ce cas, de tenir le point ferme et serré en travaillant, pour qu'il ne soit pas déformé après l'opération indiquée.

La grande variété de points de tapisserie permet d'exécuter une foule de travaux de luxe. En effet, la tapisserie se rapproche de la peinture — quand elle est artistement exécutée ; — toutes les dames douées du sentiment du dessin et de la couleur peuvent créer des sujets, c'est-à-dire « échantillonner ». Après deux ans de pratique, elles seront en mesure de gagner chez elles de 2 fr. à 5 fr. par jour.

Celles qui ne savent que terminer ou faire les «fonds» ne peuvent compter sur plus de 1 fr. 25 ou 1 fr. 50 par jour, peut-être moins encore en province où les tapisseries courantes pour l'exportation sont confiées à des « entrepreneuses » qui ont leur rétribution personnelle à retenir sur les salaires qu'elles donnent.

On peut, dans ces travaux, se faire aider d'une ou deux apprenties non payées pendant 2 ans. La mise de fonds, pour ces ouvrages est insignifiante : un ou deux bons métiers seulement ; les laines sont généralement données par la maison qui accorde l'ouvrage.

Généralement la fréquentation des ateliers de tapisserie ne laisse rien à désirer sous le rapport de l'éducation et de la morale.

Il y a encore la broderie *au passé* qui est très expéditive, et fournit bien sur fonds riches : elle convient très bien pour petits meubles de fantaisie, coussins, dessus de piano, etc.

Nota. — En tapisserie chercher surtout le « style » pour les créations ; plus les dessins et couleurs sont de « style pur », plus le travail est avantageusement rétribué. Les sujets Henri II, moyen âge, renaissance, copiés sur des estampes des époques, sont toujours fort bien payés.

Tricot et Crochet.

Quelle est la femme, en province, qui n'a jamais tricoté un petit jupon d'enfant, ou fait une robe au crochet, ou une courtepointe pour un bébé attendu? Mais autre chose est de prendre son temps pour confectionner un cadeau, ou de travailler fébrilement dans l'espoir d'un gain souhaité. En l'espèce des travaux de dames, le crochet et le tricot sont des plus ingrats.

Il se fabrique en Bretagne (à Vitré) d'énormes quantités de bonneterie à la main dans des conditions décourageantes pour celles qui n'ont pas la ressource de faire travailler presque pour rien une armée de femmes primitives, habituées dès l'enfance à faire mouvoir machinalement leurs aiguilles et à se contenter de très peu, quelques sous par jour étant une aubaine dans ces départements dépourvus d'industrie. Dans le Vaucluse se font aussi des capelines pour le premier, deuxième et troisième âge, dont les façons sont payées 2 fr. au plus la douzaine. Quelques autres prix pourront édifier les intéressées.

Chaussons au tricot et doublés 2 fr. 25 la douzaine de paires; petits gilets fin tricot, trois âges, 3 à 4 fr. la douzaine; robes d'enfants au crochet et garnies 0 fr. 90 c., 1 fr. 25 et 1 fr. 75, etc. etc. La laine employée à ces articles est de deux ou trois fils et très légère, il n'en faut guère plus de 20 à 50 grammes pour un objet au crochet ou au tricot; c'est ainsi que nous voyons les grands magasins si bien assortis de marchandise bien faite, fraîche et à des prix si incroyables de bon marché, que plus d'une maman, venue pour acheter de la laine, s'est dit, en examinant les bas, chaussons, etc.: « ma foi, il est encore plus avantageux d'acheter tout fait ».

Aussi ces genres d'ouvrages au crochet et au tricot de laines, ne peuvent-ils rapporter un peu qu'à «l'entreprise,» à condition d'avoir de bonnes ouvrières consciencieuses. Certaines personnes travaillant pour d'autres ne craignent pas de mettre à l'humidité la laine qu'on leur confie afin de pouvoir prélever, sans craindre le contrôle du poids, quelques grammes de la marchandise. C'est là une petite indélicatesse dont on ne saurait trop se garder : la plus grande loyauté dans les rapports entre patrons et ouvrières est la meilleure garantie de prospérité réciproque.

Quelques articles au crochet et au tricot peuvent cependant être faits isolément avec profit : ce sont les manteaux d'enfant sur commandes et mesures, et les couvre-berceaux, bien que ceux ci soient détrônés depuis quelque temps par les couvre-pieds de soie brodée et ouatée.

Les grands châles blancs au tricot pour layette feront toujours le fond de la bonneterie classique du premier âge et donnent une rémunération avantageuse, 4 fr., 5 fr. et jusqu'à 8 fr. la pièce, de façon. — Mais il faut que leur exécution soit supérieure et soignée afin de lutter contre la concurrence du métier. Il est bien reconnu que le tricot à la main, fait de belle laine blanche, est toujours très apprécié des mamans soucieuses de mettre leurs babys à l'abri du froid, dans un beau châle solide, léger et chaud, trois qualités que ne peuvent obtenir les objets faits au métier.

Nous ne parlerons que pour mémoire du crochet de fil, maintenant accaparé par « l'entreprise ». A moins qu'on ne soit spécialement habile et adroite et qu'on ne sache varier ses dessins à l'infini, il serait téméraire de compter sur le rapport de ce travail. On nous a assuré pourtant que certaines ouvrières artistes, et travaillant directement pour magasin de lingerie, pouvaient gagner de 3 fr. à 4 fr. par jour.

La frivolité, cette délicate et jolie dentelle qui faisait notre admiration motivée il y a quelques années, est tout à fait délaissée aujourd'hui à cause du temps et de la patience que son exécution demande. L'électricité met de son fluide, jusque dans les ouvrages qu'il faut maintenant avoir finis dès qu'ils sont commencés. — Où sont ces courtepointes, ouvrages pénélopéens de nos grand'-mères qu'on ne voyait jamais sans leurs aiguilles ! Mais où sont les neiges d'antan ?

Macramé.

Ce mot arabe désigne les franges et passements avec lesquels on exécute toutes sortes de garnitures.

Le macramé ou passementerie de fantaisie n'est difficile à faire qu'en apparence, et trouve son application dans une foule d'ornements de meubles ou de vêtements. Aussi son apparition (exhumée des souvenirs gardés en certains couvents) a-t-elle été saluée avec enthousiasme il y a quelques années.

Ce travail se fait avec toutes sortes de matériaux, ganse de fils, d'or, de laine, de soie, etc., chenilles de couleurs et soutaches.

Pour entreprendre tous les ouvrages au macramé, il faut l'outillage suivant :

1° Un coussin capitonné et monté sur plomb pouvant être fixé à une table.

La moulure qui l'entoure doit être pourvue à chaque extrémité de longues et grosses pointes à têtes arrondies destinées à fixer les fils du montage et les fils porte-nœuds.

2° Des épingles spéciales très fortes.

3° Un crochet et un peigne métallique pour peigner les franges.

4° Une règle pour égaliser les brins.

5° Une navette ou fuseau (pour les galons seulement).

L'apprentissage du macramé peut se faire avec une amie ou chez une ouvrière qui demande comme rétribution 6 semaines de travail. Ensuite, en débutant par des passementeries faciles, on gagne 0 fr. 75 ou 1 fr. par jour. Au bout de 2 ans de pratique on arrive à exécuter des travaux merveilleux qui se paient jusqu'à 15 fr. et 20 fr. (même plus) de façon le mètre. Si l'on ne travaille qu'avec des matériaux riches, on peut espérer une moyenne de 4 fr. à 5 fr. par jour. Il faut mettre en jeu toutes les ressources de son imagination et de son habileté manuelle.

Pour obtenir du travail, on s'adresse aux fabriques de passementeries qui font l'exportation (1) ou aux bonnes maisons d'ameublement. Si les commandes sont

---

(1) A Paris, presque toutes ces maisons sont dans les rues du Caire, d'Aboukir, du Sentier, de Mulhouse.

importantes, on s'engage à ne reproduire pour aucune autre maison les dessins choisis par elles.

En s'adressant aux entrepreneuses (et il y en a presque partout en province), on a un salaire moyen moins élevé, mais plus régulier.

La passementerie vulgaire se fait en Auvergne; mais le Nord et l'Est de la France occupent beaucoup de femmes à ce travail pour tous les genres. Toutes les passementeries vendues à Paris sont faites en province, à domicile. Il y a très peu de chômage dans cette partie depuis un ou deux ans.

Filet (1).

Employé primitivement chez les peuples anciens comme engin de pêche et de chasse, le filet ordinaire est devenu un article de luxe, grâce aux transformations qu'il a subies.

Le filet de corde pour entourages de chasses au faisan, hamacs, se fabrique à l'entreprise par adjudications; seules les maisons de refuges d'enfants ou d'aveugles peuvent exécuter ces commandes.

Le filet de cordon ou de coton, pour résilles de nuit, filets de bains, etc., s'exécute aussi par milliers d'objets dans ces établissements hospitaliers.

---

(1) Sur les côtes de Bretagne, les femmes, veuves ou filles de marins, s'occupent à fabriquer les filets pour la pêche d'Islande; elles gagnent de 1 fr. à 1 fr. 50 par jour et commencent à travailler dès qu'elles sont de force à manier la navette de bois chargée de ficelle et le long bâton qui leur sert de moule.

Le filet brodé avait, il y a quelques années, une grande vogue pour voiles de fauteuils, rideaux, etc.; malheureusement il est tombé en désuétude par l'imitation grossière qui en a été faite avec la guipure au métier.

Il reste les vêtements en filet de chenille, qui se vendent toujours cher; le beau filet de Cluny brodé, encore apprécié pour ornements d'église, pour entre-deux de petits rideaux, garnitures de linge à thé, dessus de toilette, bordure de draps, de taies d'oreillers, de berceaux, etc.; ce filet réunit l'élégance à la solidité et ne s'épaissit pas au lavage comme le crochet, c'est un peu ce « qu'on appelle guipure d'art ». Enfin, le filet de Perse, en soie brodée d'or et d'argent, produit des écharpes merveilleuses, des garnitures admirables pour petits meubles et accessoires de théâtre.

Dentelles (1).

L'exécution des nombreuses variétés de la dentelle à la main ne peut se faire qu'après un très long et très sérieux apprentissage. Dans les villes suivantes, cette industrie s'exerce couramment :

Chantilly. — Dentelles noires en volants, robes et châles.

Alençon. — Merveilleuses dentelles dont les fleurs, entourées de crin brodé, se détachent sur un réseau à

---

(1) Voir le même article dans la première partie : *Paris.*

l'aiguille d'une finesse inouïe. Cette ville a dû suspendre sa fabrication pendant près de 50 ans; mais depuis quelques années, les demandes lui ont donné un nouvel essor.

Dieppe, Arras, Caen, Roubaix, Mirecourt, Le puy, font au fuseau toutes les dentelles ordinaires répandues dans le commerce. Les dentelles dites de *Valenciennes* ne se fabriquent plus guère qu'aux environs de Cambrai, Lille et Bailleul. Ces dentelles se paient au mètre et rapportent environ 1 fr. 50 par journée de 10 à 11 heures.

Son outillage coûte 40 fr. et se compose d'un carreau, de 400 fuseaux, de 1,500 épingles et de patrons. Le *point d'Alençon* dont nous parlons plus haut s'apprend en trois mois pour chacune des parties qui s'exécute par des ouvrières spéciales qui sont :

1° les *réseleuses* qui font les réseaux ;

2° les *remplisseuses* qui font les mats ;

3° les *modeuses* qui font les jours ;

4° les *brodeuses* qui entourent les fleurs de crin qu'elles couvrent ensuite. Chacune de ces opérations rapporte en moyenne 1 fr. à 1 fr. 25 par jour. Les autres dentellières ne peuvent gagner plus de 0 fr. 65 c. à 0 fr. 75 c. par journée de 11 à 12 heures.

Divers.

Parmi les travaux faciles à exécuter chez soi, sans outillage coûteux ni compliqué, nous pouvons conseiller tous les ouvrages manuels que les journaux de mode éditent dans leurs publications hebdomadaires. Citons encore :

1° La soutache, d'un très joli effet, et vite exécutée. Quand la mode des vêtements soutachés est passée, on peut toujours créer de ravissants tapis, coussins, rideaux, couvre-théière, couveuses, en drap ou en velours. Les carnets de peau soutachés d'acier sont un peu surannés; mais le domaine de la fantaisie est très vaste et on y peut trouver aisément à glaner.

2° Le crochet de soie pour bourses, bonnets de voyage, écharpes, blagues, etc. — *Nota*. Tous les articles pour hommes sont de beaucoup les plus avantageux comme rapport. Voir, pour placer ses ouvrages en ce genre, les Chemiseries et les Tabletteries.

3° Les pochettes, en peluche brodée, les bonnets à œufs isolés, ouatés, affectant la forme du légendaire bonnet de coton, les étuis à lunettes, à cigares, les couvertures de livres, les pelotes, les petits meubles de luxe, les corbeilles de bureau, les presse-papiers, essuie-plumes, originaux et élégants, enfin tous ces menus ouvrages qu'une femme ingénieuse sait créer avec des bribes de chiffons, de galons, etc., offrent encore beaucoup de ressources à nos lectrices de province, aux époques de Pâques et du jour de l'an.

Les habillages de poupées sont, à eux seuls, une branche productive à exploiter.

Dans ces différents cas, se mettre en rapport avec des maisons *ad hoc* (confiserie, jouets, ameublement).

Les travaux de peinture sur soie, pour coussins, écrans, paravents mignons, boîtes capitonnées, de dimensions faciles à expédier, rentrent dans la catégorie ci-dessus.

Quant à la peinture sur porcelaine, il ne faut pas penser à en tirer profit hors de son rayon. Sur notre demande à ce sujet, dans l'intérêt de nos lectrices, il nous a été répondu que Paris ne confiait jamais de travail de ce genre en province.

*
* *

En terminant, nous croyons devoir mettre nos lectrices en garde contre les alléchantes annonces dont la 4e page des journaux est assez souvent ornée :

« Travail facile à faire chez soi, 5 fr. par jour à gagner, sans quitter emploi », ou bien « travaux d'écriture à dames ou demoiselles ; on donne le travail en province. » Si l'adresse n'indique pas clairement une maison de commerce sur laquelle il est aisé de prendre des renseignements, il ne faut *jamais* s'y arrêter. Quelquefois on en est quitte pour un timbre réclamé pour une réponse qui n'arrive jamais ; le plus souvent, la lettre qu'on écrit à l'endroit désigné par l'annonce est suivie d'une demande d'abonnement à un « journal » ou plutôt à une feuille grossièrement imprimée qui reproduit les offres d'emploi et de travail cueillis dans les feuilles quotidiennes. Cet abonnement dont le prix varie de 3 fr. à 8 fr. n'est ordinairement servi que 2 ou 3 fois au correspondant.

Les syndicats professionnels sont des intermédiaires

sérieux et autorisés pour toute personne cherchant du travail.

Trop souvent, hélas ! leur réponse dira que la production, dépassant les besoins de la consommation, ne suffit pas toujours à alimenter l'activité des ouvrières parisiennes, mais, du moins, on n'aura pas placé ses espérances et son argent à fonds perdu.

Et maintenant, nous souhaitons à nos chères lectrices le succès dû au travail et à la persévérance (1).

(1) NOTA. — Le travail de nuit, pour les femmes, travail qui fait en ce moment l'objet d'une enquête sérieuse et motivée, est compris en Amérique d'une manière plus pratique qu'en France. Il est évident que certaines professions qui dépendent de la mode, ont leurs exigences tyranniques à certaines époques de l'année : la veille devient indispensable pour satisfaire la clientèle. Mais, alors que nos vaillantes ouvrières françaises fournissent près de 20 heures de travail consécutives, les ouvrières américaines se relayent par brigades. Les couturières de nuit forment une corporation spéciale et sont payées sur le même taux que les ouvrières de jour. Elles font leur apprentissage dans ce but et sont aptes à travailler aussi bien à la lumière que celles qui travaillent au jour. Il y a tout profit pour la patronne, dont l'ouvrage se fait aussi bien sans augmentation de salaire, et pour les ouvrières, qui peuvent se reposer sans craindre de perdre leur place.

TABLE DES MATIÈRES

PRÉFACE, par M. Edouard Jacques, député de Paris. . . v
AVANT-PROPOS : Division du livre vii

PARIS.
PROFESSIONS LIBÉRALES.

Artistes. 1
Docteurs en Médecine, par Mlle Blanche Edwards, docteur
   en médecine. 7
Officiers de santé, par Mlle Blanche Edwards, docteur
   en médecine 12
Pharmaciens, par Mlle Blanche Edwards, docteur en
   médecine. 12
Dentistes, par Mlle Blanche Edwards, docteur en
   médecine. 14
Assistance publique (sages-femmes, infirmières, etc.). . 15
Dames déléguées de l'assistance publique. 20
Garde-malades 22
Herboristes. 25
Sténographes. 27
Inspectrices du travail dans les manufactures. 30

ENSEIGNEMENT.

Cours divers.— Répétitrices. — Secrétaires. — Les Dames de compagnie.	33
Enseignement primaire.	36
Déléguées générales des salles d'asile.	38
Classes d'adultes.	42
Cours industriels et commerciaux de la Ville de Paris.	43
Cours de dessin.	44
Écoles professionnelles de la ville	46
Cours spéciaux pour l'Enseignement commercial des jeunes filles.	50
Sociétés. — Associations (pour l'enseignement des adultes-femmes).	51
Enseignement secondaire (Agrégation.—Ecole normale, etc. — Lycées et Collèges).	54
Institutrices à domicile	69

EMPLOIS.

1° GRANDES ADMINISTRATIONS.

Banque de France	73
Chemins de fer (Compagnies de).	75
Compagnies d'Assurances.	80
Crédit Foncier.	82
Crédit Lyonnais.	84
Postes. — Télégraphes. — Téléphones. — Caisse d'épargne	86
Société générale.	99
Timbre.	100

2° ÉTABLISSEMENTS PARTICULIERS.

Comptabilité 101
Employées de commerce. 104
Préposées aux chalets de nécessité (1). 107

MÉTIERS PROPREMENT DITS.

CONSIDÉRATIONS GÉNÉRALES.

1° Sur l'apprentissage. — 2° Sur les salaires. — 3° sur le chômage. (Extraits de lois. — Renseignements hygiéniques). 109

TRAVAUX MANUELS DÉRIVANT DE L'AIGUILLE.

Apprêteuses pour chemises. 120
Broderies. 121
Broderies, chiffres et blanc. 122
Broderies laine et soie sur étoffes. 124
Broderies ornements d'église. 126
Broderies tapisserie moderne. 127
Cols et lingerie militaire. 128
Corsets. 129
Coupe 130
Couture pour *costumes de théâtre*. 132
Couture pour *fourrures* 132

(1) Une besogne dont nous ne pouvons parler ici, vu son importance trop infime, c'est celle de Balayeuse de rues. Or en Amérique les femmes en font une véritable profession lucrative. Elles ramassent, à part, à l'aide d'un petit matériel très ingénieux, le crottin de cheval dont elles font l'objet d'un petit commerce très actif.

TABLE DES MATIÈRES.

Couture pour *jerseys*	134
Couture pour *la confection*	135
Couture pour *robes et costumes, manteaux*	136
Couture pour *jupons et tournures*	141
Couture pour *tapissiers*	142
Couture pour *lingerie plate*	143
Couture pour *lingerie fantaisie haute nouveauté*	146
Couvre-pieds	147
Cravates pour hommes	148
Dentelles	149
Ganterie	150
Machines à coudre	151
Modes *chapeaux de paille cousus*	153
Modes *chapeaux garnis*	155
Modes *chapeaux et capotes layette*	156
Nœuds pour chaussure	157
Parapluies et ombrelles	159
Passementerie crochet	161
Passementerie sur bougran	162
Piqueuses de bottines	163
Réparation de châles	164
Réparation de vêtements	165
Réparation de dentelles	166
Restauration de tapisseries anciennes	167
Ruches et plissés	169
Tailleurs, *giletière, culottière*, etc.	170
Vestes en coutil pour spécialités	172
Bonneterie *fantaisie pour vêtements*	173
Bonneterie *à la main pour layette*	175
Bonneterie et couture pour habillage de poupées	176
Maille plate	177

MÉTIERS SE RATTACHANT AU MÉNAGE.

Blanchisseuses	179
Cardeuses de matelas	180
Porteuses de pain	181

MÉTIERS SPÉCIAUX A L'IMPRIMERIE.

Brocheuses et plieuses. 183
Cartes à jouer. 183
Cartes de visites. 184
Compositrices typographes. 185
Encres diverses. 187
Enseignes et stores. 188
Reliure. 189

MÉTIERS PROFESSIONNELS.

Articles de Paris. 191
Artifices. 192
Attaches parisiennes. 193
Bandages herniaires. 194
Ballons-réclame et drapeaux. 195
Bleu pulvérisé en sachets. 196
Bourrelets d'enfants. 197
Boutons de passementerie et nacre. 198
Brosserie. 199
Brunisseuses 201
Buscs, ressorts. 202
Bustes et mannequins. 203
Caoutchouc. 204
Cartonnages fins. 205
Cartonnages ordinaires. 206
Celluloïd 207
Chaussons à semelles. 209
Chaussures de poupées. 210
Chenilles 211
Chapeaux et casquettes. 212
Cheveux, ouvrages d'art. 213
Cheveux (perruques et implantations) 214
Cheveux, perruques de poupées. 216

Cigarettes médicinales. 217
Cordes à violon 218
Couleurs. 219
Couronnes funéraires. 219
Dorure, argenture, nickelage. 221
Dorure sur cadres. 222
Éventails (monture seule). 223
Éventails et écrans (peinture). 225
Fleurs. 228
Houppes et fantaisies pour parfumeries 230
Maroquinerie. 231
Masques. 232
Orfèvrerie d'église. 233
Ouvrages en fil de laiton. 233
Pastilleuses (accessoires de cotillon). 234
Plumes et marabouts. 235
Polisseuses. 236
Porte-monnaie 239
Rideaux guipure. 240
Vannerie *fine garnie*. 241
Vannerie *artistique*. 241

MÉTIERS INDUSTRIELS.

1° *Alimentation*.

Biscuits. 244
Cafés torréfiés. 245
Chicorée. 245
Confiturerie. 246
Confiserie de marrons. 247
Denrées alimentaires 247

2° *Manufactures*.

Châles, apprêt et foulons. 248
Chiffons. 249

Colles fortes et gélatines. 250
Cuirs en relief. 251
Équipements militaires. 251
Filatures de laine. 252
Fils électriques. 253
Jouets. 255
Poupées et bébés. 256
Laines et canevas. 258
Papier à lettres et enveloppes 259
Parfumerie. 260
Pharmacie. 264
Produits chimiques 265
Stores et jalousies. 265
Tabacs 266
Talons de cuir factice. 268
Teinturerie. 269
Tissage pour ameublement. 270
Tissage pour galons de voiture 272
Tissage pour rubans de décorations. 273

MÉTIERS ARTISTIQUES.

Céramique. 275
Coloriage pour modes 278
Coloriage pour lithographie 279
Coloriage pour images religieuses 280
Composition de dessins industriels pour tissages d'ameu-
    blements, vitraux, papiers peints, lave, reliure. . . 281
Dessins pour tapisseries 282
Écritures, enluminures, autographies, bandes. . . . 283
Gravure de musique. 287
Gravure sur bois. 291
Peinture et décoration porcelaines 292
Photographie et applications. 294
Vitraux d'art. 295

PROVINCE.

GRANDES INDUSTRIES.

Céramique.	303
Coloriage.	307
Confiserie et confitureries	309
Conserves alimentaires.	310
Corsets.	310
Épingles et aiguilles.	311
Confection de vêtements travail (coutils).	312
Confection de vêtements hommes (drap).	314
Filatures.	316
Ganterie.	319
Horlogerie.	321
Magnanerie.	322
Tissages divers.	323
Tulles brodés et façonnés.	328
Plumes métalliques.	330
Fabriques de papier.	331

OUVRAGES DE DAMES.

Lingerie fantaisie	337
Tulles riches garnis.	338
Broderies renaissance, application, etc.	338
Tapisserie sur toile, canevas, drap perforé, etc.	339
Tricot et crochet.	340
Macramé.	343
Filet.	345
Dentelles.	346
Divers.	347

POITIERS. — TYPOGRAPHIE OUDIN ET Cⁱᵉ.

EN VENTE A LA MÊME LIBRAIRIE

LE TRAVAIL MANUEL A L'ÉCOLE
ET DANS LA FAMILLE
PAR
BERTRAND et TOUSSAINT | **Et. GOMBERT**
Inspecteurs primaires à Lille | Directeur d'Ecole Supérieure

Première partie : Exercices ne nécessitant aucune installation particulière. Un beau volume in-8° orné de 538 gravures, broché, couverture en couleurs, **2 fr. 50**. — Reliure imitation maroquin, **3 fr**. — Reliure percaline or et couleurs, tranches dorées, **4 fr**.

En préparation : **Deuxième partie**. Travaux nécessitant un outillage et un petit atelier.

LA PETITE REVUE
HEBDOMADAIRE ILLUSTRÉE, PARAISSANT TOUS LES SAMEDIS
PRIX DU NUMÉRO DE 24 PAGES SOUS COUVERTURE ILLUSTRÉE
10 centimes
ABONNEMENTS : France, un an, **6 fr**. — Etranger, un an, **7 fr**.

Tout abonné, tout acheteur, peut gagner **100 fr. en Espèces** par semaine.
Les conditions du concours-prime sont détaillées dans chaque numéro.
Un numéro spécimen est envoyé gratuitement à toute personne qui en fait la demande par lettre affranchie.

NOUVELLE COLLECTION IN-8° DES
CLASSIQUES POPULAIRES
PUBLIÉE SOUS LA DIRECTION DE
ÉMILE FAGUET
Ancien élève de l'École Normale supérieure, Professeur de Rhétorique au lycée Janson-de-Sailly, Docteur ès lettres, lauréat de l'Académie française

Cette collection des AUTEURS FRANÇAIS et ÉTRANGERS comprendra 50 volumes. Chaque volume contient 240 pages, format in-8°, et de nombreuses illustrations. (24 volumes parus, — 26 à paraître).

Chaque volume se vend séparément, broché, **1 50** — Reliure souple toile anglaise, **2 50**

Demander le Prospectus spécial indiquant le mode de souscription.

BIBLIOTHÈQUE ILLUSTRÉE DE LA FAMILLE
COLLECTION DE ROMANS IN-12 A DEUX FRANCS LE VOLUME
Chaque volume contient de nombreuses illustrations

CONTES ET LÉGENDES AU HOUBLON, par C. Rouzé.
LA REVANCHE DES BÊTES, par Ch. Normand.
BISETTE, par le même.
HISTOIRE DU 1ᵉʳ RÉGIMENT DE CHASSEURS D'AFRIQUE, par F.-Huc.
LE FRANC-TIREUR KOLB, par C. Guyon.
LE CARNET D'UN PRISONNIER DE GUERRE, par M. le colonel Meyret.
SCÈNES ET LÉGENDES, par Guy Delaforest.
ISOLINE DU TRIEUX, par C. Rouzé.
RÉCITS CRÉOLES, par Ch. Baissac.
LE PRINCE ET LE PAUVRE, par Mark Twain.
LES SEPT POUSSINS DE LA CLAUDINE, par Mᵐᵉ Poitevin.
FLEUR SAUVAGE, par la même.
DIANA NORVILLE, par la même.
BLONDE PRINCESSE, par la même.
LA DETTE DE BLANCHE, par Jenny Lensia

www.ingramcontent.com/pod-product-compliance
Lightning Source LLC
Chambersburg PA
CBHW070447170426
43201CB00010B/1252